Thank You :)

«Sämtliche eingereichten Unterlagen gehen ins Eigentum der Auftraggeberin über. Das Urheberrecht an den Wettbewerbsbeiträgen bleibt bei den Teilnehmenden.»

Wettbewerbsprogramm Amt für Hochbauten

D1720702

ComputerWorks

Wir danken ComputerWorks für die grosszügige
finanzielle Unterstützung der aktualisierten
Neuauflage. ComputerWorks vertreibt das CAD-
Programm Vectorworks. Rund fünfzig Prozent
der in diesem Buch zusammengefassten
Wettbewerbsprojekte wurden von Architekturbüros
eingereicht, die Vectorworks einsetzen.

GRUNDRISSFIBEL

50 Wettbewerbe
im gemeinnützigen Wohnungsbau
1999 – 2012

Stadt Zürich
Amt für Hochbauten

HOCH
PART
ERRE

INHALTSVERZEICHNIS

Die Förderung des gemeinnützigen Wohnungsbaus der Stadt Zürich hat eine über 100-jährige Tradition. Das jüngste Kapitel dieser Erfolgsgeschichte liegt in Form der Grundrissfibel vor, die über 450 Grundrisse für gemeinnützige Wohnbauträger der letzten 13 Jahre interessierten Kreisen zugänglich macht. Die vorliegende Publikation reflektiert zugleich die kontinuierliche Förderung des gemeinnützigen Wohnungsbaus zwischen 1999 und 2012, deren sichtbares Resultat über 4000 ebenso preisgünstige wie zeitgemässe Wohnungen sind. Das Erfolgsrezept des gemeinnützigen Wohnungsbaus der Stadt Zürich und der Baugenossenschaften wurzelt aber nicht allein in der Quantität der errichteten Siedlungen. Basis der baulichen Qualität sind die Architekturwettbewerbe. Sie bieten die Gewähr, unter den eingereichten Projekten genau jenes auszuwählen, das die Anforderungen hinsichtlich sozialen, ökologischen, städtebaulich-architektonischen, finanziellen und technischen Aspekten am Besten erfüllt. Die 50 in der Grundrissfibel publizierten Wettbewerbe, die das Amt für Hochbauten in seiner Funktion als Baufachorgan realisiert hat, leisten somit einen wichtigen Beitrag zur baukulturellen Identität der Stadt Zürich.

Nicht nur die Wettbewerbe sind ein Innovationsmotor: Auch die Grundrissfibel selbst ist inhaltlich und konzeptuell ein Novum und bietet Fachkreisen aus Architektur, Bauplanung sowie öffentlichen, privaten und gemeinnützigen Bauträgerschaften ein unverzichtbares Nachschlagewerk, das in dieser Form noch nicht existiert. Es kann durchaus als Signal verstanden werden, das Thema Grundriss im Kontext der 2000-Watt-Gesellschaft in Zukunft noch aktiver anzugehen. Wie sehen die Grundrisse der neuen Genossenschaftswohnungen aus, die den sozialen, ökologischen und wirtschaftlichen Herausforderungen genügen? Für diese Diskussion ist die Grundrissfibel nicht bloss ein Handbuch, sondern eine vielfältige Inspirationsquelle zur zielgerichteten Weiterentwicklung von Wohnraumkonzepten.

Stadtrat Dr. André Odermatt
Vorsteher Hochbaudepartement, Stadt Zürich

Eine Grundrissfibel berichtet von einem Massengeschäft mit lauter Einzelan-
fertigungen. Normalerweise versuchen die Herausgeber Äpfel und Birnen
zusammenzuzählen, genauer, die Überfülle durch Systematik zu bändigen.
Sie wählen Gefässe aus, in die sie die Grundrissmenge abfüllen: Geschoss-
wohnungsbau zum Beispiel, dann die Unterabteilungen dazu wie Ein-,
Zwei-, Mehrspänner, Laubengang und so weiter. Auf den ersten Blick scheint
aber in dieser Fibel Willkür zu herrschen. Wer etwas sucht, geht in die
Irre, da der rote Faden schwer zu entdecken ist. Systematisch ist die Fibel
trotzdem. Ihr Bildungsgesetz ist der Architekturwettbewerb, genauer,
die fünfzig Wettbewerbe, die das Amt für Hochbauten der Stadt Zürich seit
1999 durchgeführt hat. Sie sind auf den roten Faden der Chronologie
aufgezogen. Das Buch ist aber nicht nur eine Fibel, sondern auch ein Reise-
bericht. Der grosse Dampfer ‹Amt für Hochbauten› fuhr 13 Jahre lang
durch das Bautenmeer Zürichs und legte an den fünfzig Inseln des Archipels
Wettbewerb an. Dort stiegen die Forschungstrupps aus, sahen sich um,
kartierten die Inseln und stellen nun ihre Entdeckungen vor. Diese Fibel ist
deshalb auch ein Logbuch dieser grossen Fahrt.

Das Wohnungserfindungslicht leuchtet
Immer wieder beklagen sich schnellschreibende Journalisten, ungeduldige
Politiker oder Stadtmissionare, pardon, Tourismusmanager, es gäbe
in Zürich keine Leuchtturmprojekte, Bauten also, die die Stadt berühmt
machen in der Welt und den Leuten Lust darauf, nach Zürich zu fahren.
Zürich sei eine architekturtouristische Steppe. Solche Klagen stammen von
Blinden, die den Archipel Wettbewerb nicht sehen. Sie sind vom Bilbao-
Effekt geblendet und merken die Aufbauarbeit nicht, die mit dem Wettbe-
werbswesen in Zürich geleistet wurde. Nie sind sie mit dem Dampfer
‹Amt für Hochbauten› gefahren und haben nie mitbekommen, dass in keiner
anderen Schweizer Stadt mit dem Instrument Architekturwettbewerb so
konsequent und erfolgreich der Wohnungsbau gefördert wurde wie in Zürich.
Gefördert meint nicht bloss die Menge der Wettbewerbe und der ausge-

führten Bauten, sondern ebenso sehr das Weiterentwickeln jener Disziplin, die wir mit dem Sonntagswort Wohnkultur bezeichnen. Der Archipel Wettbewerb ist es, der leuchtet in Zürich. Seine Inseln sind die Lichter, die weit strahlen und auch im Ausland von den Fachleuten wahrgenommen werden. In Zürich brennt hell das Wohnerfindungslicht. Man darf auch anfügen, dass die Stadt sich als Vorreiterin versteht. Was heute in Zürich geschieht, wird morgen in Bern, ja in Konolfingen üblich sein. Das erfolgreiche Programm ‹10 000 Wohnungen in 10 Jahren› war der Treibstoff, der den Dampfer in Bewegung setzte.

Die Schreibtischfahrt

Ich habe die Reise der ‹Amt für Hochbauten› am Schreibtisch wiederholt und dabei versucht, mir einen Überblick zu verschaffen. Ich muss gestehen, am Anfang war ich verwirrt auf meiner Trockenfahrt. Ich verlor die Orientierung. Dann sagte ich mir: Lass alles Wissen fahren, wenn du im Archipel Wettbewerb herum fährst. Was du gelernt hast über die Wohnungsgrundrisse, ist der Stand von gestern. Es ist ein verstockter Irrglaube zu meinen, der Grundriss sei erfunden. Die alten Selbstverständlichkeiten sind nur noch Vorurteile. Der Wohnungsgrundriss ist in Bewegung, ist aus dem rechtwinkligen Zweispännerkerker ausgebrochen, hat den Zwang der Wohnschichten abgeworfen, er macht Kapriolen, erlaubt sich Auswüchse, spielt, hüpft, springt, schlägt Purzelbäume.

All das professionell diszipliniert, von der praktischen Vernunft an der kurzen Leine geführt und von den Preisgerichten überwacht selbstverständlich. Doch welche Entdeckungen habe ich am Schreibtisch gemacht?

Die erste ist die: Nicht alles geht, aber es geht viel mehr, als man denkt. Erfindungen sind möglich und Weiterentwicklungen sind die Regel. Zürichs Wohnungsbau lebt und blüht. Es ist erstaunlich, wie verschiedenartig die Grundrisse sind, wie weit der Fächer offen ist, auch bei hochdeterminierten Aufgaben. Diese Fülle bestätigt die alte Weisheit: Wer die Architektur fördern will, mache Wettbewerbe.

Die Situation

Die ‹Amt für Hochbauten› fährt von einer Insel zur nächsten, genauer, von Grundstück zu Grundstück. Im Logbuch steht: «Der Wohnungsgrundriss ist gewissermassen die Produktionseinheit.» Trotzdem muss ich zuerst noch einen Blick auf die einzelnen Inseln werfen, auf das, was der Architektenjargon die Situation nennt. Gewiss, jede Insel des Archipels ist anders, trotzdem gibt es zwei vorherrschende Gestalten: die Findlinge und die Grossform. Die Findlinge besetzen das Baufeld wie grosse Felsen, es sind eigenständige Einzelhäuser, die den gegenseitigen Abstand sorgfältig austarieren. Die Grossform hingegen versucht als Blockrand oder Zeile ein aus dem Grundstück herausentwickeltes Ganzes zu finden. Der Wettbewerb Triemli zeigt stellvertretend, was gemeint ist. Den ersten Preis gewann die Grossform, den zweiten gewannen die Findlinge (S. 478 ff). Doch was ist die eigentliche (zweite) Entdeckung, wenn ich auf die Situation blicke? Der

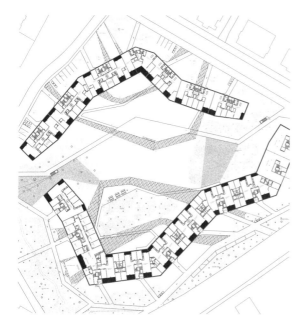

Beispiel für ‹Grossform›
Wohnsiedlung Triemli, 2006
Von Ballmoos Krucker Architekten

Beispiel für ‹Findling›
Wohnsiedlung Triemli, 2006
Kreis Schaad Schaad Architekten

rechte Winkel ist freiwillig. Es gibt gezackte Grossformen und die Findlinge
dürfen, aber müssen nicht Rechtecke sein. Jeder Winkel ist recht, wenn
es der richtige ist.

Der Z-Grundriss

Das durchgesteckte Wohnzimmer ist längst üblich. Die Küche liegt an einem
Ende oder in der Mitte, das ist bekannt. Sie ist auch kein abgeschlosse-
ner Raum mehr, sondern Teil des geraden Wohnrohrs, das die Bautiefe von
Fassade zu Fassade durchstösst. Neu hingegen ist der Z-Wohnraum.
Er ist immer noch durchgesteckt, doch diesmal nicht gerade, sondern ab-
gewinkelt, eine offene Raumfolge mit klarer Zuordnung von Küche und
Wohnbereich. Der daraus entstandene Z-Grundriss machte Karriere in den
letzten zehn Jahren, er entwickelte sich ins Vielgliedrige, brachte es auf
K- und X-Konfigurationen. Das sind neue Formen, und sie sind ein Zugewinn

an Grundrissvarianten. Der Wettbewerb für die Wohnsiedlung Leimbach zum Beispiel führt das Neue exemplarisch vor. Der erste, dritte und vierte Rang operieren mit einem Z-Grundriss (S. 320 ff). Die dritte Entdeckung meiner Schreibtischfahrt ist also der Z-Grundriss. Kein anderer Teil der Produktionseinheit Wohnungsgrundriss hat diesen so gründlich verändert auf der 13-jährigen Fahrt. Dazu gehört auch, dass es in einer Wohnung unterdessen auch dämmrig sein darf. Der Schiffsarzt der ‹Amt für Hochbauten› hat die Entwarnung durchgegeben: Die Tuberkulose wird nicht durch die Wohnung übertragen.

Beispiel für ‹Z-Grundriss›
Wohnsiedlung Leimbach, 2004
Galli Rudolf Architekten

Lichthof und Balkon

An sehr tiefe Grundrisse haben wir uns unterdessen gewöhnt. Der Fassadenanteil pro Wohnung nimmt ab, was die Kasse entlastet. Nur wie tief darfs denn sein? 14 Meter geht, was ist aber mit 26? Da taucht ein verfemtes Grundrisselement wieder auf, das man für ausgestorben hielt: der Lichthof. Er erlaubt zum Hof orientierte Schlafzimmer im Innern des Gebäudes. Sicher, bei einem Hof von sechs mal sechs Metern ist spätestens bei vier Geschossen Schluss. Trotzdem führen die übertiefen Grundrisse ein neues Raumerlebnis im Wohnen (wieder) ein: Durchblicke innerhalb der Wohnung, mehr als 20 Meter lang und der Lichteinfall in der Gebäudemitte, Dinge, an die wir uns erst wieder gewöhnen müssen. Beispiele zur vierten, der Entdeckung des Lichthofs, finden sich unter andern auf den Seiten 85, 269, 291 und 393.

Dass ein Balkon obligatorisch ist, ist keine Frage mehr, dass er auch als Aussenwohnzimmer genutzt werden kann, ist heute selbstverständlich, dass er deshalb zimmergross sein muss, ebenfalls. Neben dem Z-Wohnraum ist der Balkon oder die Loggia der Motor der Grundrissentwicklung. Loggia ist ein wichtiges Stichwort; mehr und mehr wird der Aussenbereich eingepackt. Das erlaubt, bei milder Wintersonne draussen zu sitzen, weil das Aussen zum Innen wird. Die Geschichte der fünfzig Wettbewerbe könnte auch als Balkonkunde dargestellt werden. Ein besonderes Kapitel wäre dem Auftauchen des umlaufenden zu widmen. Ein manchmal fusswegschmaler, manchmal sonnenbadbreiter Streifen Balkon windet sich um das ganze Gebäude. Der Staketenzaun der Balkonbrüstung beherrscht die Fassade. Dahinter, auch das bereits eine Selbstverständlichkeit, stehen raumhohe Glaswände, Fensterbrüstungen sind vieux jeu. Beispiele finden sich auf den Seiten 99, 217, 233, 279. Die fünfte Entdeckung ist eigentlich eine Bestätigung des schon Gewussten: Grundrissentwerfen ist Balkonplanung. Das Nachreisen der Route der ‹Amt für Hochbauten› war aber nicht nur eine Entdeckungsfahrt, sondern auch eine Bestätigungsreise. Den Neuheiten zum Trotz wurde das Wohnen nicht neu erfunden. Immer noch unterscheiden

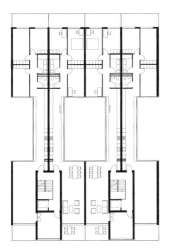

Beispiel für ‹Lichthof-Grundriss›
Wohnüberbauung Schürliweg, 2000
Ueli Zbinden

13

die Grundrisse einen Tag- und Nachtbereich, immer noch gibt es geschlossene Zimmer, immer noch ist das Wohnen eine bürgerliche Angelegenheit. Das wird es auch lange noch bleiben. Die Grundrisskunde atmet auf, denn die heutigen werden auch morgen noch brauchbar sein. Weder die Natur noch die Grundrisse machen Sprünge.

Beispiel für ‹Balkon Grundriss›
Alterswohnungen Hirzenbach, 2003
pool Architekten

Vergessene Inseln

Es ist auch erhellend zu fragen: Welche Inseln hat die ‹Amt für Hochbauten› nicht, genauer, nicht mehr angesteuert? Sicher jene der Flexibilität, sei es der Planung oder der Nutzung. Das ist kein Thema mehr. Wer pro Nase über fünfzig Quadratmeter Wohnfläche verfügt, ist flexibel genug. Fast ausgestorben ist auch der Laubengang, an seine Stelle traten Drei- und Nochmehrspänner. Überhaupt haben die Erschliessungen, die jahrelang minimiert und degradiert wurden, an Bedeutung gewonnen. Es ist nicht länger belanglos, wie man in ein Haus kommt. Auch die Gemeinschaftsinseln wurden nicht angesteuert: Jene Flächen in den Erschliessungszonen, auf denen das

Sozialleben blühen sollte, mit strickenden Müttern und spielenden Kindern, sind verschwunden. Hertzberger ist nicht mehr der zweite Offizier auf der ‹Amt für Hochbauten›. Im Logbuch steht nicht alles. Von der Einführung der Holzkonstruktion im Wohnungsbau schweigt es. Über die Nachhaltigkeit hat es nichts zu sagen, was den Satz bestätigt: Es gibt keine nachhaltige Architektur, es gibt nur nachhaltiges Bauen. Zum Thema Abreissen und Neubauen findet sich im Logbuch nichts. Auch keine Punkte nach irgendeinem Bewertungssystem wurden verteilt. Die amtlichen Herausgeber üben sich in vornehmer Zurückhaltung und schreiben: «Auf eine Nachjurierung und Systematik haben wir verzichtet. So bleibt die Frage nach dem guten Wohnungsgrundriss unbeantwortet. Die Grundrisse sind schliesslich Rohmaterial und nicht Kopiervorlage.» Am Ende der Schreibtischfahrt bleibt mir ein Wunsch: Aus dem Rohmaterial sollte jemand Grundrisskunde machen, aus dem Logbuch ein Lexikon.

Am Schluss noch eine inständige Bitte an die Architekten: Zeichnet in euren Plänen vor jedem Wohnungseingang ein Dreieckpfeilchen ein. Markiert die Richtung nach oben bei den Treppen mit einem Pfeil. Die Türen verseht mit einem Viertelskreis, es seien denn Schiebetüren, die auch ein Pfeilchen zugute haben. Anders herum: Ich sehne mich nach den Bauzeichnerusanzen wie sie vor dem Computerzeitalter üblich waren. Der planlesende Mensch ist für die grafischen Hilfen unendlich dankbar. Er verzichtet im Gegenzug gerne auf die vielen perfekt gezeichneten Parkettböden und die Fahrräder auf den Balkonen aus der Computerbibliothek. Man müsste auf der ‹Amt für Hochbauten› diese grafischen Hilfen zum Pflichtfach machen.

Der strahlende Archipel Wettbewerb ist es, der Zürichs architektonische Reputation ausmacht. Das Buch ist ein lautes Tuten der ‹Amt für Hochbauten›. Ich stehe am Ufer und schaue ihrer Fahrt zu. Der Dampfer gleitet majestätisch vorüber und ich stehe da mit dem Logbuch in den Händen – eine Materialsammlung, kein Fahrplan.

Benedikt Loderer, Stadtwanderer

Die kleine Grundrissfibel ist nichts für den eiligen Leser. Architekten und Bau-
herren, die hoffen, hier schnell eine Antwort auf die Frage nach dem guten
Wohnungsgrundriss zu finden, werden enttäuscht. Lehrkräfte und Studenten,
die eine übersichtliche Systematik und Typologie des gemeinnützigen
Wohnungsbaus erwarten, werden ebenfalls leer ausgehen. Ohne eigenes
Dazutun bleibt dieses Buch ein Steinbruch – sperrig und nur schwer nutzbar.
Wer sich aber die Zeit nimmt und bereit ist, in diese Fülle von unterschied-
lichen Wohnraumvorstellungen einzutauchen, dem wird es sich als reiche
Inspirationsquelle erschliessen.

Seit der Neuordnung des öffentlichen Beschaffungswesens im Jahr 1999
hat das Amt für Hochbauten der Stadt Zürich als Baudienstleister jedes Jahr
durchschnittlich acht Wettbewerbsverfahren organisieren können – rund die
Hälfte davon Wohnbauwettbewerbe für die städtische Liegenschaftenverwaltung, die anderen für verschiedene gemeinnützige Bauträger. Daraus sind
viele ausgezeichnete Wohnsiedlungen mit rund 5000 zeitgemässen Wohnungen entstanden. Sie haben jeweils ein Optimum aus den komplexen und
oft auch widersprüchlichen gestalterischen, funktionalen, ökonomischen und
ökologischen Vorgaben herausgeholt und in den Quartieren positive Impulse
gesetzt. Diese Wettbewerbe sind eine kleine Erfolgsgeschichte für sich.
Bis auf ganz wenige Ausnahmen sind heute sämtliche Siegerprojekte entweder
fertiggestellt, in Planung oder in Bau.

Die insgesamt fünfzig Wohnbauwettbewerbe der vergangenen 13 Jahre
haben aber nicht nur bemerkenswerte Siegerprojekte und realisierte Bauten
hervorgebracht. Auf der Ebene der Wohnungsgrundrisse ist darüber hinaus
ein breites Spektrum von über 450 innovativen Grundrisstypen entstanden,
bei denen entweder bewährte Raumorganisationen hinterfragt und weiter-
entwickelt oder unkonventionelle Konzepte ausgeheckt und auf ihre Tauglich-
keit hin überprüft worden sind. Der Wohnungsgrundriss ist gewissermassen
die Produktionseinheit – er definiert unseren innersten und privatesten Raum.
Obwohl im Wohnungsbau das Potenzial der Aufgabenstellung scheinbar
erschöpft schien, haben sich über die Jahre die Vorstellungen und Erwar-

tungen kontinuierlich erweitert. Das Wettbewerbswesen hat bei diesem Entwicklungsprozess die Funktion eines Katalysators. Ausstellungen, Juryberichte und Fachartikel wirken als Ideenbörsen und tragen dazu bei, dass neue Lösungsansätze auch unter die Leute kommen – man beobachtet, diskutiert, lernt, verwirft, übernimmt, entwickelt weiter. Mit der Grundrissfibel wollen wir diesen Befruchtungsprozess weiter fördern. Bei der Zusammenstellung der Wohnungsgrundrisse haben wir von den selektiven Verfahren aus allen eingereichten Wettbewerbsbeiträgen und von den offenen Verfahren aus den ausgezeichneten Projekten jeweils einen typischen Wohnungsgrundriss ausgewählt. Die übrigen Projektinformationen haben wir dabei auf ein absolutes Minimum reduziert und auch die unterschiedliche Qualität der Darstellungen belassen. Auf eine Nachjurierung und Systematik haben wir verzichtet. So bleibt die Frage nach dem guten Wohnungsgrundriss bewusst unbeantwortet. Die Grundrisse sind schliesslich Rohmaterial und nicht Kopiervorlage.

Der ordentliche Architekturwettbewerb ist keine Selbstverständlichkeit. Er muss immer wieder neu begründet und erstritten werden. Dies gilt auch für die öffentliche Hand. Dabei sind Vorteile für die beteiligten Parteien evident: Den Bauherren ermöglichen die Wettbewerbsverfahren eine transparente Vergabe der Planeraufträge und die Entwicklung des bestmöglichen Projekts; der Öffentlichkeit geben sie Gewähr, dass für ihre Neubauaufgaben das jeweilige kulturelle Potenzial optimal ausgeschöpft wird. Und den Architektinnen und Architekten, die immer wieder ohne Entschädigung über die konkrete Bauaufgabenstellung hinaus wertvolle Beiträge zur Baukultur erarbeiten? Ihre Investitionen in einen potenziellen Bauauftrag sind enorm. Ihnen wollen wir auch in Zukunft korrekte und faire Verfahren nach der bewährten SIA-Wettbewerbskultur bieten. Bei ihnen wollen wir uns mit der Grundrissfibel sehr herzlich bedanken und ihnen Anregungen für zukünftige und erfolgreiche Projekte liefern.

Jeremy Hoskyn, Tanja Reimer und Lada Blazevic,
Stadt Zürich, Amt für Hochbauten

BAUTYP

■	PUNKT
▬	LINEAR
⌐	SONDERFORM

GEBÄUDEHÖHE

IV	MAX. 4 GESCHOSSE
VII	MAX. 7 GESCHOSSE
H	HOCHHAUS

ORIENTIERUNG

N S	NORD-SÜD
O W	OST-WEST
◇	ÜBERECK
⊔	EINSEITIG

ERSCHLIESSUNG

•	EINSPÄNNER
	ZWEISPÄNNER
	DREISPÄNNER
	VIERSPÄNNER
	VIELSPÄNNER
|||	GANGERSCHLIESSUNG

WOHNUNGSTYP

▷	MAISONETTE
☰	GESCHOSSWOHNUNG

BESONDERE ANFORDERUNG

▲	AUSBLICK
▲▼	GEBÄUDETIEFE
♀♂	ZIELGRUPPE
◀	LÄRM

STANDORTE

1

WOHNÜBERBAUUNG BURRIWEG

Zürich-Schwamendingen (gebaut: Burriweg 1–43a)

Baugenossenschaft Vitasana

Projektwettbewerb auf Einladung

Mai 1999

1

WOHNÜBERBAUUNG BURRIWEG

Zürich-Schwamendingen (gebaut: Burriweg 1–43a)

Baugenossenschaft Vitasana

Projektwettbewerb auf Einladung

Mai 1999

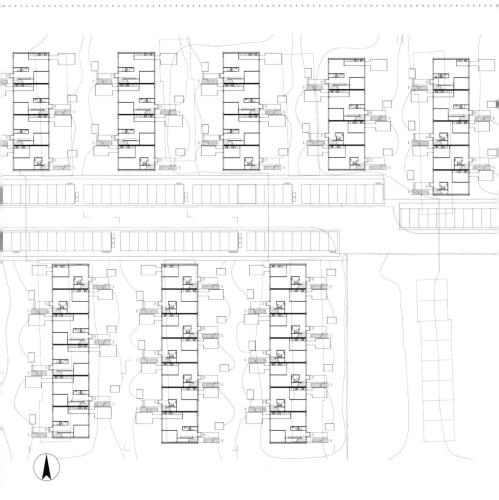

Situation / 1:1000

5½ ZW / 1:200

1

WOHNÜBERBAUUNG BURRIWEG

Zürich-Schwamendingen

Baugenossenschaft Vitasana

Projektwettbewerb auf Einladung

Mai 1999

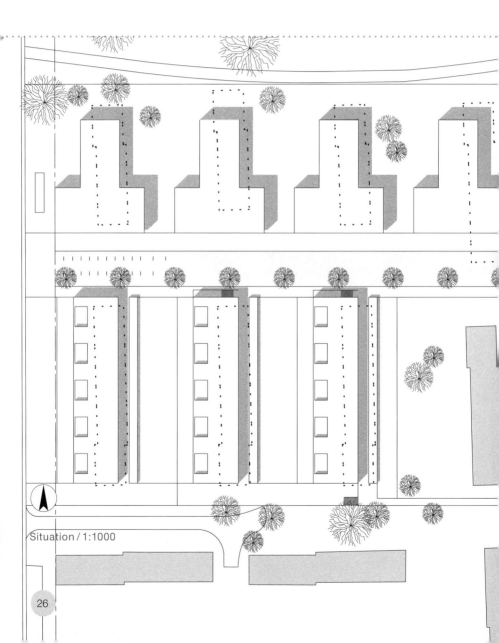

Situation / 1:1000

4½ ZW / 1:200

1

WOHNÜBERBAUUNG BURRIWEG

Zürich-Schwamendingen

Baugenossenschaft Vitasana

Projektwettbewerb auf Einladung

Mai 1999

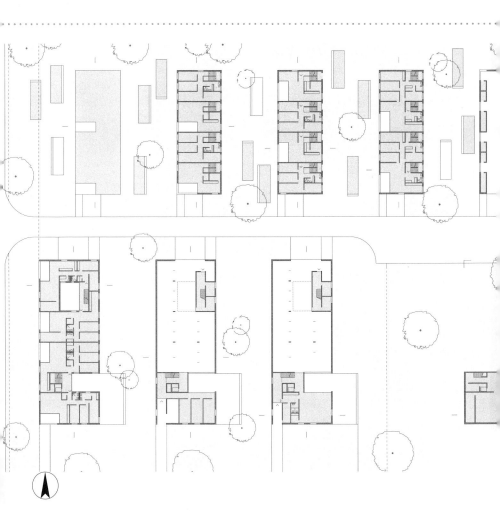

Situation / 1:1000

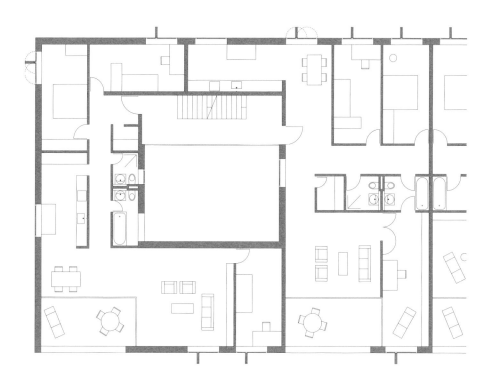

4½ ZW / 1:200

1

WOHNÜBERBAUUNG BURRIWEG

Zürich-Schwamendingen

Baugenossenschaft Vitasana

Projektwettbewerb auf Einladung

Mai 1999

Situation / 1:1000

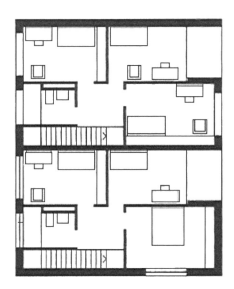

4½ ZW / 1:200

31

1

WOHNÜBERBAUUNG BURRIWEG

Zürich-Schwamendingen

Baugenossenschaft Vitasana

Projektwettbewerb auf Einladung

Mai 1999

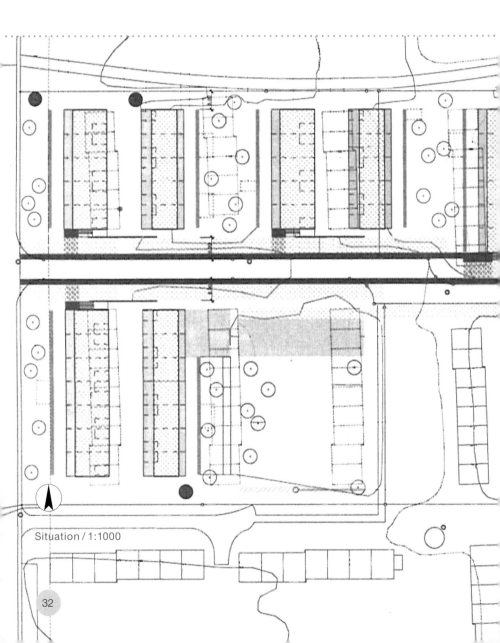

Situation / 1:1000

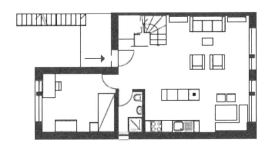

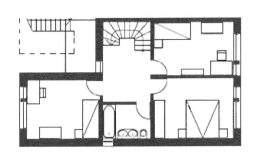

5½ ZW / 1:200

1

WOHNÜBERBAUUNG BURRIWEG

Zürich-Schwamendingen

Baugenossenschaft Vitasana

Projektwettbewerb auf Einladung

Mai 1999

Situation / 1:1000

5½ ZW / 1:200

35

1

WOHNÜBERBAUUNG BURRIWEG

Zürich-Schwamendingen

Baugenossenschaft Vitasana

Projektwettbewerb auf Einladung

Mai 1999

Situation / 1:1000

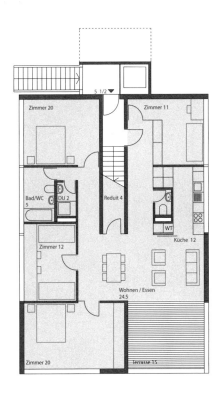

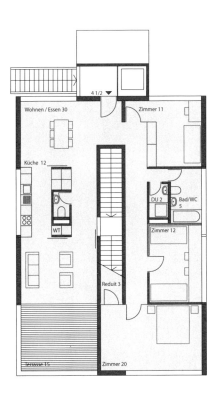

4½, 5½ ZW / 1:200

2
ÜBERBAUUNG HEGIANWAND
Zürich-Wiedikon (gebaut: Hegianwandweg 28–36)
Familienheim-Genossenschaft Zürich
Projektwettbewerb auf Einladung
Juni 1999

2

ÜBERBAUUNG HEGIANWAND

Zürich-Wiedikon (gebaut: Hegianwandweg 28–36)

Familienheim-Genossenschaft Zürich

Projektwettbewerb auf Einladung

Juni 1999

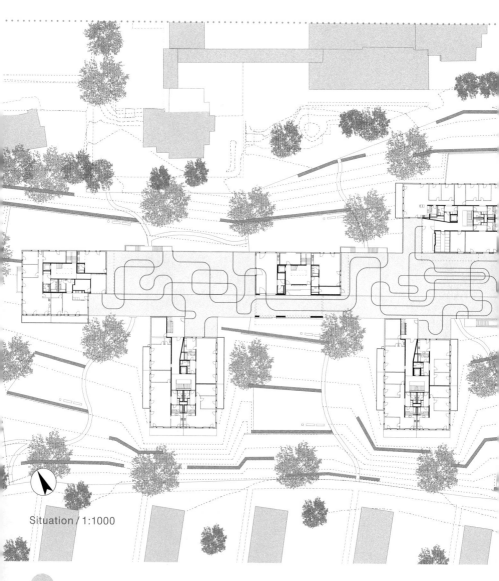

Situation / 1:1000

RIRI

EM2N Architekten

Mathias Müller, Daniel Niggli

Zürich

Rang 1

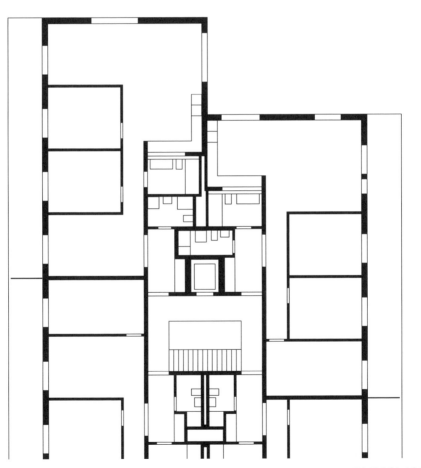

4½ ZW / 1:200

41

2

ÜBERBAUUNG HEGIANWAND

Zürich-Wiedikon

Familienheim-Genossenschaft Zürich

Projektwettbewerb auf Einladung

Juni 1999

Situation / 1:1000

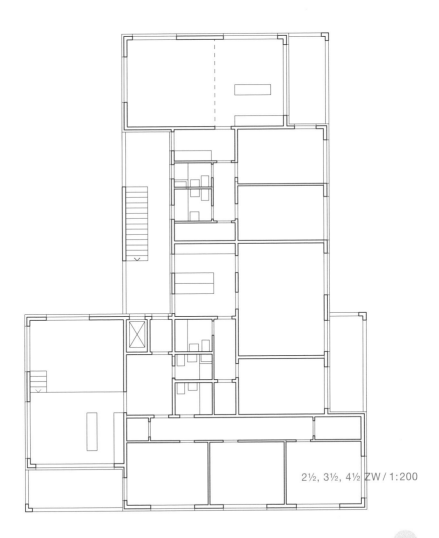

2½, 3½, 4½ ZW / 1:200

2

ÜBERBAUUNG HEGIANWAND

Zürich-Wiedikon

Familienheim-Genossenschaft Zürich

Projektwettbewerb auf Einladung

Juni 1999

Situation / 1:1000

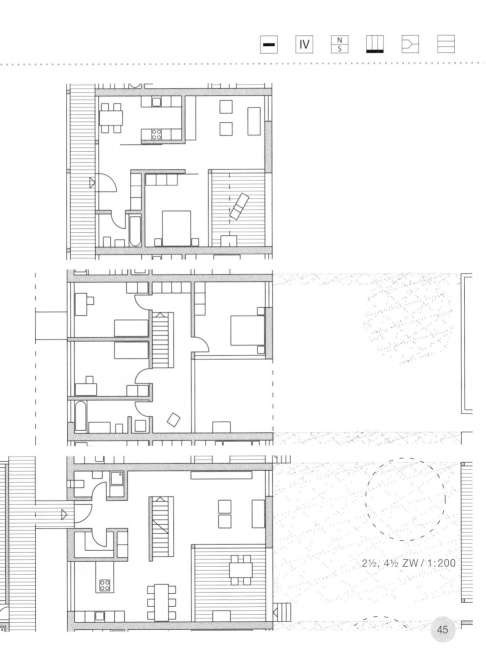

2½, 4½ ZW / 1:200

2

ÜBERBAUUNG HEGIANWAND

Zürich-Wiedikon

Familienheim-Genossenschaft Zürich

Projektwettbewerb auf Einladung

Juni 1999

Situation / 1:1000

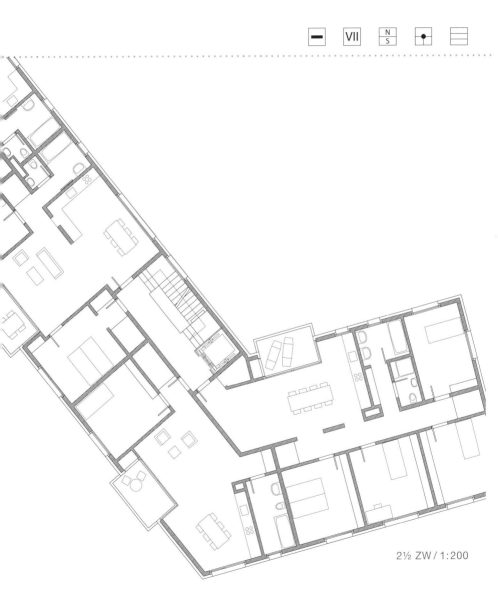

2½ ZW / 1:200

2

ÜBERBAUUNG HEGIANWAND

Zürich-Wiedikon

Familienheim-Genossenschaft Zürich

Projektwettbewerb auf Einladung

Juni 1999

Situation / 1:1000

2½, 6½ ZW / 1:200

49

2

ÜBERBAUUNG HEGIANWAND

Zürich-Wiedikon

Familienheim-Genossenschaft Zürich

Projektwettbewerb auf Einladung

Juni 1999

Situation / 1:1000

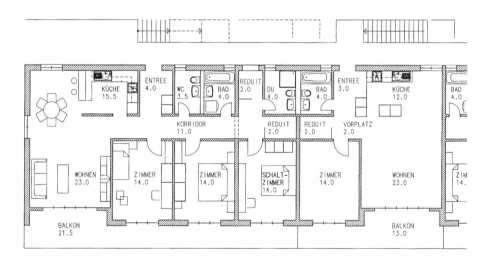

4½ ZW / 1:200

2

ÜBERBAUUNG HEGIANWAND

Zürich-Wiedikon

Familienheim-Genossenschaft Zürich

Projektwettbewerb auf Einladung

Juni 1999

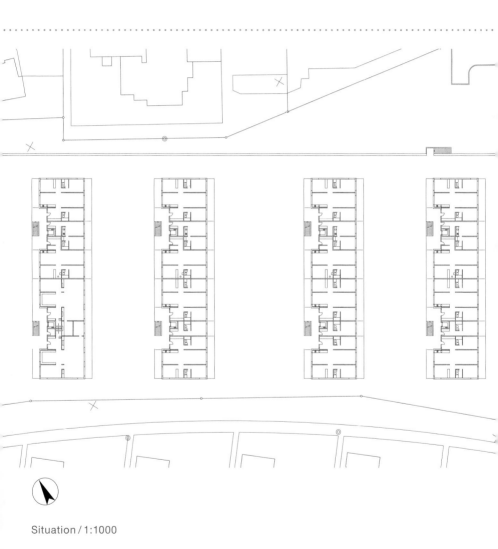

Situation / 1:1000

GLYZINIE

Broggi Santschi Architekten

Zürich

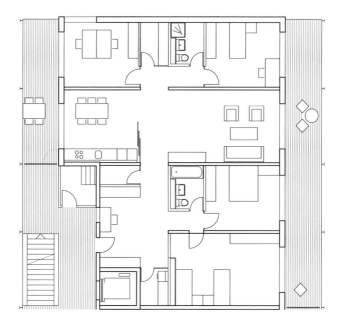

5½ ZW / 1:200

2

ÜBERBAUUNG HEGIANWAND

Zürich-Wiedikon

Familienheim-Genossenschaft Zürich

Projektwettbewerb auf Einladung

Juni 1999

Situation / 1:1000

2½, 3½, 4½, 5½ ZW / 1:200

2

ÜBERBAUUNG HEGIANWAND

Zürich-Wiedikon

Familienheim-Genossenschaft Zürich

Projektwettbewerb auf Einladung

Juni 1999

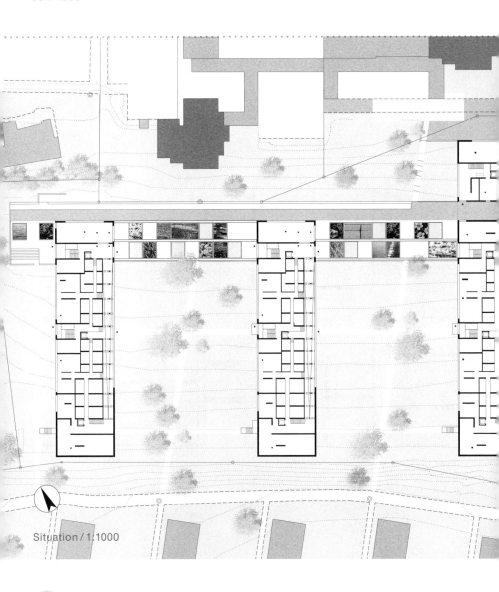

Situation / 1:1000

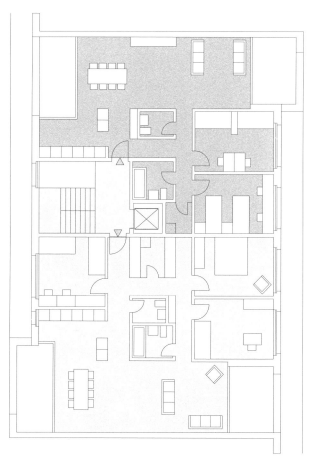

3½, 4½ ZW / 1:200

2

ÜBERBAUUNG HEGIANWAND

Zürich-Wiedikon

Familienheim-Genossenschaft Zürich

Projektwettbewerb auf Einladung

Juni 1999

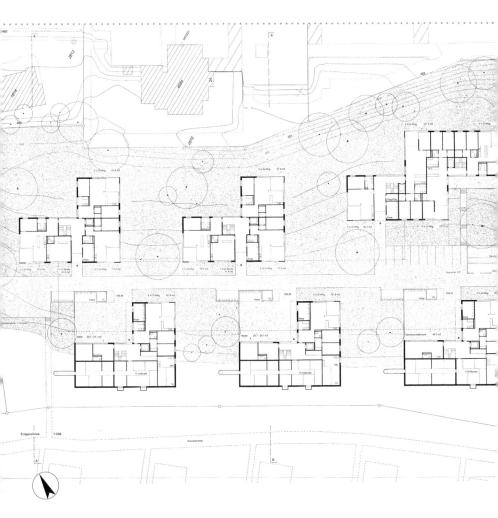

Situation / 1:1000

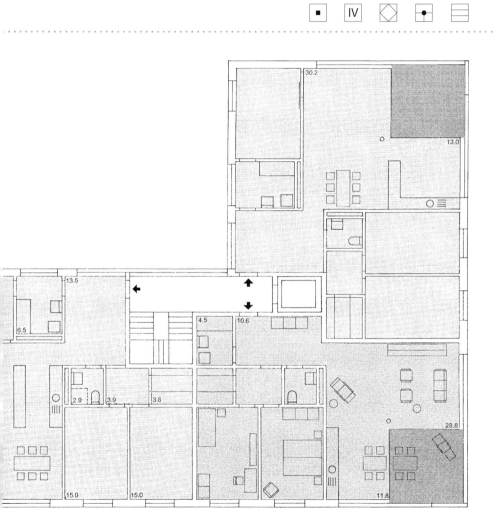

3½, 4½ ZW / 1:200

3
WOHNÜBERBAUUNG HAGENBUCHRAIN
Zürich-Albisrieden
(gebaut: Triemlistrasse 22 / Schützenrain 2, 2a / Hagenbuchrain 10–13)
Baugenossenschaft Sonnengarten
Projektwettbewerb auf Einladung
Juli 2000

3

WOHNÜBERBAUUNG HAGENBUCHRAIN

Zürich-Albisrieden

(gebaut: Triemlistrasse 22 / Schützenrain 2, 2a / Hagenbuchrain 10–13)

Baugenossenschaft Sonnengarten

Projektwettbewerb auf Einladung

Juli 2000

Situation / 1:1000

4½ ZW / 1:200

3

WOHNÜBERBAUUNG HAGENBUCHRAIN

Zürich-Albisrieden

Baugenossenschaft Sonnengarten

Projektwettbewerb auf Einladung

Juli 2000

Situation 1:1000

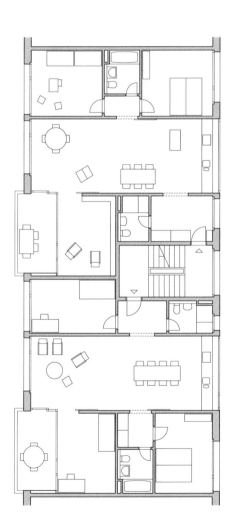

4½ ZW / 1:200

3

WOHNÜBERBAUUNG HAGENBUCHRAIN

Zürich-Albisrieden

Baugenossenschaft Sonnengarten

Projektwettbewerb auf Einladung

Juli 2000

Situation / 1:1000

DONKA

Bertram Ernst, Erich Niklaus

Zürich

Rang 3

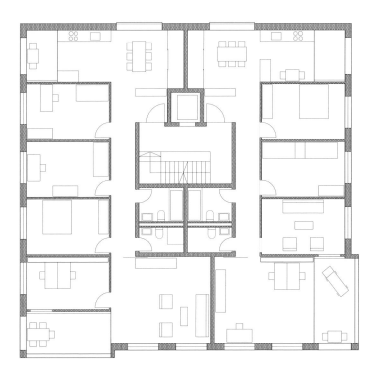

4½, 5½ ZW / 1:200

3

WOHNÜBERBAUUNG HAGENBUCHRAIN

Zürich-Albisrieden

Baugenossenschaft Sonnengarten

Projektwettbewerb auf Einladung

Juli 2000

Situation / 1:1000

5½ ZW / 1:200

3

WOHNÜBERBAUUNG HAGENBUCHRAIN

Zürich-Albisrieden

Baugenossenschaft Sonnengarten

Projektwettbewerb auf Einladung

Juli 2000

Situation 1:1000

3½, 4½, 5½ ZW / 1:200

3

WOHNÜBERBAUUNG HAGENBUCHRAIN

Zürich-Albisrieden

Baugenossenschaft Sonnengarten

Projektwettbewerb auf Einladung

Juli 2000

Situation / 1:1000

ORION

Wydler Bauersima Architekten

Zürich

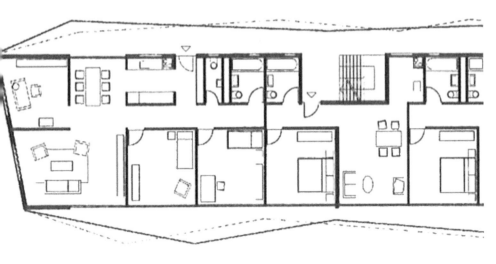

2½, 4½ ZW / 1:200

3

WOHNÜBERBAUUNG HAGENBUCHRAIN

Zürich-Albisrieden

Baugenossenschaft Sonnengarten

Projektwettbewerb auf Einladung

Juli 2000

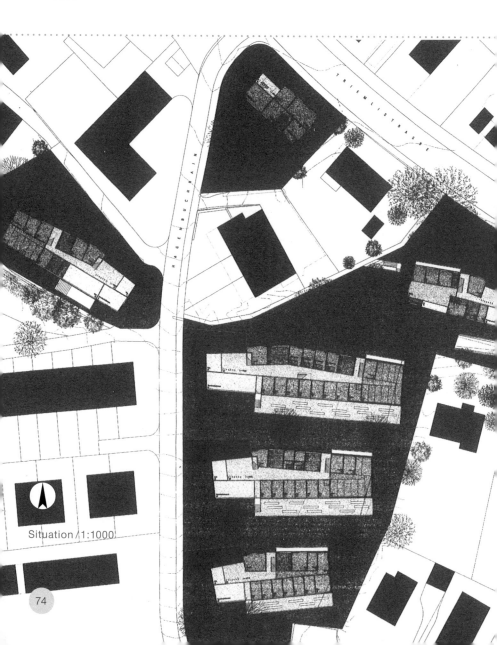

Situation 1:1000

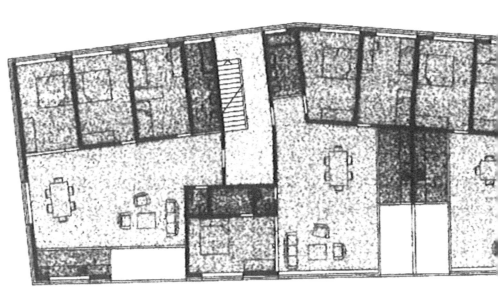

3½, 4½, 5½ ZW / 1:200

3

WOHNÜBERBAUUNG HAGENBUCHRAIN

Zürich-Albisrieden

Baugenossenschaft Sonnengarten

Projektwettbewerb auf Einladung

Juli 2000

Situation / 1:1000

2½, 4½ ZW / 1:200

3

WOHNÜBERBAUUNG HAGENBUCHRAIN

Zürich-Albisrieden

Baugenossenschaft Sonnengarten

Projektwettbewerb auf Einladung

Juli 2000

Situation / 1:1000

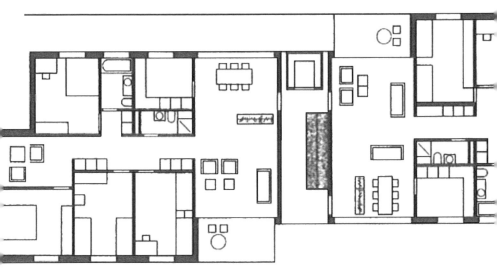

5½ ZW / 1:200

79

3

WOHNÜBERBAUUNG HAGENBUCHRAIN

Zürich-Albisrieden

Baugenossenschaft Sonnengarten

Projektwettbewerb auf Einladung

Juli 2000

Situation / 1:1000

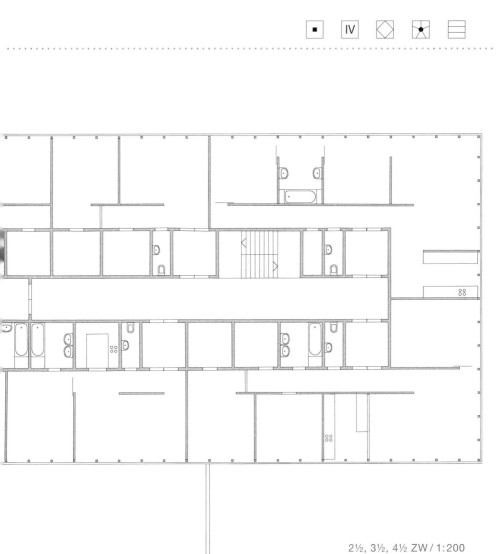

2½, 3½, 4½ ZW / 1:200

4
WOHNÜBERBAUUNG SCHÜRLIWEG
Zürich-Affoltern (gebaut: Schürliweg 22–28)
Baugenossenschaft Hagenbrünneli
Projektwettbewerb auf Einladung
Juli 2000

4

WOHNÜBERBAUUNG SCHÜRLIWEG

Zürich-Affoltern (gebaut: Schürliweg 22–28)

Baugenossenschaft Hagenbrünneli

Projektwettbewerb auf Einladung

Juli 2000

Situation / 1:1000

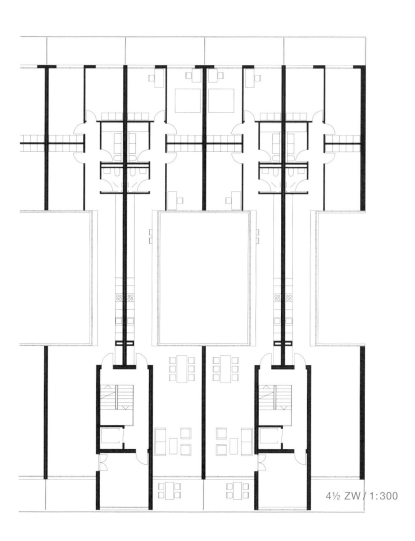

4½ ZW / 1:300

4

WOHNÜBERBAUUNG SCHÜRLIWEG

Zürich-Affoltern

Baugenossenschaft Hagenbrünneli

Projektwettbewerb auf Einladung

Juli 2000

Situation / 1:1000

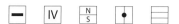

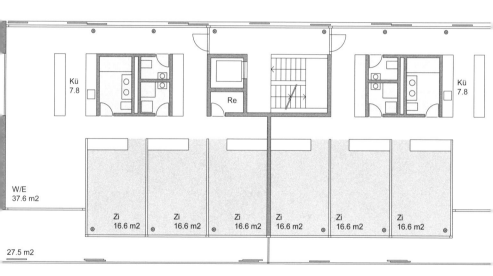

Kü
7.8

Re

Kü
7.8

W/E
37.6 m2

27.5 m2

Zi
16.6 m2

Zi
16.6 m2

Zi
16.6 m2

Zi
16.6 m2

Zi
16.6 m2

Zi
16.6 m2

4½ ZW / 1:200

4

WOHNÜBERBAUUNG SCHÜRLIWEG

Zürich-Affoltern

Baugenossenschaft Hagenbrünneli

Projektwettbewerb auf Einladung

Juli 2000

Situation / 1:1000

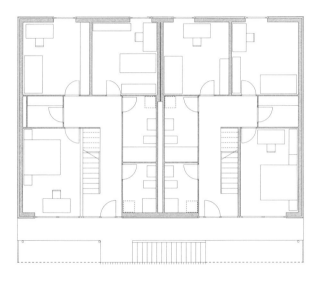

4½ ZW / 1:200

4

WOHNÜBERBAUUNG SCHÜRLIWEG

Zürich-Affoltern

Baugenossenschaft Hagenbrünneli

Projektwettbewerb auf Einladung

Juli 2000

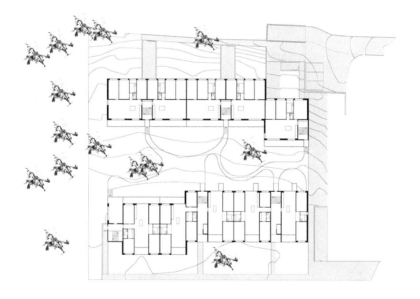

Situation / 1:1000

SUR L'HERBE

Bosshard Vaquer Architekten

Zürich

Rang 4

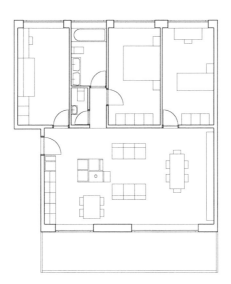

4½ ZW / 1:200

4

WOHNÜBERBAUUNG SCHÜRLIWEG

Zürich-Affoltern

Baugenossenschaft Hagenbrünneli

Projektwettbewerb auf Einladung

Juli 2000

Situation / 1:1000

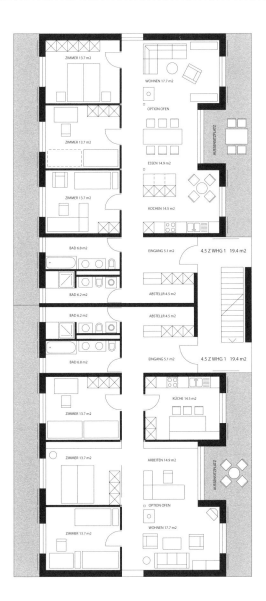

4½ ZW / 1:200

4

WOHNÜBERBAUUNG SCHÜRLIWEG

Zürich-Affoltern

Baugenossenschaft Hagenbrünneli

Projektwettbewerb auf Einladung

Juli 2000

Situation / 1:1000

DG

OG

EG

UG

4½ ZW / 1:300

5

WOHNÜBERBAUUNG STEINACKER

Zürich-Witikon (gebaut: Trichtenhausenstrasse 124, 126, 128)

Wohn- und Siedlungsgenossenschaft /

ASIG Baugenossenschaft

Projektwettbewerb auf Einladung

Juli 2000

5

WOHNÜBERBAUUNG STEINACKER

Zürich-Witikon (gebaut: Trichtenhausenstrasse 124, 126, 128)

Wohn- und Siedlungsgenossenschaft /

ASIG Baugenossenschaft

Projektwettbewerb auf Einladung

Juli 2000

Situation / 1:1000

Wo 35   4.5 Zi-W 108

Zi 14

Zi 14

Zi 14

Wo 35

Zi 14

Zi 14

Abstell

Zi 14

4.5 Zi-W 112

Zi 14

Zi 14

Zi 14

4.5 Zi-W 112

Abstell

Abstell

Wo 35

Zi 14

Zi 14

Zi 14

4.5 Zi-W 112   Wo 35

4½ ZW / 1:200

5

WOHNÜBERBAUUNG STEINACKER

Zürich-Witikon

Wohn- und Siedlungsgenossenschaft /

ASIG Baugenossenschaft

Projektwettbewerb auf Einladung

Juli 2000

Situation / 1:1000

4½ ZW / 1:200

5

WOHNÜBERBAUUNG STEINACKER

Zürich-Witikon

Wohn- und Siedlungsgenossenschaft /

ASIG Baugenossenschaft

Projektwettbewerb auf Einladung

Juli 2000

Situation / 1:1000

3½, 4½, 5½ ZW / 1:200

5

WOHNÜBERBAUUNG STEINACKER

Zürich-Witikon

Wohn- und Siedlungsgenossenschaft /

ASIG Baugenossenschaft

Projektwettbewerb auf Einladung

Juli 2000

Situation / 1:1000

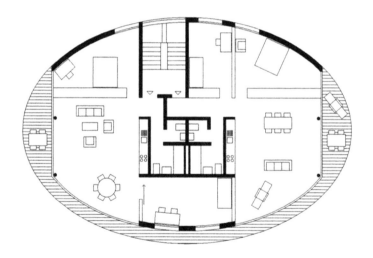

3½ ZW / 1:200

5

WOHNÜBERBAUUNG STEINACKER

Zürich-Witikon

Wohn- und Siedlungsgenossenschaft /

ASIG Baugenossenschaft

Projektwettbewerb auf Einladung

Juli 2000

Situation / 1:1000

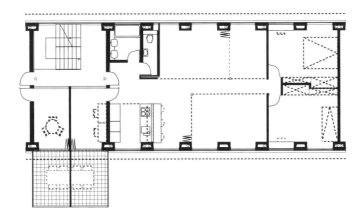

4½ ZW / 1:200

5

WOHNÜBERBAUUNG STEINACKER

Zürich-Witikon

Wohn- und Siedlungsgenossenschaft /

ASIG Baugenossenschaft

Projektwettbewerb auf Einladung

Juli 2000

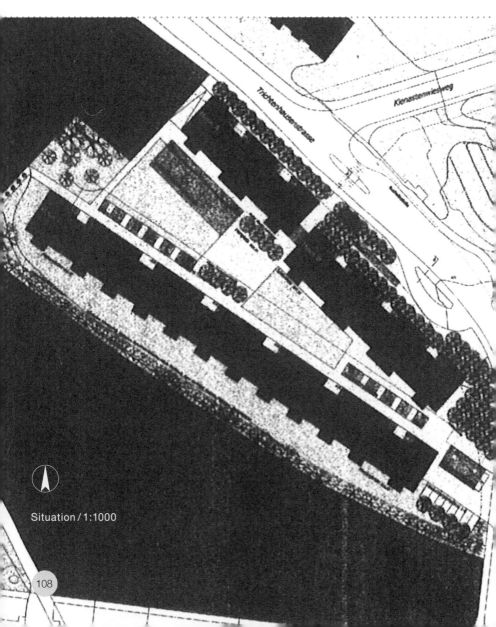

Situation / 1:1000

108

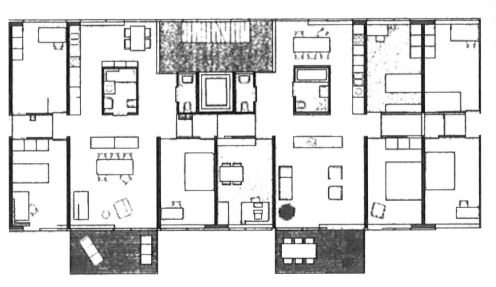

4½ ZW / 1:200

5

WOHNÜBERBAUUNG STEINACKER

Zürich-Witikon

Wohn- und Siedlungsgenossenschaft /

ASIG Baugenossenschaft

Projektwettbewerb auf Einladung

Juli 2000

Situation / 1:1000

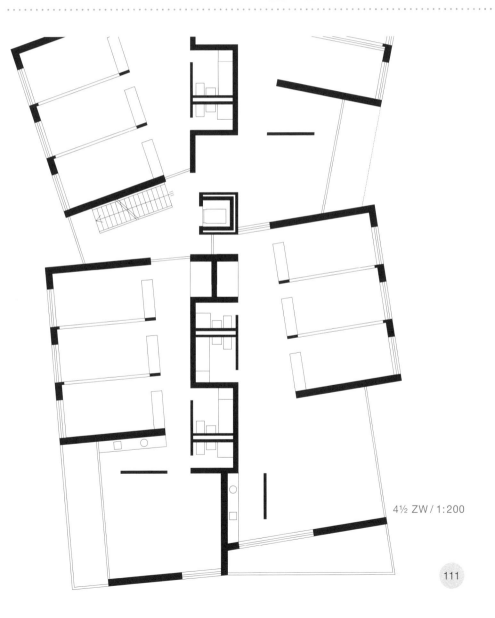

4½ ZW / 1:200

111

5

WOHNÜBERBAUUNG STEINACKER

Zürich-Witikon

Wohn- und Siedlungsgenossenschaft /

ASIG Baugenossenschaft

Projektwettbewerb auf Einladung

Juli 2000

Situation / 1:1000

TANGO

Vehovar Jauslin Architekten

Zürich

2½, 3½, 4½ ZW / 1:200

113

5

WOHNÜBERBAUUNG STEINACKER

Zürich-Witikon

Wohn- und Siedlungsgenossenschaft /

ASIG Baugenossenschaft

Projektwettbewerb auf Einladung

Juli 2000

Situation / 1:1000

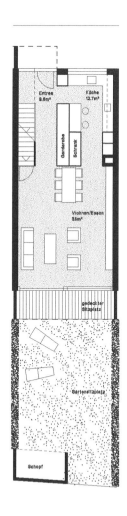

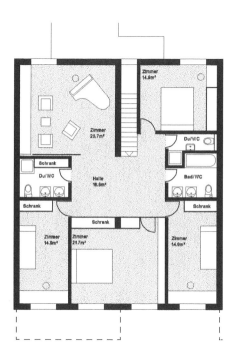

4½ ZW / 1:200

5

WOHNÜBERBAUUNG STEINACKER

Zürich-Witikon

Wohn- und Siedlungsgenossenschaft /

ASIG Baugenossenschaft

Projektwettbewerb auf Einladung

Juli 2000

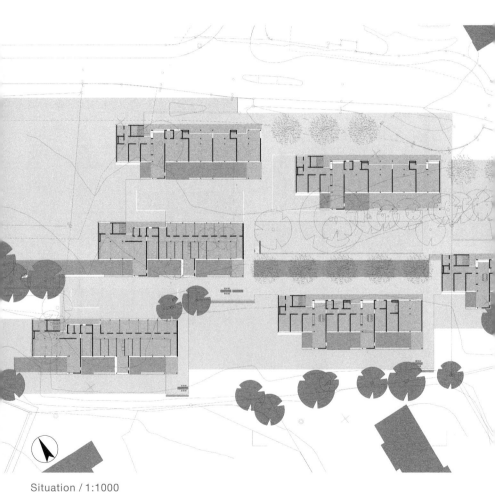

Situation / 1:1000

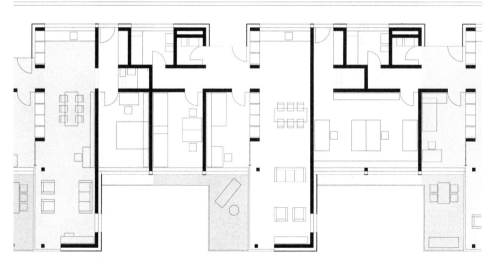

6½ ZW / 1:200

6

WOHNÜBERBAUUNG FRIEDHOFSTRASSE

Zürich-Altstetten (gebaut: Friedhofstrasse 61a–o)

Baugenossenschaft St. Jakob

Projektwettbewerb auf Einladung

November 2000

6

WOHNÜBERBAUUNG FRIEDHOFSTRASSE

Zürich-Altstetten (gebaut: Friedhofstrasse 61a–o)

Baugenossenschaft St. Jakob

Projektwettbewerb auf Einladung

November 2000

Situation / 1:1000

CETEBE

Zita Cotti

Zürich

Rang 1

EG

1. OG

2. OG

DG

4½, 5½ ZW / 1:200

121

6

WOHNÜBERBAUUNG FRIEDHOFSTRASSE

Zürich-Altstetten

Baugenossenschaft St. Jakob

Projektwettbewerb auf Einladung

November 2000

Situation / 1:1000

4½, 5½ ZW / 1:200

6

WOHNÜBERBAUUNG FRIEDHOFSTRASSE

Zürich-Altstetten

Baugenossenschaft St. Jakob

Projektwettbewerb auf Einladung

November 2000

Situation / 1:1000

5½ ZW / 1:200

6

WOHNÜBERBAUUNG FRIEDHOFSTRASSE

Zürich-Altstetten

Baugenossenschaft St. Jakob

Projektwettbewerb auf Einladung

November 2000

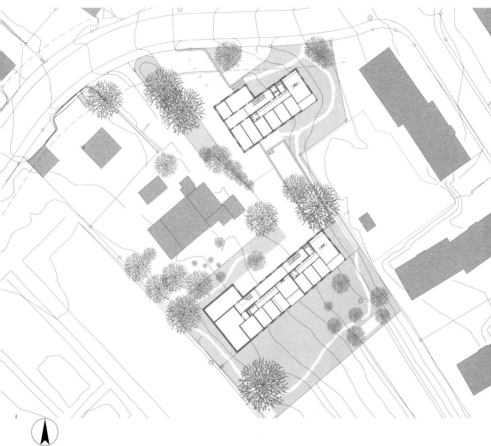

Situation / 1:1000

Zimmer 14.1m2

Dusche 3.6m2

Zimmer 13.4m2

Zimmer 14.1m2

442.70

5½ Zi-Whg 112.1m2

4½ Zi-Whg 102.3m2   Reduit 1.5m2   Bad 5.5m2

Essküche 14.1m2

Zimmer 14.1m2

Bad 4.6m2

Dusche 3.6m2

Korridor 13.3m2

Korridor 13.3m2

Wohnzimmer 22.0m2

Loggia 11.7m2   Wohnzimmer 22.3m2   Essküche 12.6m2   Zimmer 14.1m2   Zimmer 14.1m2   Zimmer 14.1m2   Loggia 11.7m2

4½, 5½ ZW / 1:200

127

6

WOHNÜBERBAUUNG FRIEDHOFSTRASSE

Zürich-Altstetten

Baugenossenschaft St. Jakob

Projektwettbewerb auf Einladung

November 2000

Situation / 1:1000

TRITT.ART

Architektick

Tina Arndt, Daniel Fleischmann

Zürich

4½ ZW / 1:200

6

WOHNÜBERBAUUNG FRIEDHOFSTRASSE

Zürich-Altstetten

Baugenossenschaft St. Jakob

Projektwettbewerb auf Einladung

November 2000

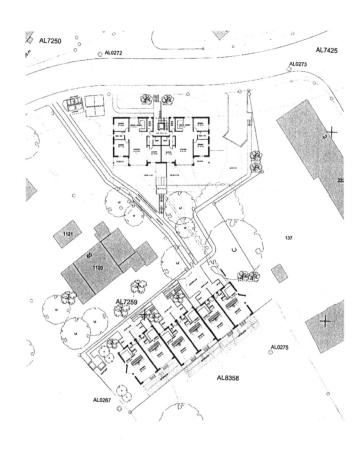

Situation / 1:1000

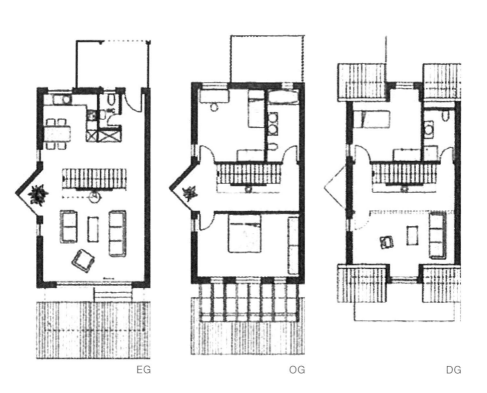

EG   OG   DG

5½ ZW / 1:200

131

7

WOHNÜBERBAUUNG PAUL CLAIRMONT

Zürich-Wiedikon (gebaut: Birmensdorferstrasse 467)

Baugenossenschaft Rotach

Projektwettbewerb auf Einladung,

November 2000

7

WOHNÜBERBAUUNG PAUL CLAIRMONT

Zürich-Wiedikon (gebaut: Birmensdorferstrasse 467)

Baugenossenschaft Rotach

Projektwettbewerb auf Einladung

November 2000

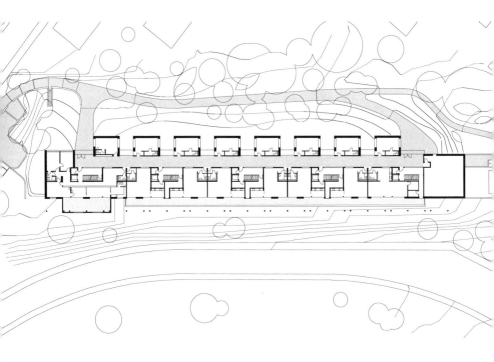

Situation / 1:1000

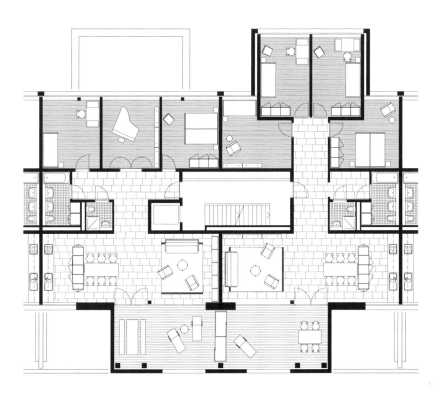

4½, 5½ ZW / 1:200

7

WOHNÜBERBAUUNG PAUL CLAIRMONT

Zürich-Wiedikon

Baugenossenschaft Rotach

Projektwettbewerb auf Einladung

November 2000

Situation / 1:1000

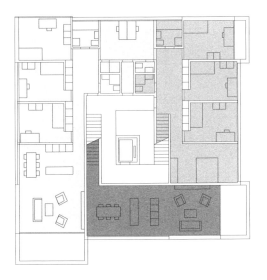

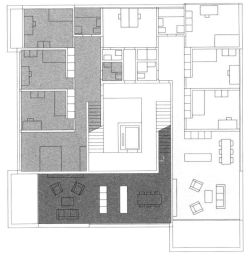

5½ ZW / 1:300

7

WOHNÜBERBAUUNG PAUL CLAIRMONT

Zürich-Wiedikon

Baugenossenschaft Rotach

Projektwettbewerb auf Einladung

November 2000

Situation / 1:1000

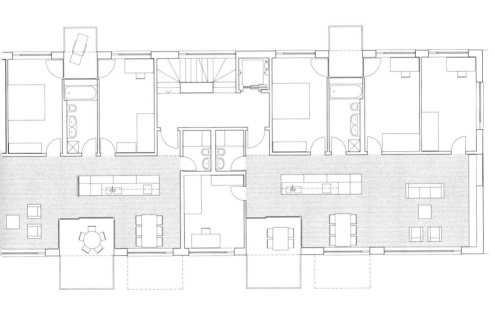

4½, 5½ ZW / 1:200

7

WOHNÜBERBAUUNG PAUL CLAIRMONT

Zürich-Wiedikon

Baugenossenschaft Rotach

Projektwettbewerb auf Einladung

November 2000

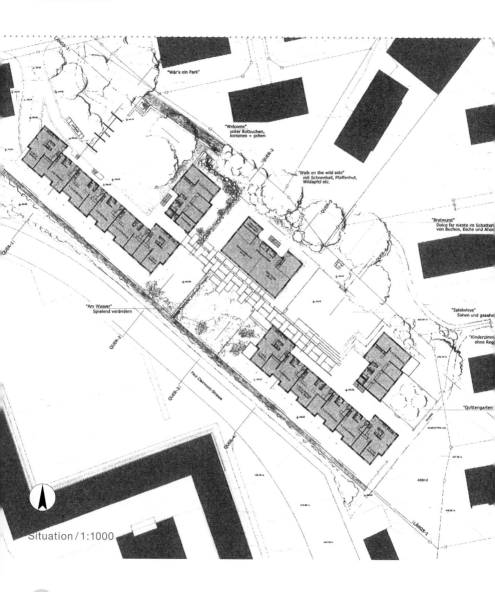

Situation / 1:1000

4½ ZW / 1:200

7

WOHNÜBERBAUUNG PAUL CLAIRMONT

Zürich-Wiedikon

Baugenossenschaft Rotach

Projektwettbewerb auf Einladung

November 2000

Situation/1:1000

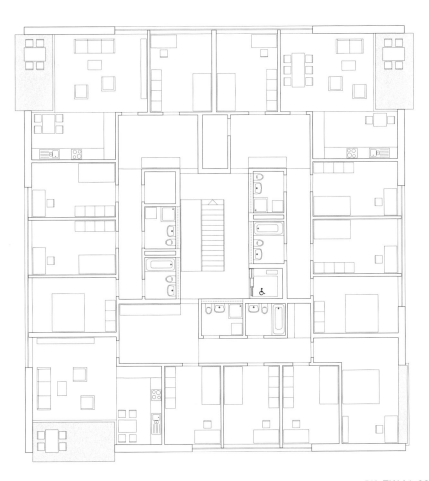

5½ ZW / 1:200

7

WOHNÜBERBAUUNG PAUL CLAIRMONT

Zürich-Wiedikon

Baugenossenschaft Rotach

Projektwettbewerb auf Einladung

November 2000

Situation / 1:1000

144

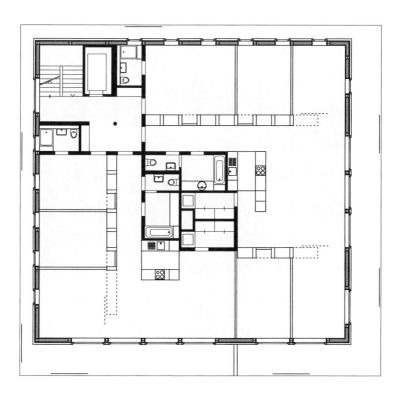

4½, 5½, 6½ ZW / 1:200

7

WOHNÜBERBAUUNG PAUL CLAIRMONT

Zürich-Wiedikon

Baugenossenschaft Rotach

Projektwettbewerb auf Einladung

November 2000

Paul Clairmont-Strasse

Situation / 1:1000

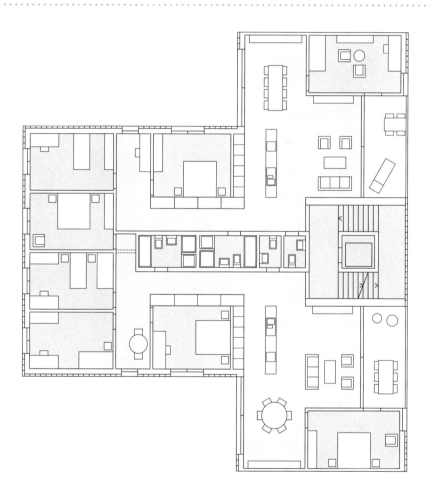

4½, 5½, 6½ ZW / 1:200

7

WOHNÜBERBAUUNG PAUL CLAIRMONT

Zürich-Wiedikon

Baugenossenschaft Rotach

Projektwettbewerb auf Einladung

November 2000

Situation / 1:1000

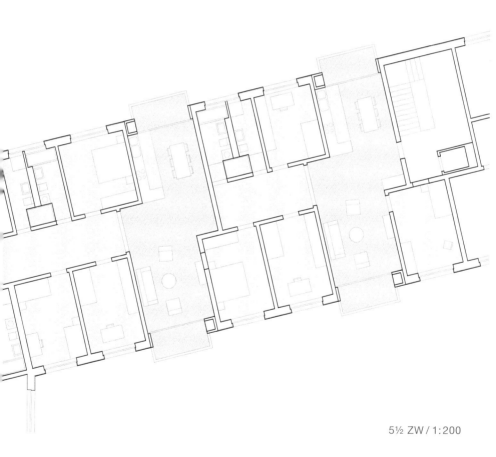

5½ ZW / 1:200

7

WOHNÜBERBAUUNG PAUL CLAIRMONT

Zürich-Wiedikon

Baugenossenschaft Rotach

Projektwettbewerb auf Einladung

November 2000

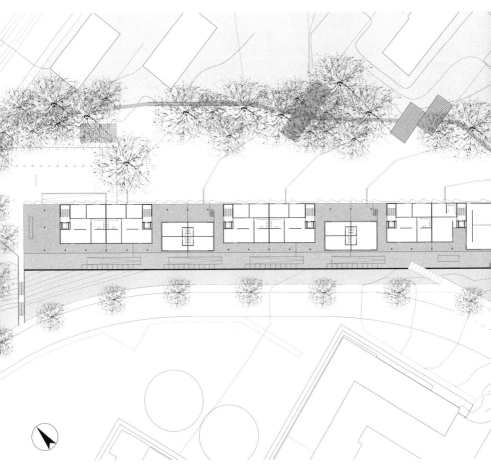

Situation / 1:1000

4½, 6½ ZW / 1:200

7

WOHNÜBERBAUUNG PAUL CLAIRMONT

Zürich-Wiedikon

Baugenossenschaft Rotach

Projektwettbewerb auf Einladung

November 2000

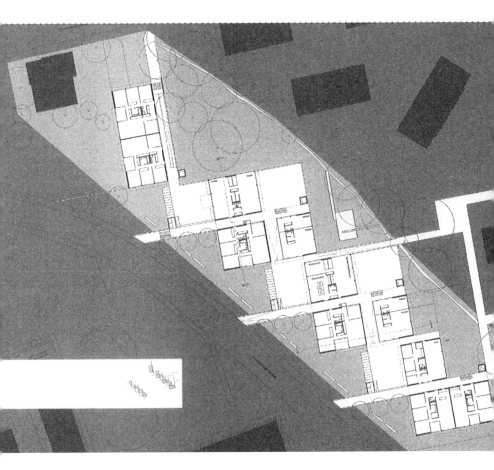

Situation / 1:1000

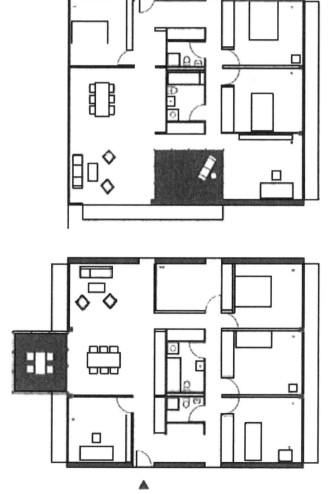

5½ ZW / 1:200

8

WOHNÜBERBAUUNG LEIMBACHSTRASSE / VISTA VERDE

Zürich-Leimbach (gebaut: Leimbachstrasse 227, 229, 231)

Baugenossenschaft Zurlinden / Baugenossenschaft Freiblick

Projektwettbewerb auf Einladung

April 2001

8

WOHNÜBERBAUUNG LEIMBACHSTRASSE / VISTA VERDE

Zürich-Leimbach (gebaut: Leimbachstrasse 227, 229, 231)

Baugenossenschaft Zurlinden / Baugenossenschaft Freiblick

Projektwettbewerb auf Einladung

April 2001

Situation / 1:1000

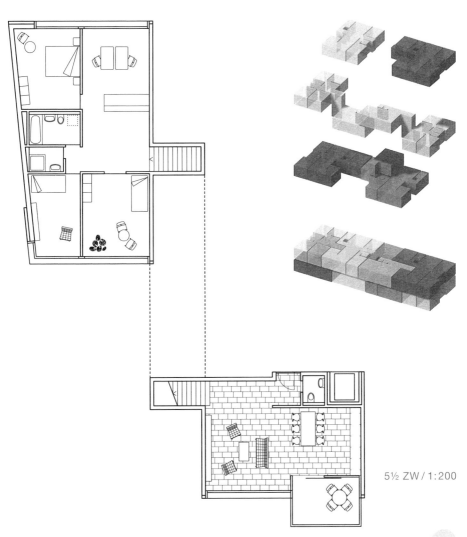

5½ ZW / 1:200

8

WOHNÜBERBAUUNG LEIMBACHSTRASSE / VISTA VERDE

Zürich-Leimbach

Baugenossenschaft Zurlinden / Baugenossenschaft Freiblick

Projektwettbewerb auf Einladung

April 2001

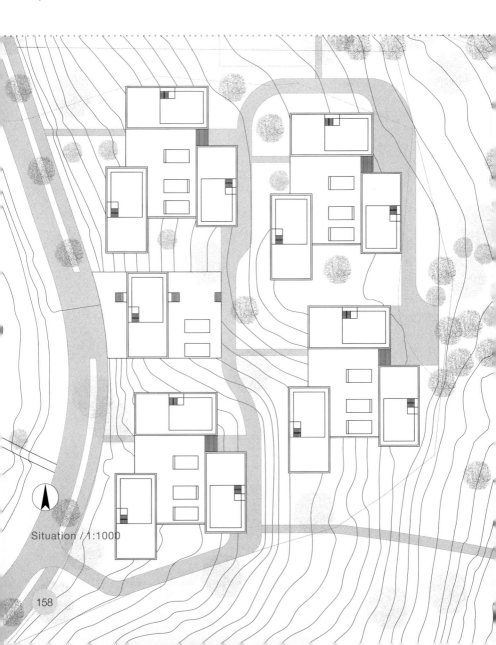

Situation / 1:1000

MOST

Stücheli Architekten

Zürich

Rang 2

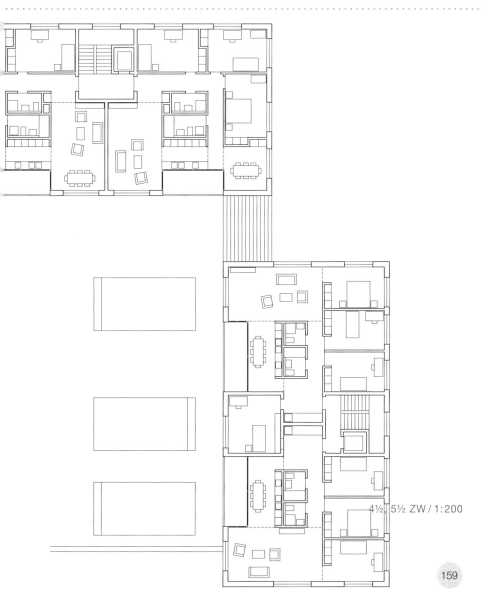

4½, 5½ ZW / 1:200

8

WOHNÜBERBAUUNG LEIMBACHSTRASSE / VISTA VERDE

Zürich-Leimbach

Baugenossenschaft Zurlinden / Baugenossenschaft Freiblick

Projektwettbewerb auf Einladung

April 2001

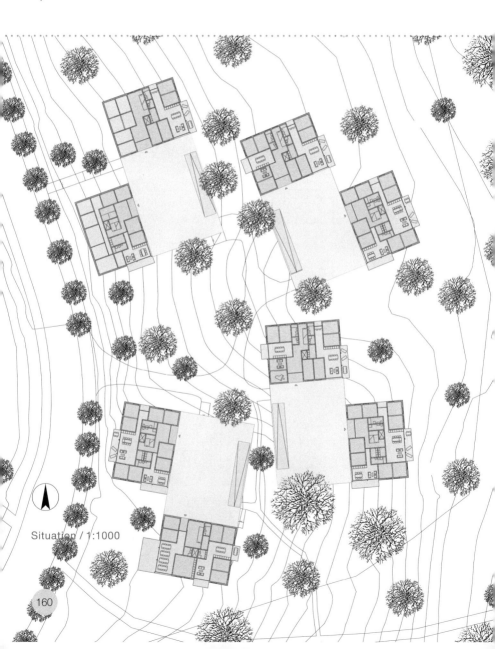

Situation / 1:1000

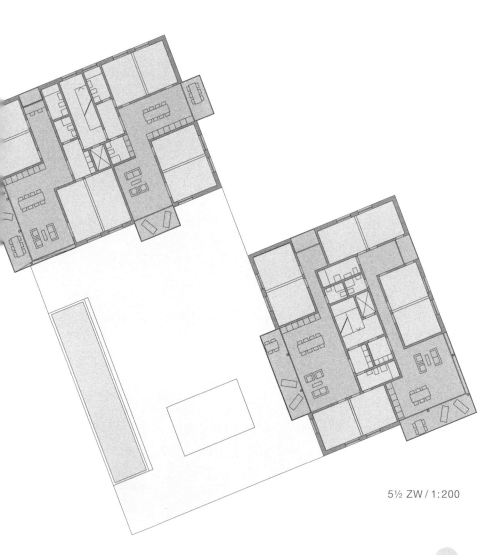

5½ ZW / 1:200

8

WOHNÜBERBAUUNG LEIMBACHSTRASSE / VISTA VERDE

Zürich-Leimbach

Baugenossenschaft Zurlinden / Baugenossenschaft Freiblick

Projektwettbewerb auf Einladung

April 2001

Situation / 1:1000

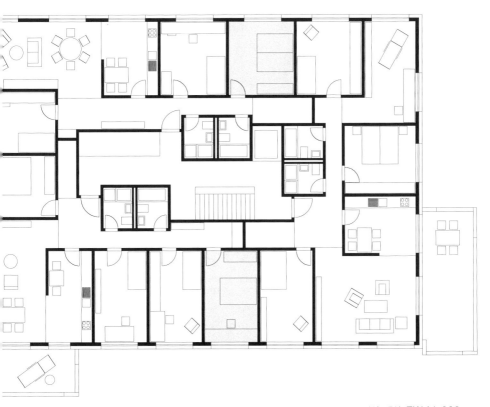

4½, 5½ ZW / 1:200

8

WOHNÜBERBAUUNG LEIMBACHSTRASSE / VISTA VERDE

Zürich-Leimbach

Baugenossenschaft Zurlinden / Baugenossenschaft Freiblick

Projektwettbewerb auf Einladung

April 2001

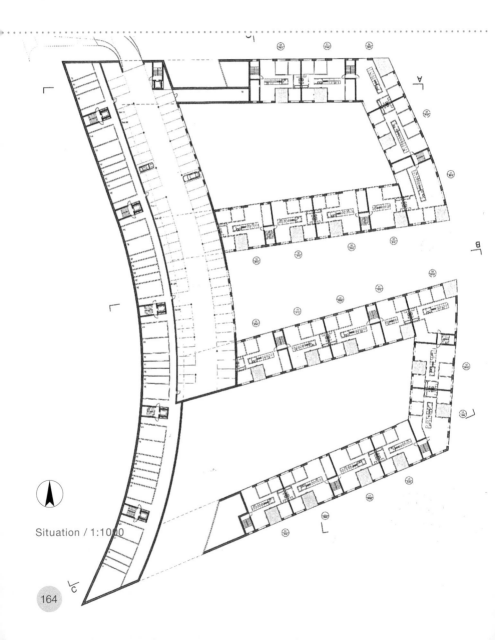

Situation / 1:1000

TACA

blue architects

Zürich

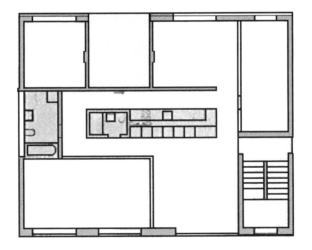

5½ ZW / 1:200

8

WOHNÜBERBAUUNG LEIMBACHSTRASSE / VISTA VERDE

Zürich-Leimbach

Baugenossenschaft Zurlinden / Baugenossenschaft Freiblick

Projektwettbewerb auf Einladung

April 2001

Situation / 1:1000

VRENELISGÄRTLI

Von Ballmoos Krucker Architekten

Zürich

5½ ZW / 1:200

8

WOHNÜBERBAUUNG LEIMBACHSTRASSE / VISTA VERDE

Zürich-Leimbach

Baugenossenschaft Zurlinden / Baugenossenschaft Freiblick

Projektwettbewerb auf Einladung

April 2001

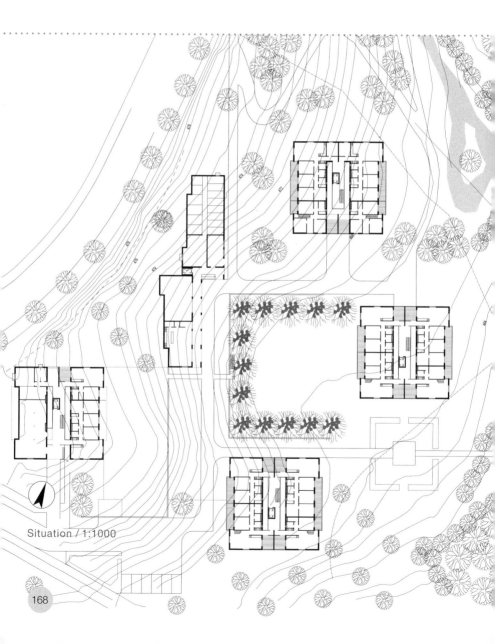

Situation / 1:1000

2½, 5½ ZW / 1:200

8

WOHNÜBERBAUUNG LEIMBACHSTRASSE / VISTA VERDE

Zürich-Leimbach

Baugenossenschaft Zurlinden / Baugenossenschaft Freiblick

Projektwettbewerb auf Einladung

April 2001

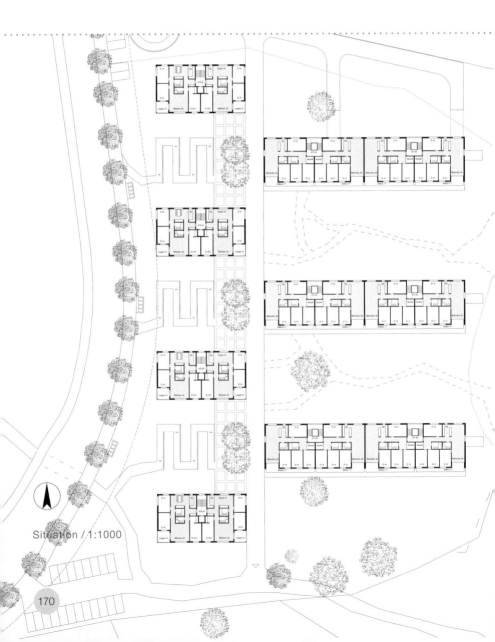

Situation / 1:1000

4½ ZW / 1:200

8

WOHNÜBERBAUUNG LEIMBACHSTRASSE / VISTA VERDE

Zürich-Leimbach

Baugenossenschaft Zurlinden / Baugenossenschaft Freiblick

Projektwettbewerb auf Einladung

April 2001

Situation / 1:1000

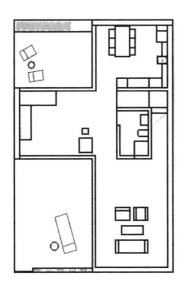

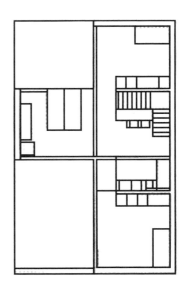

EG   OG

5½ ZW / 1:200

8

WOHNÜBERBAUUNG LEIMBACHSTRASSE / VISTA VERDE

Zürich-Leimbach

Baugenossenschaft Zurlinden / Baugenossenschaft Freiblick

Projektwettbewerb auf Einladung

April 2001

Situation / 1:1000

4½, 5½ ZW / 1:200

8
WOHNÜBERBAUUNG LEIMBACHSTRASSE / VISTA VERDE

Zürich-Leimbach

Baugenossenschaft Zurlinden / Baugenossenschaft Freiblick

Projektwettbewerb auf Einladung

April 2001

Situation / 1:1000

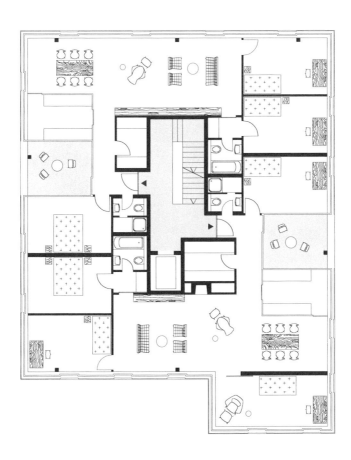

4½ ZW / 1:200

9

WOHNÜBERBAUUNG BERNERSTRASSE / WERDWIES

Zürich-Altstetten (gebaut: Grünauring 25–37 / Bändlistrasse 22–34)

Liegenschaftenverwaltung der Stadt Zürich

Projektwettbewerb im offenen Verfahren

März 2002

9

WOHNÜBERBAUUNG BERNERSTRASSE / WERDWIES

Zürich-Altstetten (gebaut: Grünauring 25–37 / Bändlistrasse 22–34)

Liegenschaftenverwaltung der Stadt Zürich

Projektwettbewerb im offenen Verfahren

März 2002

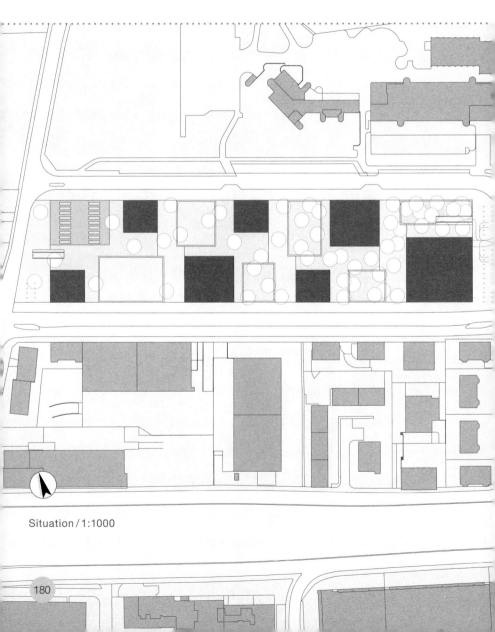

Situation / 1:1000

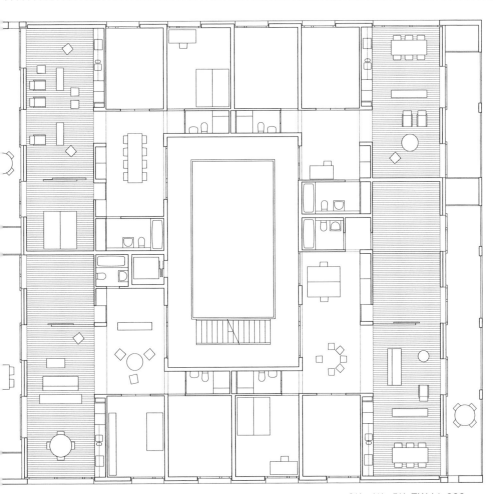

3½, 4½, 5½ ZW / 1:200

9

WOHNÜBERBAUUNG BERNERSTRASSE / WERDWIES

Zürich-Altstetten

Liegenschaftenverwaltung der Stadt Zürich

Projektwettbewerb im offenen Verfahren

März 2002

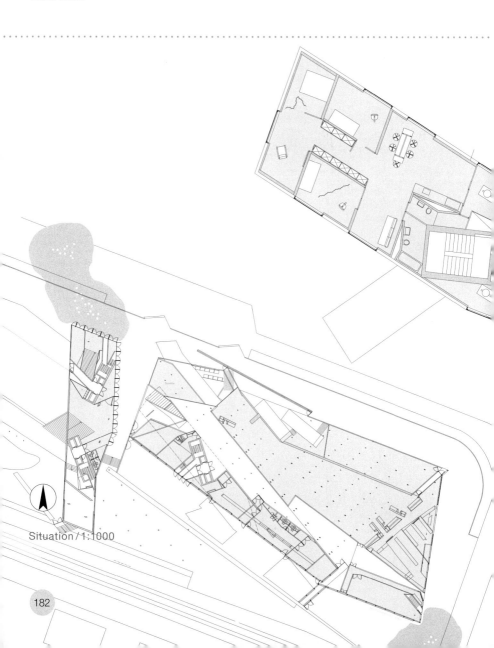

Situation / 1:1000

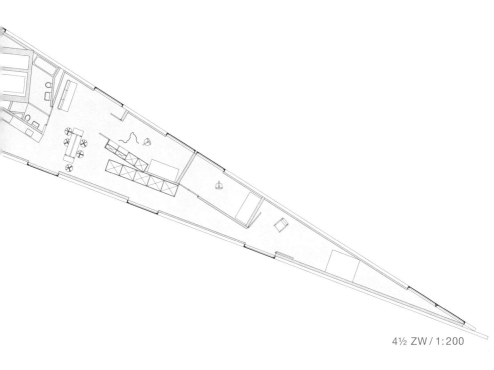

4½ ZW / 1:200

9

WOHNÜBERBAUUNG BERNERSTRASSE / WERDWIES

Zürich-Altstetten

Liegenschaftenverwaltung der Stadt Zürich

Projektwettbewerb im offenen Verfahren

März 2002

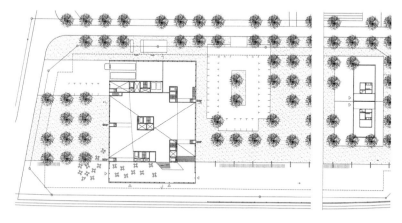

Situation / 1:1000

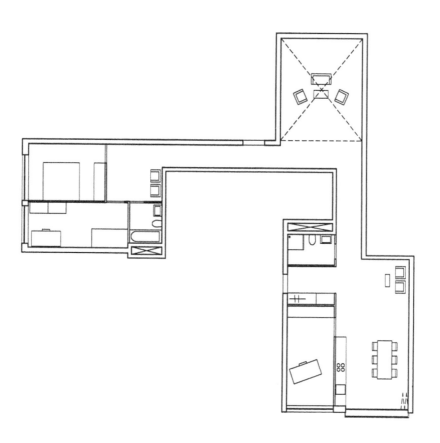

5½ ZW / 1:200

9

WOHNÜBERBAUUNG BERNERSTRASSE / WERDWIES

Zürich-Altstetten

Liegenschaftenverwaltung der Stadt Zürich

Projektwettbewerb im offenen Verfahren

März 2002

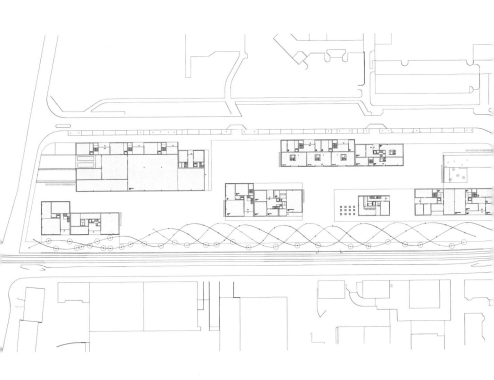

Situation / 1:1000

PASEO

Erika Fries, Carlos Rabinovich

Zürich

Rang 4

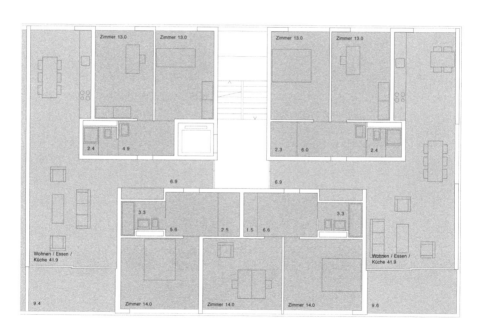

4½ ZW / 1:200

9

WOHNÜBERBAUUNG BERNERSTRASSE / WERDWIES

Zürich-Altstetten

Liegenschaftenverwaltung der Stadt Zürich

Projektwettbewerb im offenen Verfahren

März 2002

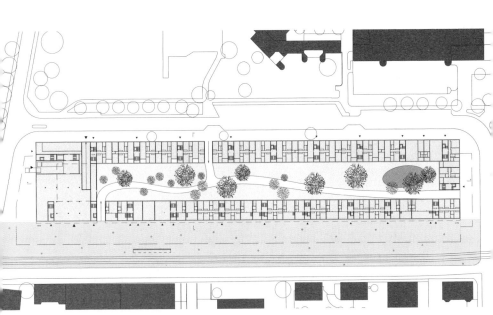

Situation / 1:1000

3½ ZW / 1:200

9

WOHNÜBERBAUUNG BERNERSTRASSE / WERDWIES

Zürich-Altstetten

Liegenschaftenverwaltung der Stadt Zürich

Projektwettbewerb im offenen Verfahren

März 2002

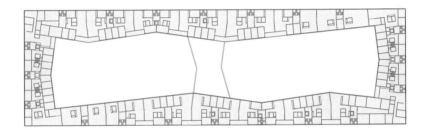

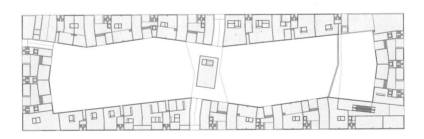

Situation / 1:1000

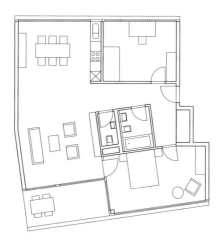

3½ ZW / 1:200

9

WOHNÜBERBAUUNG BERNERSTRASSE / WERDWIES

Zürich-Altstetten

Liegenschaftenverwaltung der Stadt Zürich

Projektwettbewerb im offenen Verfahren

März 2002

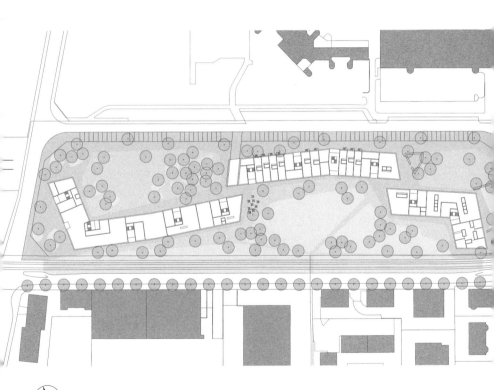

Situation / 1:1000

AU GRÜEN

Gafner Horisberger Architekten

Martin Aerne

Zürich

Rang 7

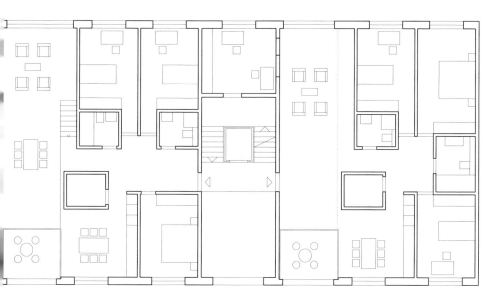

4½, 5½ ZW / 1:200

9

WOHNÜBERBAUUNG BERNERSTRASSE / WERDWIES

Zürich-Altstetten

Liegenschaftenverwaltung der Stadt Zürich

Projektwettbewerb im offenen Verfahren

März 2002

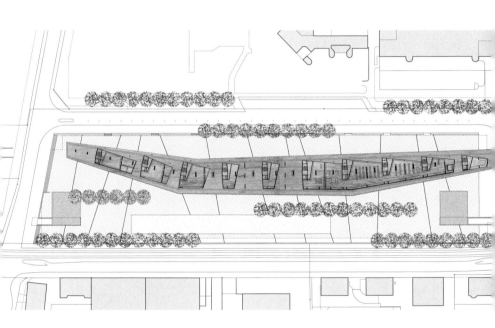

Situation / 1:1000

4½, 5½ ZW / 1:200

9

WOHNÜBERBAUUNG BERNERSTRASSE / WERDWIES

Zürich-Altstetten

Liegenschaftenverwaltung der Stadt Zürich

Projektwettbewerb im offenen Verfahren

März 2002

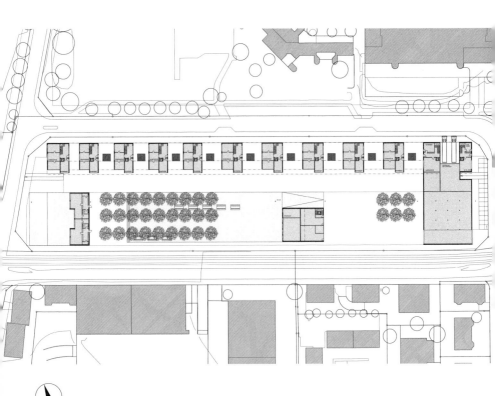

Situation / 1:1000

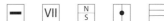

4½, 5½ ZW / 1:200

9

WOHNÜBERBAUUNG BERNERSTRASSE / WERDWIES

Zürich-Altstetten

Liegenschaftenverwaltung der Stadt Zürich

Projektwettbewerb im offenen Verfahren

März 2002

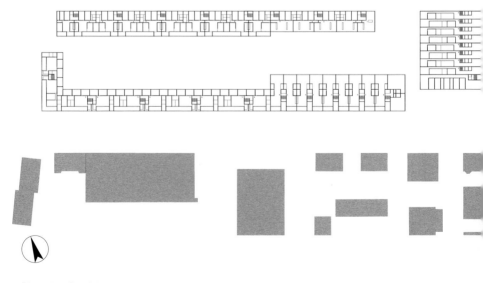

Situation / 1:1000

CAMUS

Bosshard Luchsinger Architekten

Luzern

Rang 10

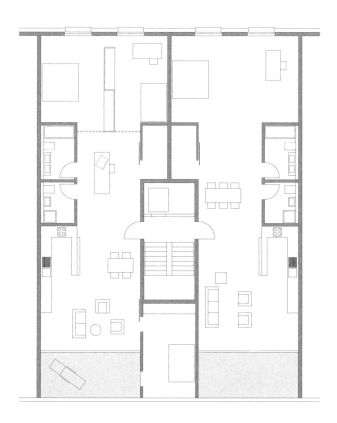

2½, 3½ ZW / 1:200

199

10

ALTERSWOHNUNGEN HIRZENBACH

Zürich-Schwamendingen (gebaut: Hirzenbachstrasse 85)

Stiftung Alterswohnungen der Stadt Zürich

Projektwettbewerb im selektiven Verfahren

Juli 2003

10

ALTERSWOHNUNGEN HIRZENBACH

Zürich-Schwamendingen (gebaut: Hirzenbachstrasse 85)

Stiftung Alterswohnungen der Stadt Zürich

Projektwettbewerb im selektiven Verfahren

Juli 2003

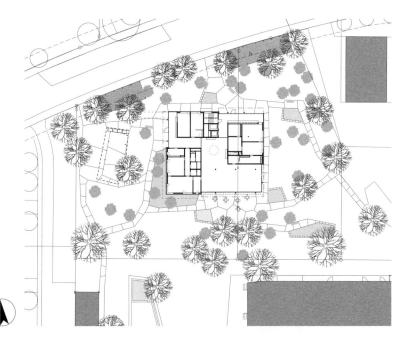

Situation / 1:1000

2½ ZW / 1:200

10

ALTERSWOHNUNGEN HIRZENBACH

Zürich-Schwamendingen

Stiftung Alterswohnungen der Stadt Zürich

Projektwettbewerb im selektiven Verfahren

Juli 2003

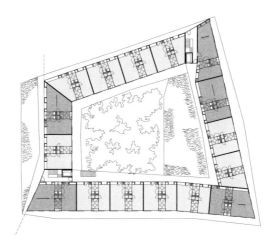

Situation / 1:1000

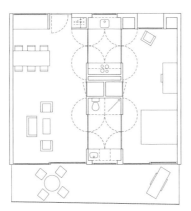

2½ ZW / 1:200

10

ALTERSWOHNUNGEN HIRZENBACH

Zürich-Schwamendingen

Stiftung Alterswohnungen der Stadt Zürich

Projektwettbewerb im selektiven Verfahren

Juli 2003

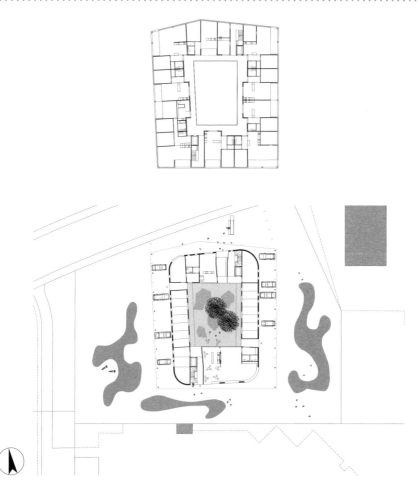

Situation / 1:1000

2½, 3½ ZW / 1:200

10

ALTERSWOHNUNGEN HIRZENBACH

Zürich-Schwamendingen

Stiftung Alterswohnungen der Stadt Zürich

Projektwettbewerb im selektiven Verfahren

Juli 2003

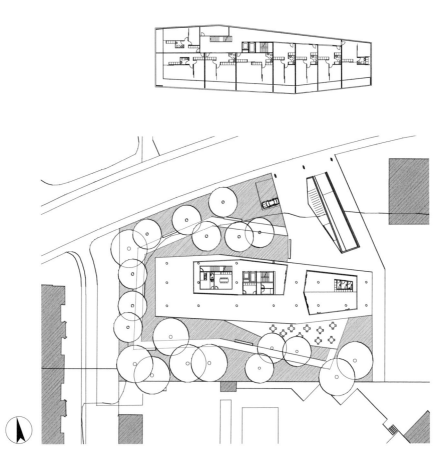

Situation / 1:1000

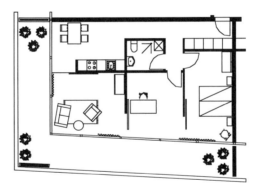

3½ ZW / 1:200

10

ALTERSWOHNUNGEN HIRZENBACH

Zürich-Schwamendingen

Stiftung Alterswohnungen der Stadt Zürich

Projektwettbewerb im selektiven Verfahren

Juli 2003

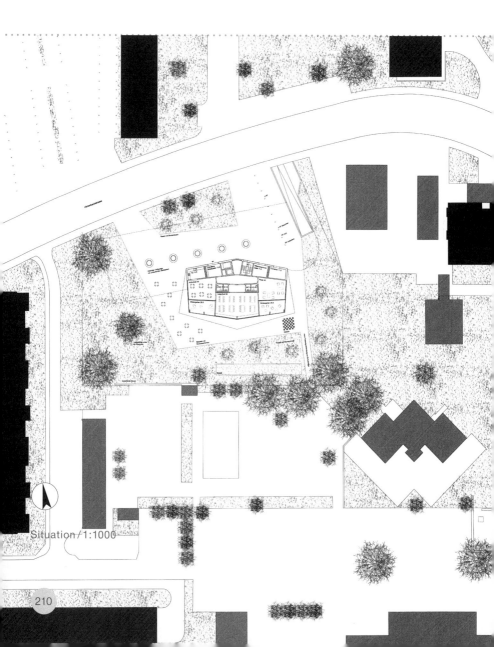

Situation 1:1000

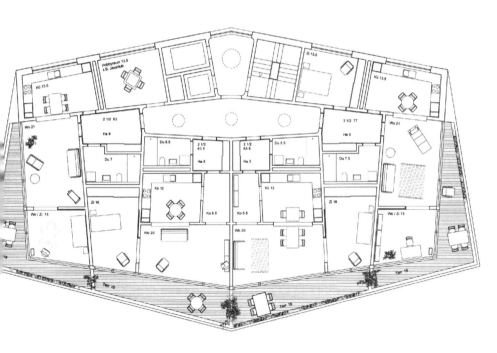

2½, 3½ ZW / 1:200

10

ALTERSWOHNUNGEN HIRZENBACH

Zürich-Schwamendingen

Stiftung Alterswohnungen der Stadt Zürich

Projektwettbewerb im selektiven Verfahren

Juli 2003

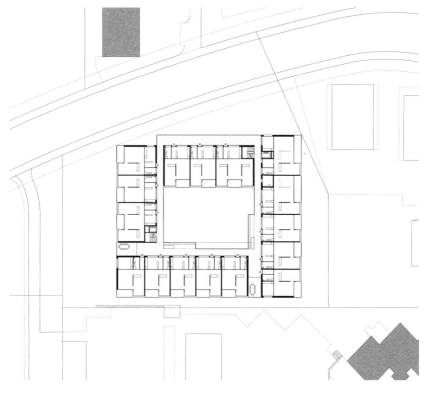

Situation / 1:1000

2½, 3½ ZW / 1:200

10

ALTERSWOHNUNGEN HIRZENBACH

Zürich-Schwamendingen

Stiftung Alterswohnungen der Stadt Zürich

Projektwettbewerb im selektiven Verfahren

Juli 2003

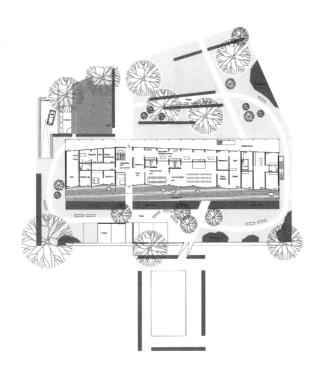

Situation / 1:1000

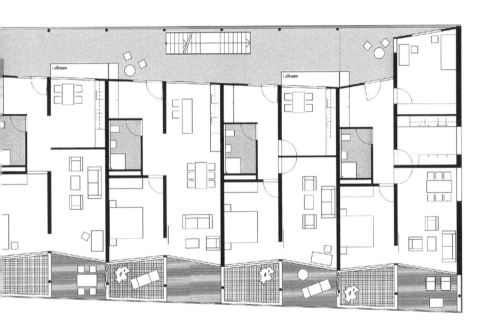

2½, 3½ ZW / 1:200

10

ALTERSWOHNUNGEN HIRZENBACH

Zürich-Schwamendingen

Stiftung Alterswohnungen der Stadt Zürich

Projektwettbewerb im selektiven Verfahren

Juli 2003

Situation / 1:1000

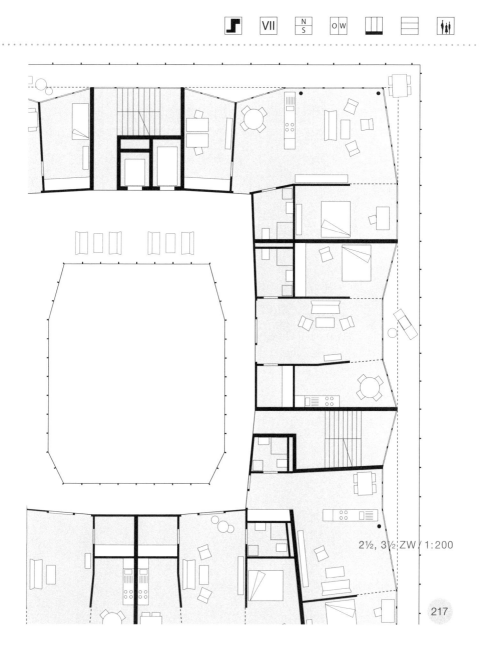

2½, 3½ ZW / 1:200

10

ALTERSWOHNUNGEN HIRZENBACH

Zürich-Schwamendingen

Stiftung Alterswohnungen der Stadt Zürich

Projektwettbewerb im selektiven Verfahren

Juli 2003

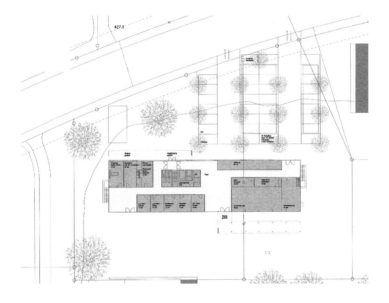

Situation / 1:1000

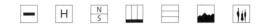

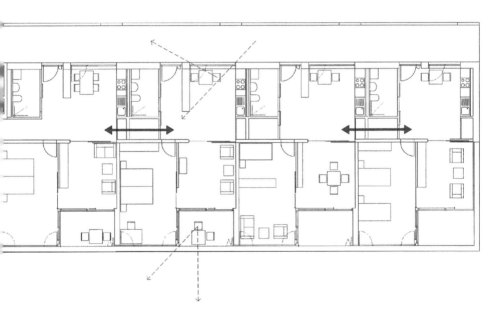

2½, 3½ ZW / 1:200

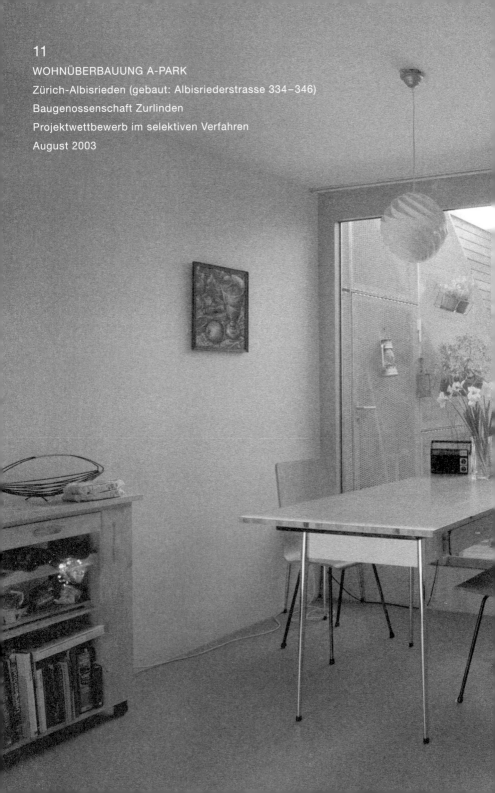

11
WOHNÜBERBAUUNG A-PARK
Zürich-Albisrieden (gebaut: Albisriederstrasse 334–346)
Baugenossenschaft Zurlinden
Projektwettbewerb im selektiven Verfahren
August 2003

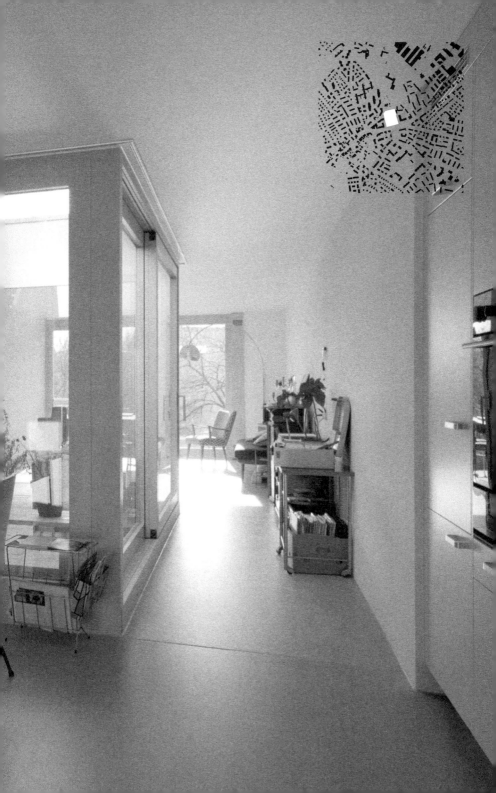

11

WOHNÜBERBAUUNG A-PARK

Zürich-Albisrieden (gebaut: Albisriederstrasse 334–346)

Baugenossenschaft Zurlinden

Projektwettbewerb im selektiven Verfahren

August 2003

Situation / 1:1000

Bad 4

Küche 7

Zimmer 14

Reduit 2

Reduit 2

Zimmer 16

Gang 4

Zimmer 12

Bad 4

Küche 7

Wohnen / Essen 41

Bad 4

4 1/2 Zi W ohnung 117 m²

Zimmer 14

Entrée 8

Entrée 5

4 1/2 Zi W ohnung 115 m²

Wohnen / Essen 41

Küche 7

Bad 4

Gang 7

Zimmer 14

Zimmer 16

3½, 4½ ZW / 1:200

Zimmer 12

Bad 4

Gang 4

223

11

WOHNÜBERBAUUNG A-PARK

Zürich-Albisrieden

Baugenossenschaft Zurlinden

Projektwettbewerb im selektiven Verfahren

August 2003

Situation / 1:1000

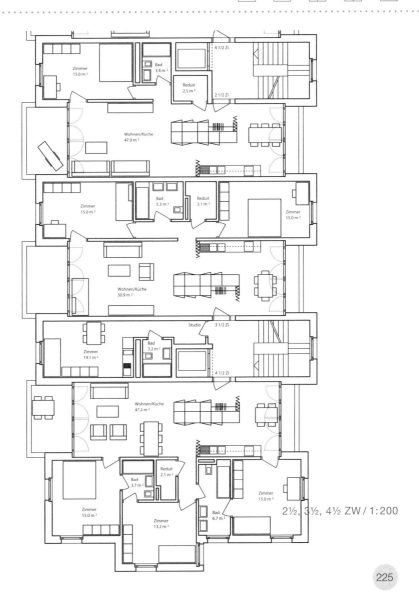

Zimmer
15.0 m²

Bad
3.4 m²

4 1/2 Zi

Reduit
2.5 m²

2 1/2 Zi

Wohnen/Küche
47.9 m²

Bad
5.3 m²

Reduit
3.1 m²

Zimmer
15.0 m²

Zimmer
15.0 m²

Wohnen/Küche
50.9 m²

Studio   3 1/2 Zi

Zimmer
19.1 m²

Bad
3.2 m²

4 1/2 Zi

Wohnen/Küche
47.2 m²

Bad
3.7 m²

Reduit
2.1 m²

Zimmer
15.0 m²

Zimmer
15.0 m²

Bad
6.7 m²

Zimmer
15.0 m²

Zimmer
13.2 m²

2½, 3½, 4½ ZW / 1:200

11

WOHNÜBERBAUUNG A-PARK

Zürich-Albisrieden

Baugenossenschaft Zurlinden

Projektwettbewerb im selektiven Verfahren

August 2003

Situation / 1:1000

2½, 4½ ZW / 1:200

11

WOHNÜBERBAUUNG A-PARK

Zürich-Albisrieden

Baugenossenschaft Zurlinden

Projektwettbewerb im selektiven Verfahren

August 2003

Situation / 1:1000

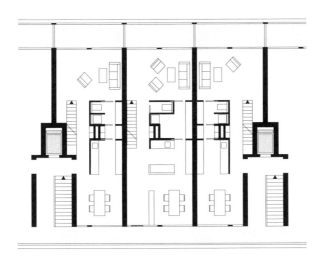

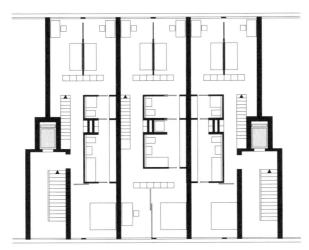

4½ ZW / 1:200

11

WOHNÜBERBAUUNG A-PARK

Zürich-Albisrieden

Baugenossenschaft Zurlinden

Projektwettbewerb im selektiven Verfahren

August 2003

Situation / 1:1000

2½, 3½ ZW / 1:200

11

WOHNÜBERBAUUNG A-PARK

Zürich-Albisrieden

Baugenossenschaft Zurlinden

Projektwettbewerb im selektiven Verfahren

August 2003

Situation / 1:1000

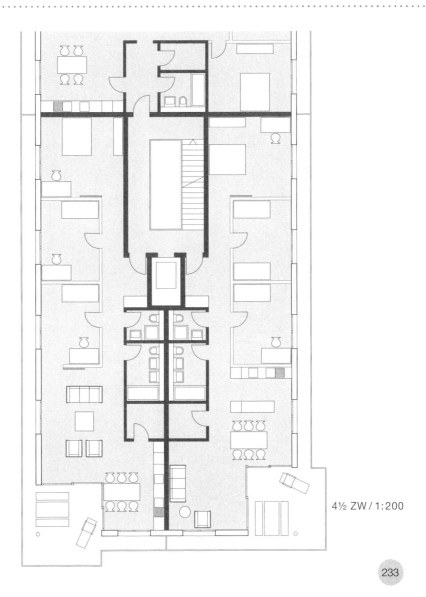

4½ ZW / 1:200

11

WOHNÜBERBAUUNG A-PARK

Zürich-Albisrieden

Baugenossenschaft Zurlinden

Projektwettbewerb im selektiven Verfahren

August 2003

Situation / 1:1000

4½ ZW / 1:200

11

WOHNÜBERBAUUNG A-PARK

Zürich-Albisrieden

Baugenossenschaft Zurlinden

Projektwettbewerb im selektiven Verfahren

August 2003

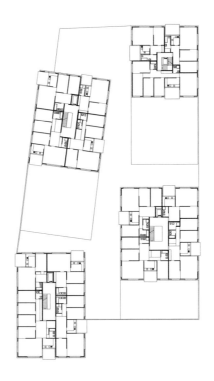

Situation / 1:1000

4½ ZW / 1:200

11

WOHNÜBERBAUUNG A-PARK

Zürich-Albisrieden

Baugenossenschaft Zurlinden

Projektwettbewerb im selektiven Verfahren

August 2003

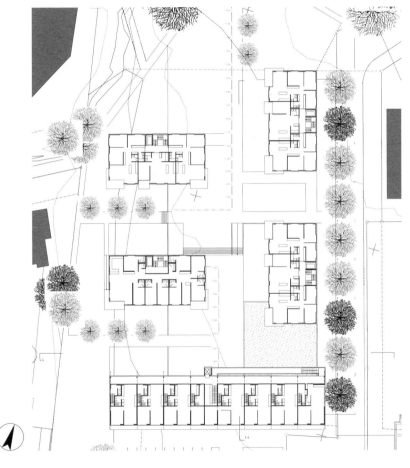

Situation / 1:1000

SOLEX

Reinhard Briner, Lorenz Frauchiger, Martin Zulauf

Bern

2½, 4½ ZW / 1:200

239

11

WOHNÜBERBAUUNG A-PARK

Zürich-Albisrieden

Baugenossenschaft Zurlinden

Projektwettbewerb im selektiven Verfahren

August 2003

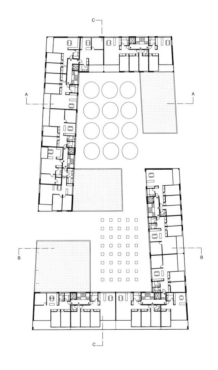

Situation / 1:1000

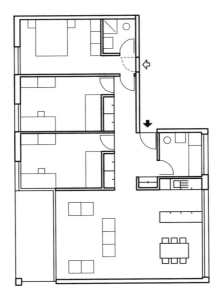

4½ ZW / 1:200

11

WOHNÜBERBAUUNG A-PARK

Zürich-Albisrieden

Baugenossenschaft Zurlinden

Projektwettbewerb im selektiven Verfahren

August 2003

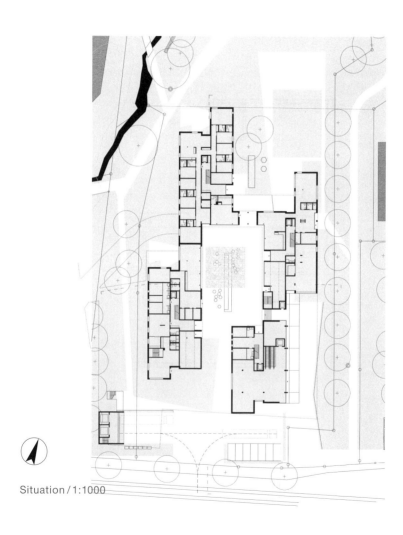

Situation / 1:1000

3½, 5½ ZW / 1:200

11

WOHNÜBERBAUUNG A-PARK

Zürich-Albisrieden

Baugenossenschaft Zurlinden

Projektwettbewerb im selektiven Verfahren

August 2003

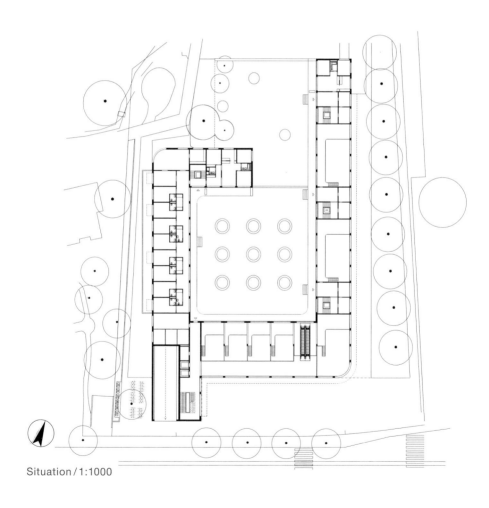

Situation / 1:1000

4½ ZW / 1:200

12

WOHNÜBERBAUUNG KATZENBACH I + II

Zürich-Seebach

(gebaut: Am Katzenbach / Katzenbachstrasse / Kirchenfeld / Katzenbachweg)

Baugenossenschaft Glattal

Projektwettbewerb im selektiven Verfahren

August 2003

12

WOHNÜBERBAUUNG KATZENBACH I + II

Zürich-Seebach

(gebaut: Am Katzenbach / Katzenbachstrasse / Kirchenfeld / Katzenbachweg)

Baugenossenschaft Glattal

Projektwettbewerb im selektiven Verfahren

August 2003

Situation / 1:1000

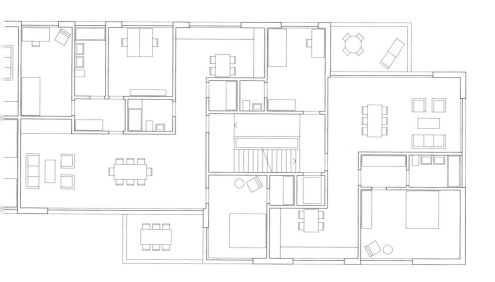

3½, 4½ ZW / 1:200

12

WOHNÜBERBAUUNG KATZENBACH I + II

Zürich-Seebach

Baugenossenschaft Glattal

Projektwettbewerb im selektiven Verfahren

August 2003

Situation / 1:1000

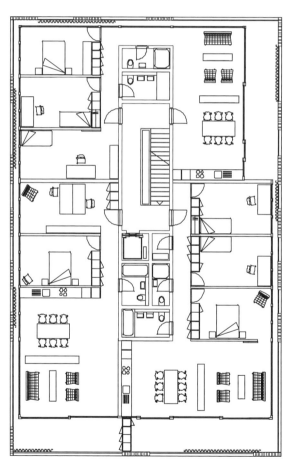

3½, 4½ ZW / 1:200

251

12

WOHNÜBERBAUUNG KATZENBACH I + II

Zürich-Seebach

Baugenossenschaft Glattal

Projektwettbewerb im selektiven Verfahren

August 2003

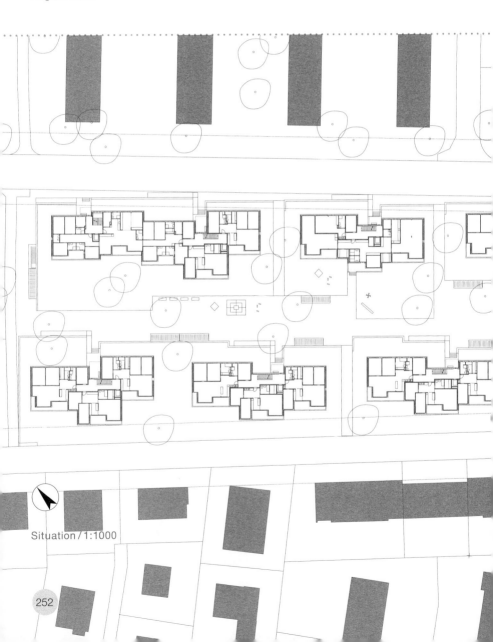

Situation / 1:1000

3½, 4½ ZW / 1:200

12

WOHNÜBERBAUUNG KATZENBACH I + II

Zürich-Seebach

Baugenossenschaft Glattal

Projektwettbewerb im selektiven Verfahren

August 2003

Situation / 1:1000

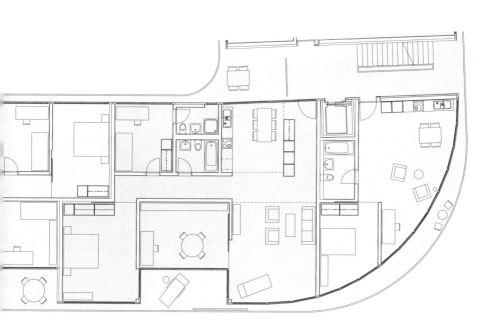

2½, 4½ ZW / 1:200

12

WOHNÜBERBAUUNG KATZENBACH I + II

Zürich-Seebach

Baugenossenschaft Glattal

Projektwettbewerb im selektiven Verfahren

August 2003

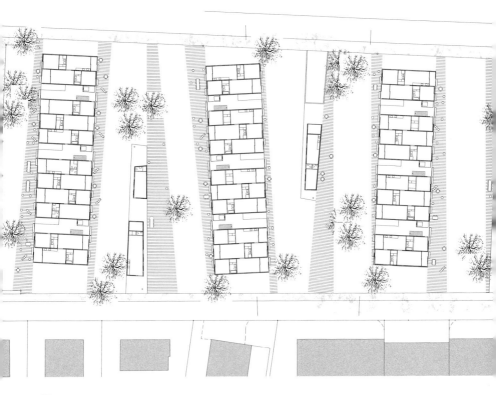

Situation / 1:1000

LAVENDEL

Rolf Mühlethaler

Bern

5½ ZW / 1:200

12

WOHNÜBERBAUUNG KATZENBACH I + II

Zürich-Seebach

Baugenossenschaft Glattal

Projektwettbewerb im selektiven Verfahren

August 2003

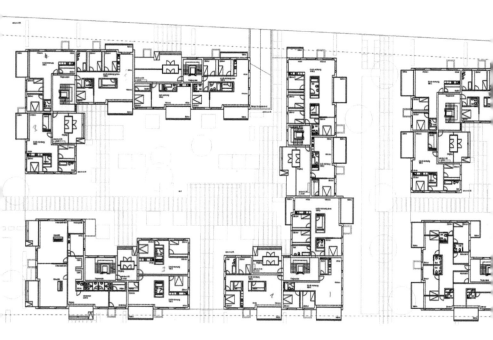

Situation / 1:1000

4½ ZW / 1:200

12

WOHNÜBERBAUUNG KATZENBACH I + II

Zürich-Seebach

Baugenossenschaft Glattal

Projektwettbewerb im selektiven Verfahren

August 2003

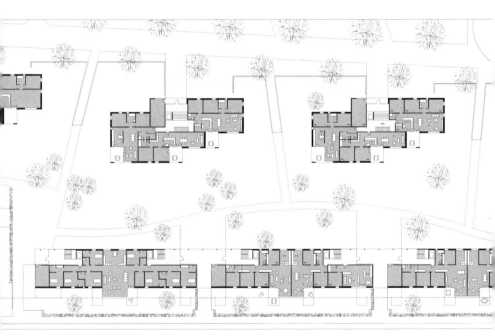

Situation / 1:1000

3½, 4½ ZW / 1:200

12

WOHNÜBERBAUUNG KATZENBACH I + II

Zürich-Seebach

Baugenossenschaft Glattal

Projektwettbewerb im selektiven Verfahren

August 2003

Situation / 1:1000

2½, 3½, 4½ ZW / 1:200

12

WOHNÜBERBAUUNG KATZENBACH I + II

Zürich-Seebach

Baugenossenschaft Glattal

Projektwettbewerb im selektiven Verfahren

August 2003

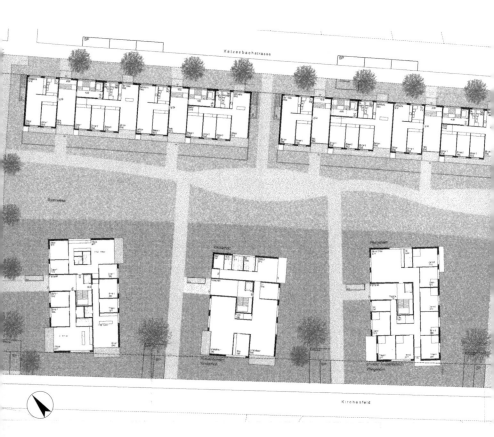

Situation / 1:1000

2½, 3½, 4½ ZW / 1:200

265

12

WOHNÜBERBAUUNG KATZENBACH I + II

Zürich-Seebach

Baugenossenschaft Glattal

Projektwettbewerb im selektiven Verfahren

August 2003

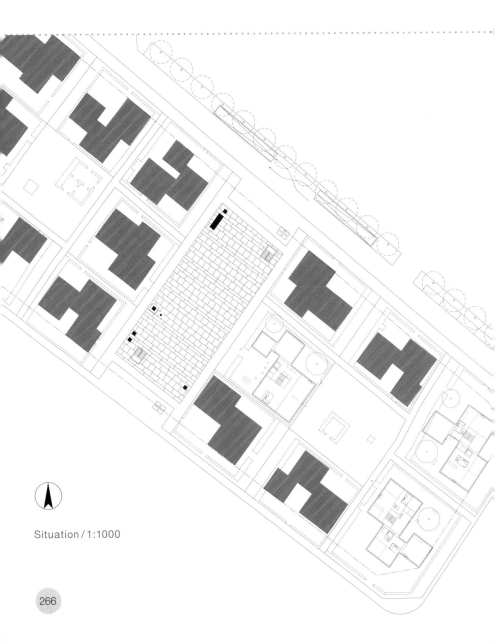

Situation / 1:1000

FELD – HECKE – HAUS

Werner Neuwirth

A-Wien

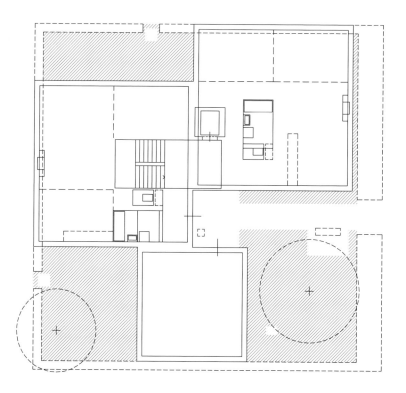

3½ ZW / 1:200

12

WOHNÜBERBAUUNG KATZENBACH I + II

Zürich-Seebach

Baugenossenschaft Glattal

Projektwettbewerb im selektiven Verfahren

August 2003

Situation / 1:1000

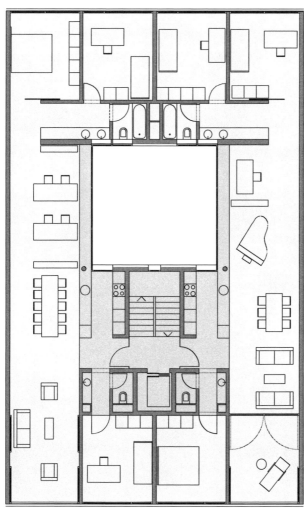

4½, 5½ ZW / 1:200

13
WOHNÜBERBAUUNG STÄHELIMATT

Zürich-Seebach (gebaut: Riedenholzstrasse 12–30)

Baugenossenschaft Linth-Escher / Baugenossenschaft Schönau

Projektwettbewerb im selektiven Verfahren

August 2003

13

WOHNÜBERBAUUNG STÄHELIMATT

Zürich-Seebach (gebaut: Riedenholzstrasse 12–30)

Baugenossenschaft Linth-Escher / Baugenossenschaft Schönau

Projektwettbewerb im selektiven Verfahren

August 2003

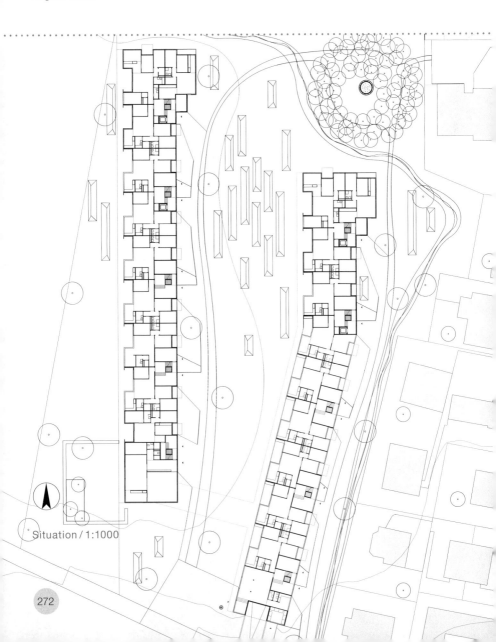

Situation / 1:1000

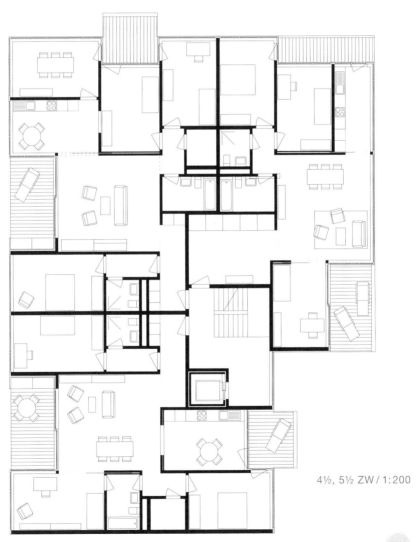

4½, 5½ ZW / 1:200

273

13

WOHNÜBERBAUUNG STÄHELIMATT

Zürich-Seebach

Baugenossenschaft Linth-Escher / Baugenossenschaft Schönau

Projektwettbewerb im selektiven Verfahren

August 2003

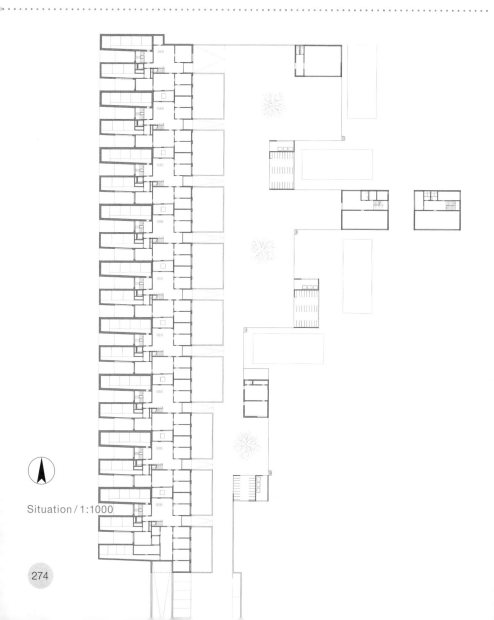

Situation / 1:1000

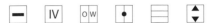

4½, 5½ ZW / 1:200

13

WOHNÜBERBAUUNG STÄHELIMATT

Zürich-Seebach

Baugenossenschaft Linth-Escher / Baugenossenschaft Schönau

Projektwettbewerb im selektiven Verfahren

August 2003

Situation / 1:1000

4½, 5½ ZW / 1:200

277

13

WOHNÜBERBAUUNG STÄHELIMATT

Zürich-Seebach

Baugenossenschaft Linth-Escher / Baugenossenschaft Schönau

Projektwettbewerb im selektiven Verfahren

August 2003

Situation / 1:1000

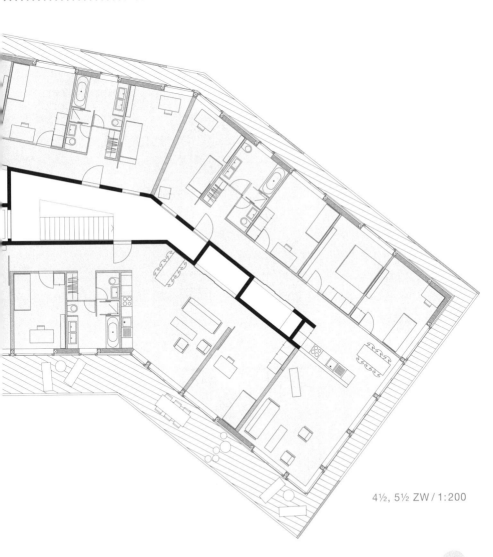

4½, 5½ ZW / 1:200

13

WOHNÜBERBAUUNG STÄHELIMATT

Zürich-Seebach

Baugenossenschaft Linth-Escher / Baugenossenschaft Schönau

Projektwettbewerb im selektiven Verfahren

August 2003

Situation / 1:1000

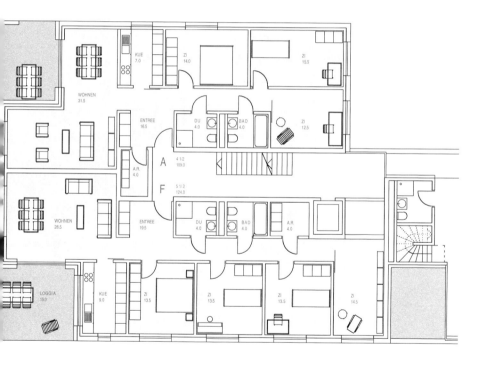

4½, 5½ ZW / 1:200

13

WOHNÜBERBAUUNG STÄHELIMATT

Zürich-Seebach

Baugenossenschaft Linth-Escher / Baugenossenschaft Schönau

Projektwettbewerb im selektiven Verfahren

August 2003

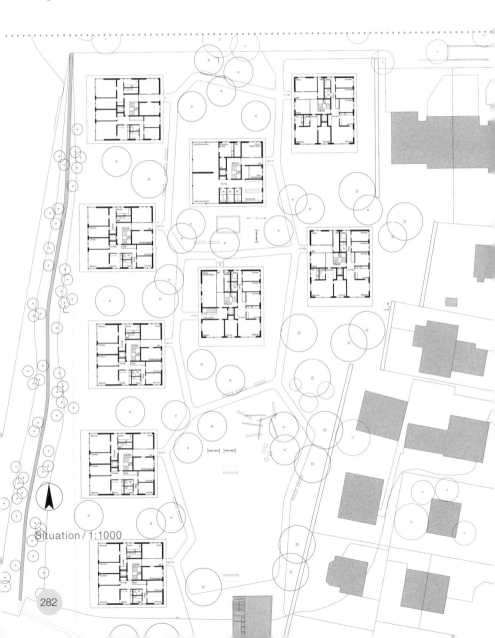

Situation / 1:1000

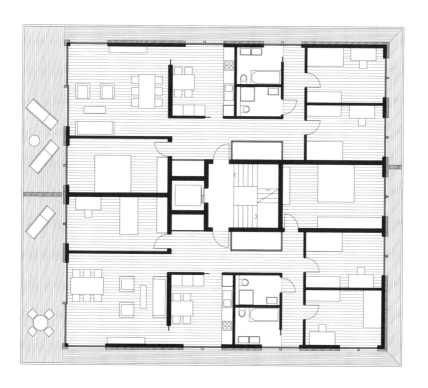

4½, 5½ ZW / 1:200

13

WOHNÜBERBAUUNG STÄHELIMATT

Zürich-Seebach

Baugenossenschaft Linth-Escher / Baugenossenschaft Schönau

Projektwettbewerb im selektiven Verfahren

August 2003

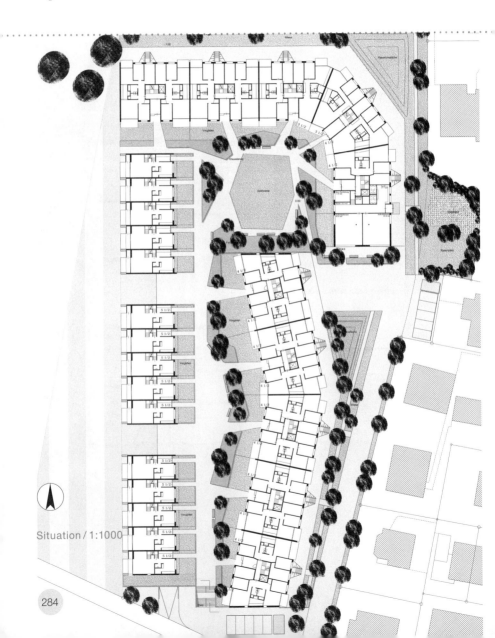

Situation / 1:1000

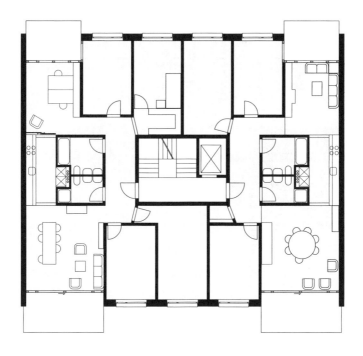

4½, 6½ ZW / 1:200

13

WOHNÜBERBAUUNG STÄHELIMATT

Zürich-Seebach

Baugenossenschaft Linth-Escher / Baugenossenschaft Schönau

Projektwettbewerb im selektiven Verfahren

August 2003

Situation / 1:1000

4½ ZW / 1:200

13

WOHNÜBERBAUUNG STÄHELIMATT

Zürich-Seebach

Baugenossenschaft Linth-Escher / Baugenossenschaft Schönau

Projektwettbewerb im selektiven Verfahren

August 2003

Situation / 1:1000

4½ ZW / 1:200

13

WOHNÜBERBAUUNG STÄHELIMATT

Zürich-Seebach

Baugenossenschaft Linth-Escher / Baugenossenschaft Schönau

Projektwettbewerb im selektiven Verfahren

August 2003

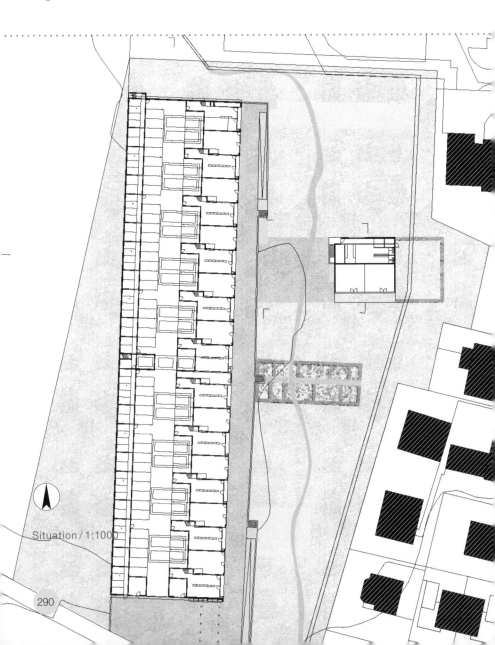

Situation / 1:1000

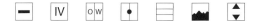

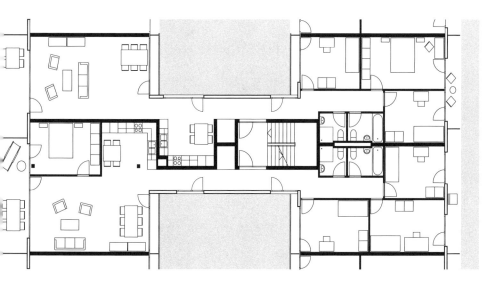

4½, 5½ ZW / 1:200

14

WOHNSIEDLUNG BRUNNENHOF

Zürich-Unterstrass (gebaut: Hofwiesenstrasse 140–158)

Stiftung Wohnungen für kinderreiche Familien Zürich

Projektwettbewerb im selektiven Verfahren

Januar 2004

14

WOHNSIEDLUNG BRUNNENHOF

Zürich-Unterstrass (gebaut: Hofwiesenstrasse 140–158)

Stiftung Wohnungen für kinderreiche Familien Zürich

Projektwettbewerb im selektiven Verfahren

Januar 2004

Situation / 1:1000

6½ ZW / 1:200

295

14

WOHNSIEDLUNG BRUNNENHOF

Zürich-Unterstrass

Stiftung Wohnungen für kinderreiche Familien Zürich

Projektwettbewerb im selektiven Verfahren

Januar 2004

Situation / 1:1000

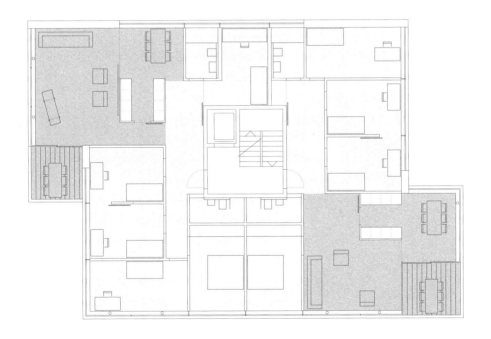

5½, 6½ ZW / 1:200

14

WOHNSIEDLUNG BRUNNENHOF

Zürich-Unterstrass

Stiftung Wohnungen für kinderreiche Familien Zürich

Projektwettbewerb im selektiven Verfahren

Januar 2004

Situation / 1:1000

298

6½ ZW / 1:200

14

WOHNSIEDLUNG BRUNNENHOF

Zürich-Unterstrass

Stiftung Wohnungen für kinderreiche Familien Zürich

Projektwettbewerb im selektiven Verfahren

Januar 2004

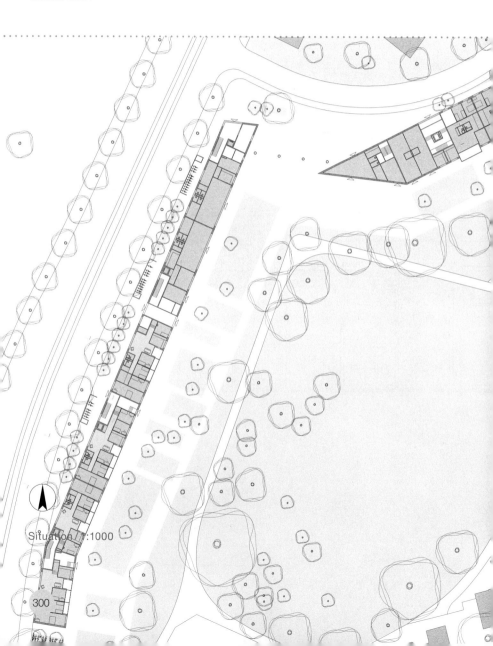

Situation 1:1000

300

6½ ZW / 1:200

301

14

WOHNSIEDLUNG BRUNNENHOF

Zürich-Unterstrass

Stiftung Wohnungen für kinderreiche Familien Zürich

Projektwettbewerb im selektiven Verfahren

Januar 2004

Situation / 1:1000

Priv. Aussenbereich

19.4qm

13.1qm

13.1qm

Wohnküche 22.0qm

Bad

Dusche

14.1qm

14.1qm

Wohnen 19.0qm

Balkon 9.0qm

6½ ZW / 1:200

14

WOHNSIEDLUNG BRUNNENHOF

Zürich-Unterstrass

Stiftung Wohnungen für kinderreiche Familien Zürich

Projektwettbewerb im selektiven Verfahren

Januar 2004

Situation 1:1000

5½ ZW / 1:200

14

WOHNSIEDLUNG BRUNNENHOF

Zürich-Unterstrass

Stiftung Wohnungen für kinderreiche Familien Zürich

Projektwettbewerb im selektiven Verfahren

Januar 2004

Situation / 1:1000

5½, 6½ ZW /
1:200

14

WOHNSIEDLUNG BRUNNENHOF

Zürich-Unterstrass

Stiftung Wohnungen für kinderreiche Familien Zürich

Projektwettbewerb im selektiven Verfahren

Januar 2004

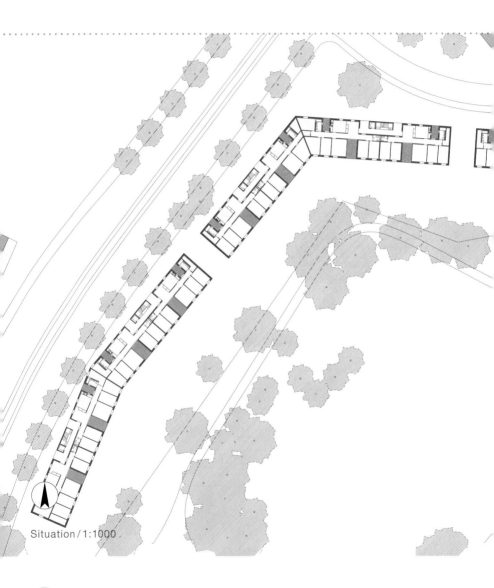

Situation / 1:1000

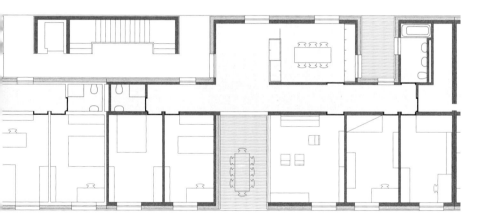

5½ ZW / 1:200

14

WOHNSIEDLUNG BRUNNENHOF

Zürich-Unterstrass

Stiftung Wohnungen für kinderreiche Familien Zürich

Projektwettbewerb im selektiven Verfahren

Januar 2004

Situation / 1:1000

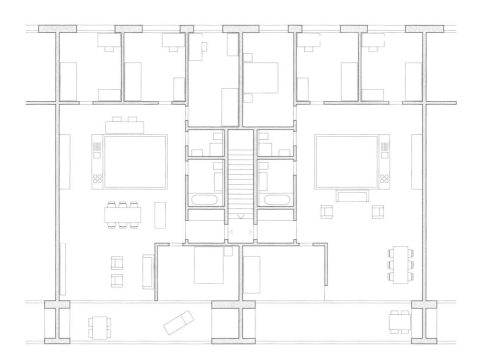

5½ ZW / 1:200

14

WOHNSIEDLUNG BRUNNENHOF

Zürich-Unterstrass

Stiftung Wohnungen für kinderreiche Familien Zürich

Projektwettbewerb im selektiven Verfahren

Januar 2004

Situation 1:1000

IANUS

Vehovar Jauslin Architekten

Zürich

5½ ZW / 1:200

14

WOHNSIEDLUNG BRUNNENHOF

Zürich-Unterstrass

Stiftung Wohnungen für kinderreiche Familien Zürich

Projektwettbewerb im selektiven Verfahren

Januar 2004

Situation / 1:1000

314

Loggia 6.5

Loggia 6.5

Loggia 6.5

Küche/Essen 18.0

Abstell 3.3

Bad 7.1

Zimmer 12.9

Eingang 8.0

3.2

3.2

Eingang 8.0

1.1m2

Loggia 5.8

Zimmer 12.3

Zimmer 12.3

Zimmer 12.3

Zimmer 12.3

Wohnen 27.2

5.2

Balkon 15.7

Zimmer 12.6

Zimmer 17.0

6½ ZW / 1:200

14

WOHNSIEDLUNG BRUNNENHOF

Zürich-Unterstrass

Stiftung Wohnungen für kinderreiche Familien Zürich

Projektwettbewerb im selektiven Verfahren

Januar 2004

5½ ZW / 1:200

317

15

WOHNSIEDLUNG LEIMBACH
Zürich-Leimbach (gebaut: Zwirnerstrasse 257, 261, 269)
Genossenschaft Hofgarten
Projektwettbewerb im selektiven Verfahren
Juni 2004

15

WOHNSIEDLUNG LEIMBACH

Zürich-Leimbach (gebaut: Zwirnerstrasse 257, 261, 269)

Genossenschaft Hofgarten

Projektwettbewerb im selektiven Verfahren

Juni 2004

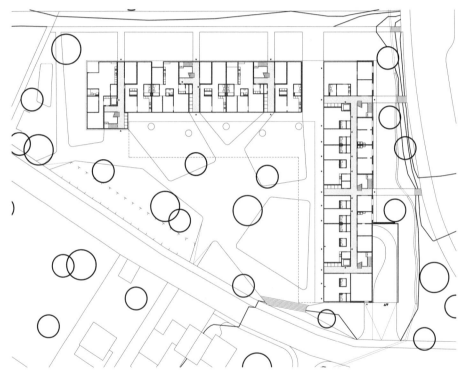

Situation / 1:1000

5½ ZW / 1:200

15

WOHNSIEDLUNG LEIMBACH

Zürich-Leimbach

Genossenschaft Hofgarten

Projektwettbewerb im selektiven Verfahren

Juni 2004

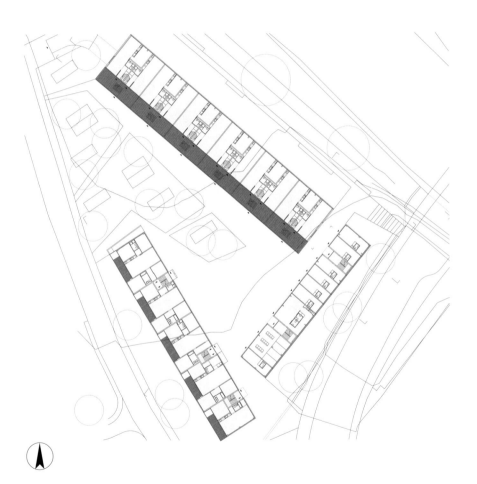

Situation / 1:1000

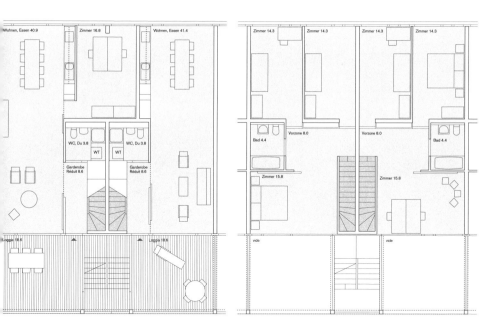

G

EG

4½, 5½ ZW / 1:200

15

WOHNSIEDLUNG LEIMBACH

Zürich-Leimbach

Genossenschaft Hofgarten

Projektwettbewerb im selektiven Verfahren

Juni 2004

Situation / 1:1000

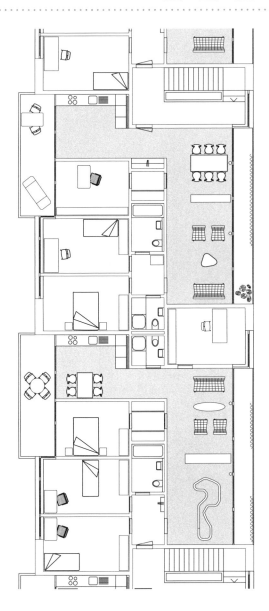

4½ ZW / 1:200

15

WOHNSIEDLUNG LEIMBACH

Zürich-Leimbach

Genossenschaft Hofgarten

Projektwettbewerb im selektiven Verfahren

Juni 2004

Situation / 1:1000

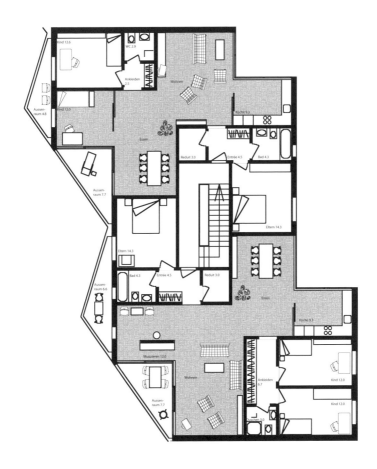

4½, 5½ ZW / 1:200

15

WOHNSIEDLUNG LEIMBACH

Zürich-Leimbach

Genossenschaft Hofgarten

Projektwettbewerb im selektiven Verfahren

Juni 2004

Situation / 1:1000

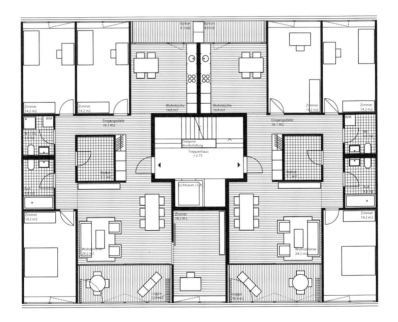

4½, 5½ ZW / 1:200

329

15

WOHNSIEDLUNG LEIMBACH

Zürich-Leimbach

Genossenschaft Hofgarten

Projektwettbewerb im selektiven Verfahren

Juni 2004

Situation / 1:1000

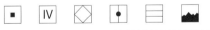

3½, 4½ ZW / 1:200

331

15

WOHNSIEDLUNG LEIMBACH

Zürich-Leimbach

Genossenschaft Hofgarten

Projektwettbewerb im selektiven Verfahren

Juni 2004

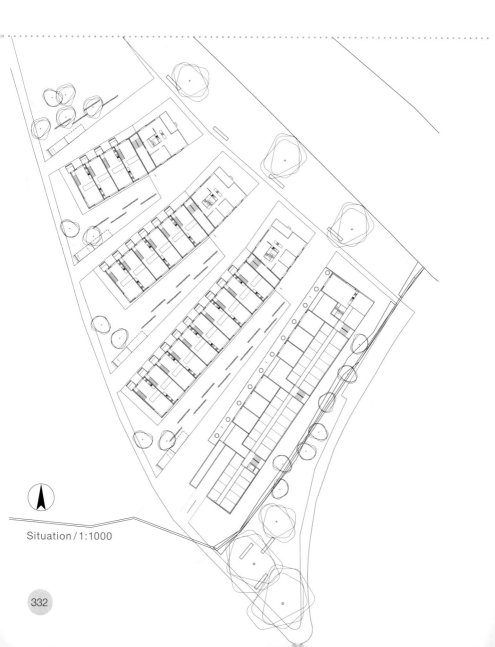

Situation / 1:1000

EG   OG   DG

5½ ZW / 1:200

15

WOHNSIEDLUNG LEIMBACH

Zürich-Leimbach

Genossenschaft Hofgarten

Projektwettbewerb im selektiven Verfahren

Juni 2004

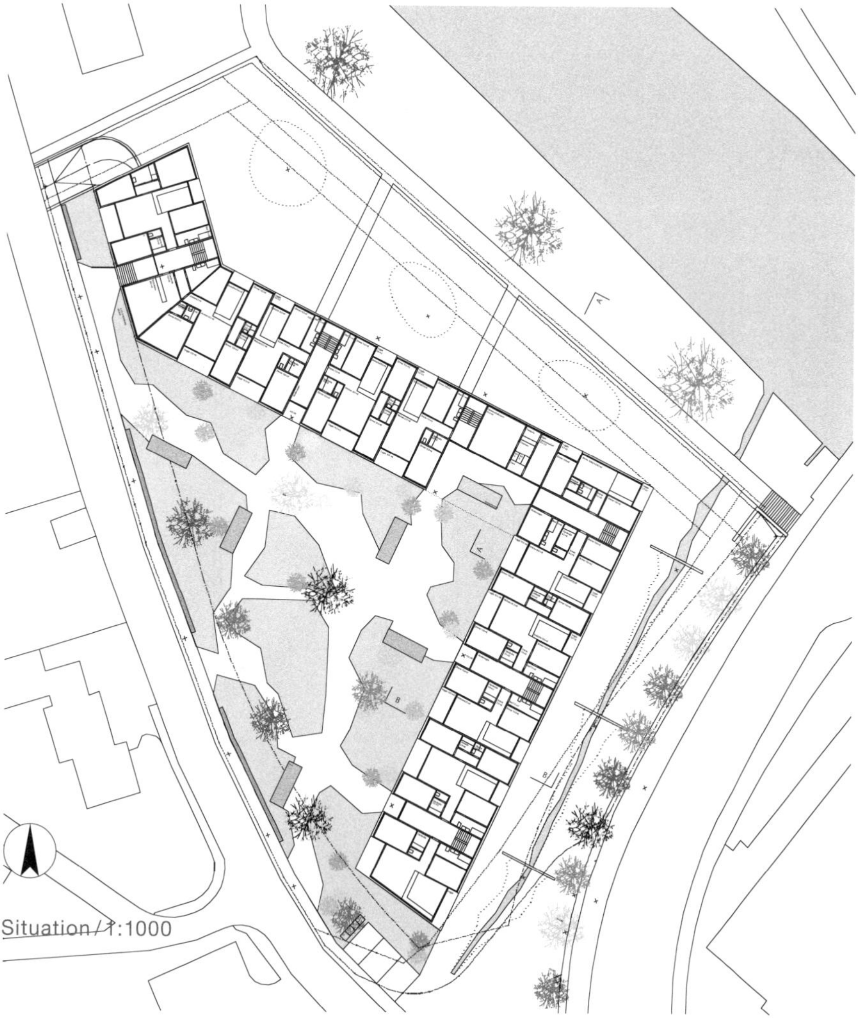

Situation 1:1000

IGUANA

Morger Degelo Architekten

Basel

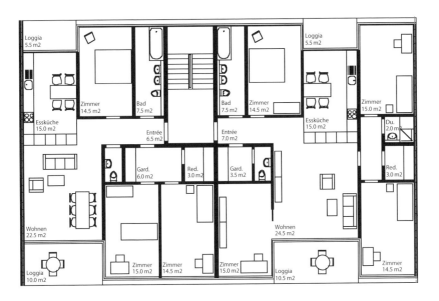

4½, 5½ ZW / 1:200

15

WOHNSIEDLUNG LEIMBACH

Zürich-Leimbach

Genossenschaft Hofgarten

Projektwettbewerb im selektiven Verfahren

Juni 2004

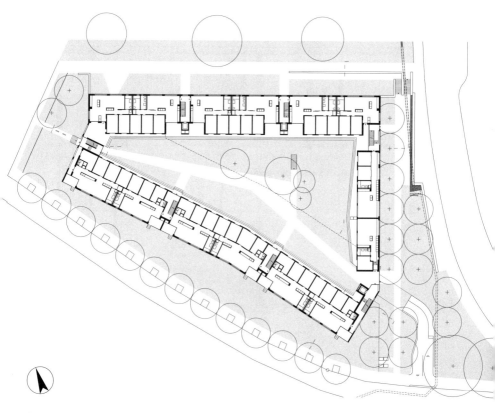

Situation / 1:1000

SCHNEEWITTCHEN

Spiro Gantenbein Architekten

Zürich

4½, 5½ ZW / 1:200

15

WOHNSIEDLUNG LEIMBACH

Zürich-Leimbach

Genossenschaft Hofgarten

Projektwettbewerb im selektiven Verfahren

Juni 2004

Situation / 1:1000

5½ ZW / 1:200

16

WOHNÜBERBAUUNG GUGGACH

Zürich-Unterstrass (gebaut: Käferholzstrasse 12–20 / Hofwiesenstrasse 153–161)

Baugenossenschaft der Strassenbahner

Projektwettbewerb im selektiven Verfahren

August 2005

16

WOHNÜBERBAUUNG GUGGACH

Zürich-Unterstrass (gebaut: Käferholzstrasse 12–20 / Hofwiesenstrasse 153–161)

Baugenossenschaft der Strassenbahner

Projektwettbewerb im selektiven Verfahren

August 2005

Situation / 1:1000

3½, 4½ ZW / 1:200

343

16

WOHNÜBERBAUUNG GUGGACH

Zürich-Unterstrass

Baugenossenschaft der Strassenbahner

Projektwettbewerb im selektiven Verfahren

August 2005

Situation / 1:1000

5½ ZW / 1:200

16

WOHNÜBERBAUUNG GUGGACH

Zürich-Unterstrass

Baugenossenschaft der Strassenbahner

Projektwettbewerb im selektiven Verfahren

August 2005

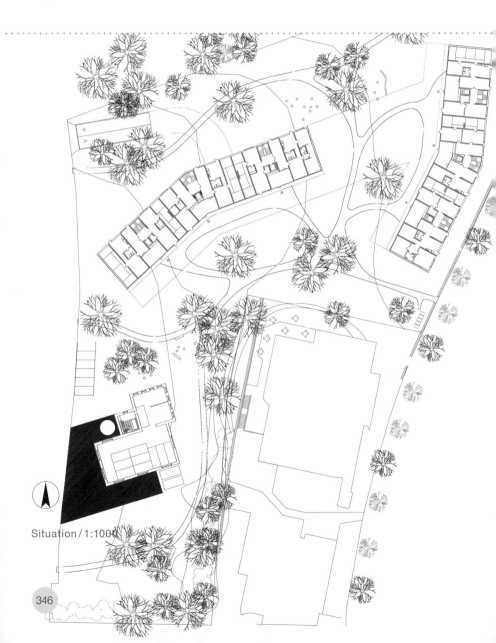

Situation / 1:1000

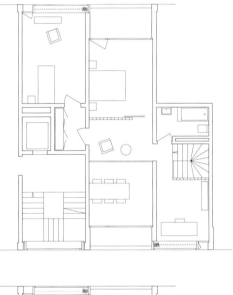

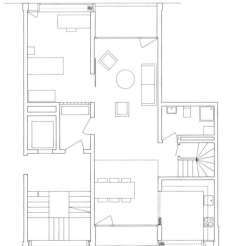

5½ ZW / 1:200

16

WOHNÜBERBAUUNG GUGGACH

Zürich-Unterstrass

Baugenossenschaft der Strassenbahner

Projektwettbewerb im selektiven Verfahren

August 2005

Situation 1:1000

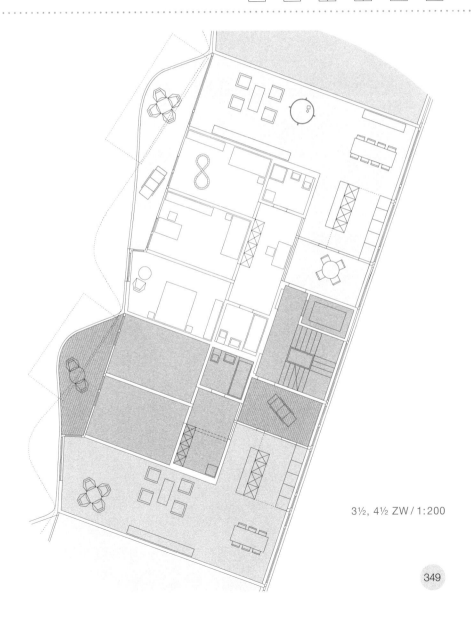

3½, 4½ ZW / 1:200

16

WOHNÜBERBAUUNG GUGGACH

Zürich-Unterstrass

Baugenossenschaft der Strassenbahner

Projektwettbewerb im selektiven Verfahren

August 2005

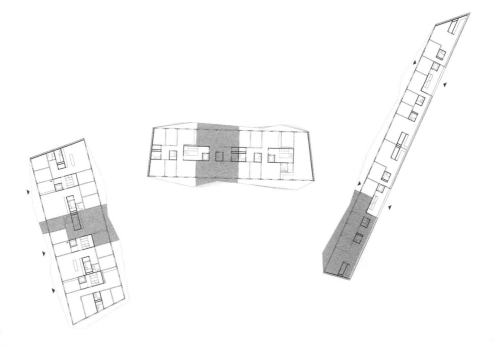

Situation / 1:1000

COBRA

Luca Selva

Basel

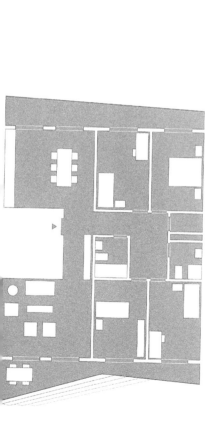

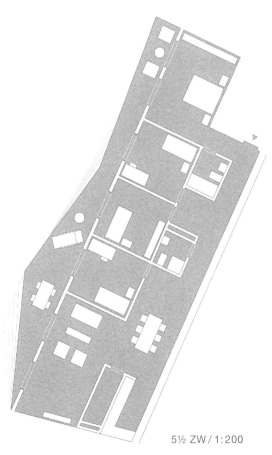

5½ ZW / 1:200

351

16

WOHNÜBERBAUUNG GUGGACH

Zürich-Unterstrass

Baugenossenschaft der Strassenbahner

Projektwettbewerb im selektiven Verfahren

August 2005

Situation / 1:1000

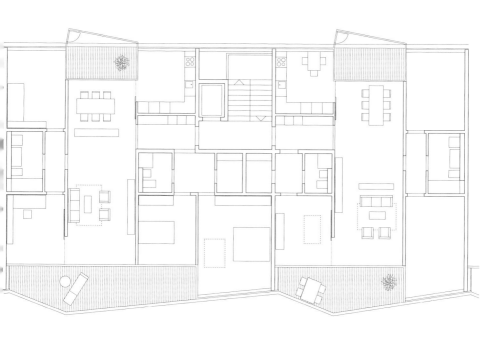

4½, 5½ ZW / 1:200

16

WOHNÜBERBAUUNG GUGGACH

Zürich-Unterstrass

Baugenossenschaft der Strassenbahner

Projektwettbewerb im selektiven Verfahren

August 2005

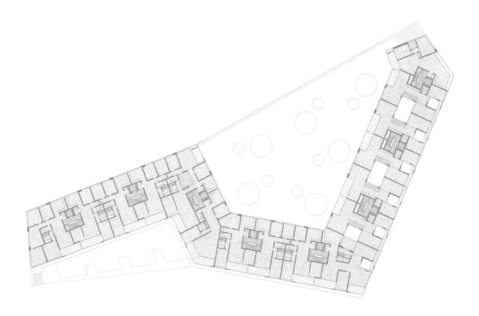

Situation / 1:1000

3½, 5½ ZW / 1:200

16

WOHNÜBERBAUUNG GUGGACH

Zürich-Unterstrass

Baugenossenschaft der Strassenbahner

Projektwettbewerb im selektiven Verfahren

August 2005

Situation / 1:1000

ICHBINAUCHEIN

Ueli Zbinden

Zürich

4½, 5½ ZW / 1:200

16

WOHNÜBERBAUUNG GUGGACH

Zürich-Unterstrass

Baugenossenschaft der Strassenbahner

Projektwettbewerb im selektiven Verfahren

August 2005

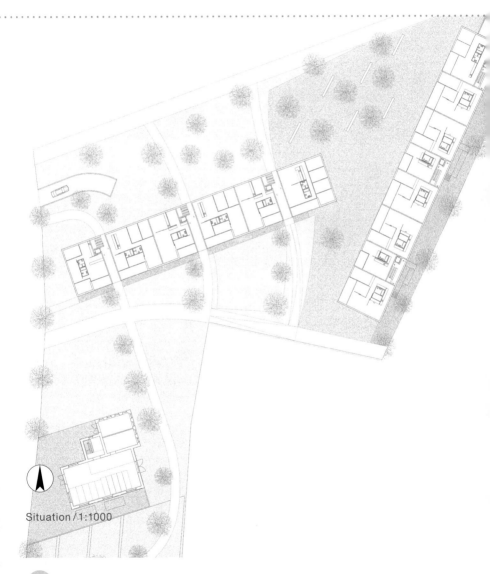

Situation / 1:1000

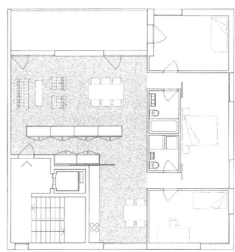

4½ ZW / 1:200

16

WOHNÜBERBAUUNG GUGGACH

Zürich-Unterstrass

Baugenossenschaft der Strassenbahner

Projektwettbewerb im selektiven Verfahren

August 2005

Situation / 1:1000

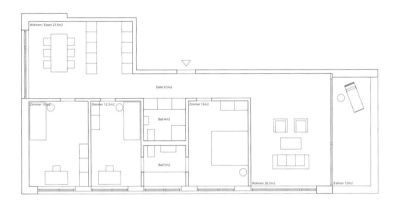

4½ ZW / 1:200

361

17
WOHNSIEDLUNG RAUTISTRASSE
Zürich-Altstetten (Rautistrasse 286–296)
Liegenschaftenverwaltung der Stadt Zürich
Projektwettbewerb im offenen Verfahren
September 2005

17

WOHNSIEDLUNG RAUTISTRASSE

Zürich-Altstetten (Rautistrasse 286–296)

Liegenschaftenverwaltung der Stadt Zürich

Projektwettbewerb im offenen Verfahren

September 2005

Situation / 1:1000

4½ ZW / 1:200

365

17

WOHNSIEDLUNG RAUTISTRASSE

Zürich-Altstetten

Liegenschaftenverwaltung der Stadt Zürich

Projektwettbewerb im offenen Verfahren

September 2005

Situation / 1:1000

3½, 4½, 5½ ZW / 1:200

367

17

WOHNSIEDLUNG RAUTISTRASSE

Zürich-Altstetten

Liegenschaftenverwaltung der Stadt Zürich

Projektwettbewerb im offenen Verfahren

September 2005

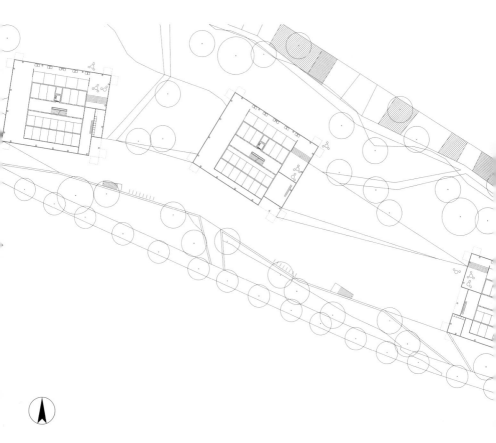

Situation / 1:1000

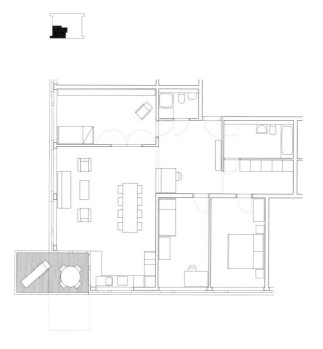

4½ ZW / 1:200

17

WOHNSIEDLUNG RAUTISTRASSE

Zürich-Altstetten

Liegenschaftenverwaltung der Stadt Zürich

Projektwettbewerb im offenen Verfahren

September 2005

Situation / 1:1000

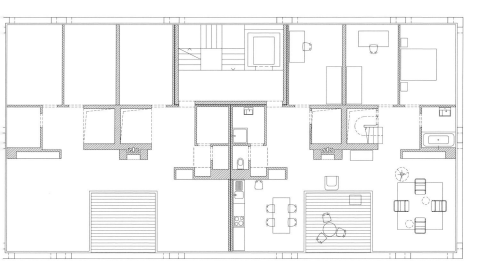

4½ ZW / 1:200

371

17

WOHNSIEDLUNG RAUTISTRASSE

Zürich-Altstetten

Liegenschaftenverwaltung der Stadt Zürich

Projektwettbewerb im offenen Verfahren

September 2005

Situation / 1:1000

4½ ZW / 1:200

17

WOHNSIEDLUNG RAUTISTRASSE

Zürich-Altstetten

Liegenschaftenverwaltung der Stadt Zürich

Projektwettbewerb im offenen Verfahren

September 2005

Situation / 1:1000

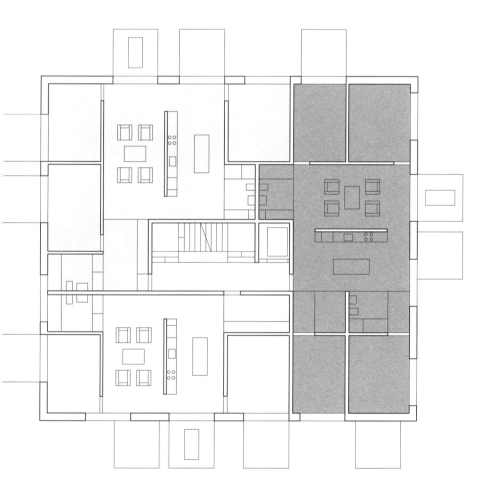

3½, 4½, 5½ ZW / 1:200

375

17

WOHNSIEDLUNG RAUTISTRASSE

Zürich-Altstetten

Liegenschaftenverwaltung der Stadt Zürich

Projektwettbewerb im offenen Verfahren

September 2005

Situation / 1:1000

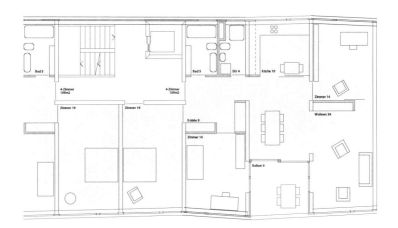

4½ ZW / 1:200

17

WOHNSIEDLUNG RAUTISTRASSE

Zürich-Altstetten

Liegenschaftenverwaltung der Stadt Zürich

Projektwettbewerb im offenen Verfahren

September 2005

Situation / 1:1000

3½, 4½, 5½ ZW / 1:200

18

WOHNÜBERBAUUNG GRÜNWALD

Zürich-Höngg (Regensdorferstrasse / Im Stelzenacker)

Baugenossenschaft Sonnengarten / Gemeinnützige Bau- und

Mietergenossenschaft Zürich / Stiftung Alterswohnungen der Stadt Zürich

Studienauftrag im selektiven Verfahren

November 2005

18

WOHNÜBERBAUUNG GRÜNWALD

Zürich-Höngg (Regensdorferstrasse / Im Stelzenacker)

Baugenossenschaft Sonnengarten / Gemeinnützige Bau- und
Mietergenossenschaft Zürich / Stiftung Alterswohnungen der Stadt Zürich

Studienauftrag im selektiven Verfahren

November 2005

Situation 1:1000

Küche
9.7 m2

4 1/2- Zi
113.9 m2

4 1/2- Zi
BGS Typ 1a
113.9 m2

Du
3.7 m2

Entrée
3.7 m2

Zimmer
14.1 m2

Wohnen
47.4 m2

Zimmer
15.0 m2

Bad
6.3 m2

Zimmer
14.0 m2

4½ ZW / 1:200

18

WOHNÜBERBAUUNG GRÜNWALD

Zürich-Höngg

Baugenossenschaft Sonnengarten / Gemeinnützige Bau- und

Mietergenossenschaft Zürich / Stiftung Alterswohnungen der Stadt Zürich

Studienauftrag im selektiven Verfahren

November 2005

Situation / 1:1000

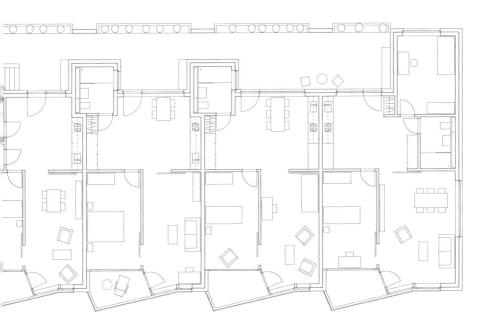

2½, 3½ ZW / 1:200

18

WOHNÜBERBAUUNG GRÜNWALD

Zürich-Höngg

Baugenossenschaft Sonnengarten / Gemeinnützige Bau- und
Mietergenossenschaft Zürich / Stiftung Alterswohnungen der Stadt Zürich

Studienauftrag im selektiven Verfahren

November 2005

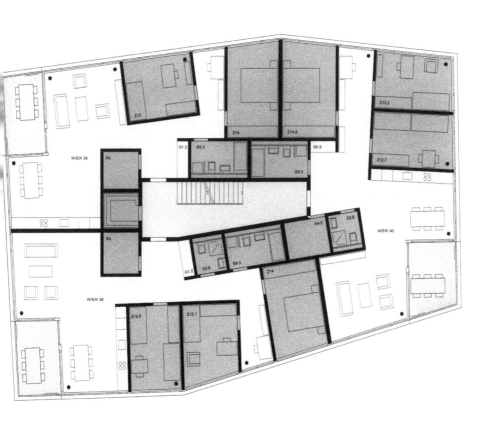

3½, 4½, 5½ ZW / 1:200

18

WOHNÜBERBAUUNG GRÜNWALD

Zürich-Höngg

Baugenossenschaft Sonnengarten / Gemeinnützige Bau- und
Mietergenossenschaft Zürich / Stiftung Alterswohnungen der Stadt Zürich

Studienauftrag im selektiven Verfahren

November 2005

Situation / 1:1000

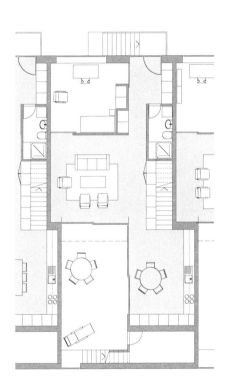

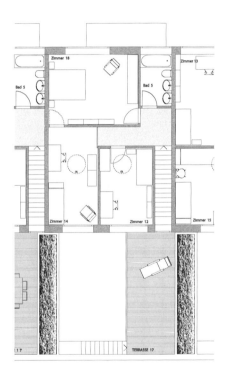

5½ ZW / 1:200

18

WOHNÜBERBAUUNG GRÜNWALD

Zürich-Höngg

Baugenossenschaft Sonnengarten / Gemeinnützige Bau- und

Mietergenossenschaft Zürich / Stiftung Alterswohnungen der Stadt Zürich

Studienauftrag im selektiven Verfahren

November 2005

Situation / 1:1000

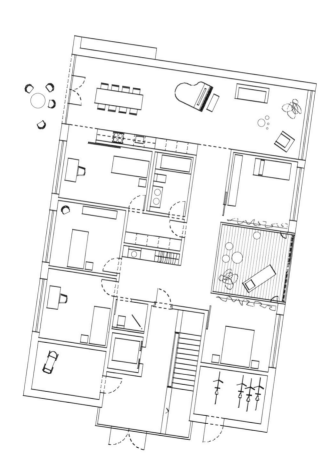

6½ ZW / 1:200

18

WOHNÜBERBAUUNG GRÜNWALD

Zürich-Höngg

Baugenossenschaft Sonnengarten / Gemeinnützige Bau- und
Mietergenossenschaft Zürich / Stiftung Alterswohnungen der Stadt Zürich

Studienauftrag im selektiven Verfahren

November 2005

Situation / 1:1000

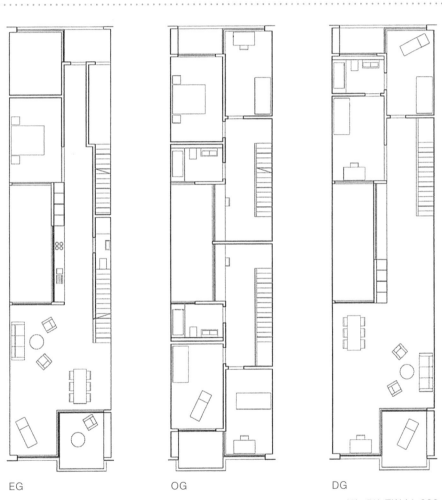

EG OG DG

4½, 5½ ZW / 1:200

18

WOHNÜBERBAUUNG GRÜNWALD

Zürich-Höngg

Baugenossenschaft Sonnengarten / Gemeinnützige Bau- und

Mietergenossenschaft Zürich / Stiftung Alterswohnungen der Stadt Zürich

Studienauftrag im selektiven Verfahren

November 2005

Situation / 1:1000

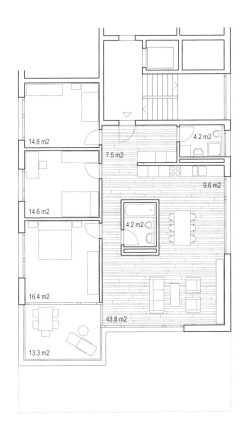

14.6 m2

7.5 m2

4.2 m2

9.6 m2

14.6 m2

4.2 m2

16.4 m2

43.8 m2

13.3 m2

4½ ZW / 1:200

18

WOHNÜBERBAUUNG GRÜNWALD

Zürich-Höngg

Baugenossenschaft Sonnengarten / Gemeinnützige Bau- und
Mietergenossenschaft Zürich / Stiftung Alterswohnungen der Stadt Zürich

Studienauftrag im selektiven Verfahren

November 2005

Situation 1:1000

CIAO SEPP
Arbeitsgemeinschaft
Beat Rothen,
Bosshard Luchsinger Architekten
Winterthur / Luzern

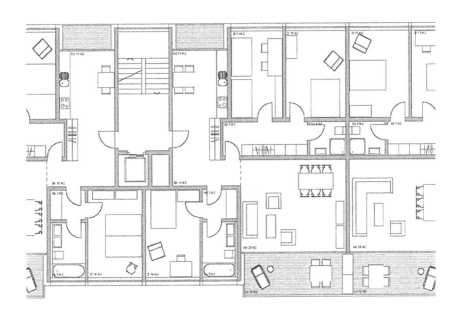

4½ ZW / 1:200

397

18

WOHNÜBERBAUUNG GRÜNWALD

Zürich-Höngg

Baugenossenschaft Sonnengarten / Gemeinnützige Bau- und

Mietergenossenschaft Zürich / Stiftung Alterswohnungen der Stadt Zürich

Studienauftrag im selektiven Verfahren

November 2005

Situation / 1:1000

3½, 5½ ZW / 1:200

18

WOHNÜBERBAUUNG GRÜNWALD

Zürich-Höngg

Baugenossenschaft Sonnengarten / Gemeinnützige Bau- und
Mietergenossenschaft Zürich / Stiftung Alterswohnungen der Stadt Zürich

Studienauftrag im selektiven Verfahren

November 2005

Situation / 1:1000

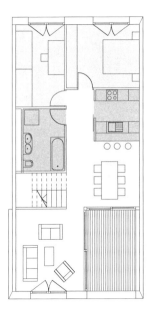

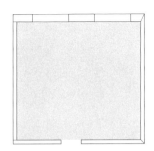

4½ ZW / 1:200

WOHNÜBERBAUUNG GRÜNWALD

Zürich-Höngg

Baugenossenschaft Sonnengarten / Gemeinnützige Bau- und

Mietergenossenschaft Zürich / Stiftung Alterswohnungen der Stadt Zürich

Studienauftrag im selektiven Verfahren

November 2005

Situation / 1:1000

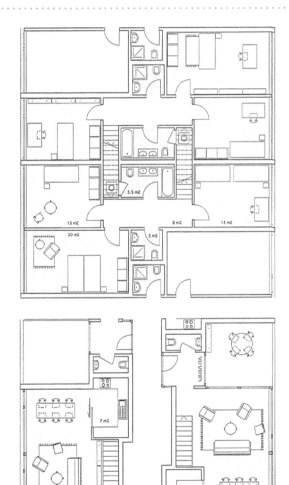

15 m2

20 m2

5.5 m2

8 m2

15 m2

3 m2

7 m2

32 m2

4 m2

4½ ZW / 1:200

403

18

WOHNÜBERBAUUNG GRÜNWALD

Zürich-Höngg

Baugenossenschaft Sonnengarten / Gemeinnützige Bau- und
Mietergenossenschaft Zürich / Stiftung Alterswohnungen der Stadt Zürich

Studienauftrag im selektiven Verfahren

November 2005

Situation / 1:1000

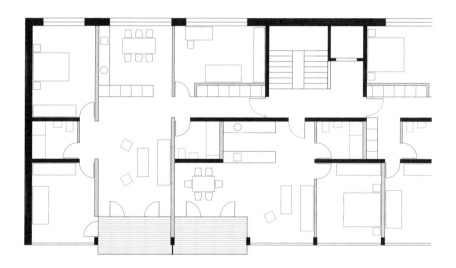

2½, 4½ ZW / 1:200

19

WOHNSIEDLUNG SCHAFFHAUSERSTRASSE

Zürich-Seebach (gebaut: Schaffhauserstrasse 559–597)

ASIG Baugenossenschaft

Projektwettbewerb im selektiven Verfahren

Dezember 2005

19

WOHNSIEDLUNG SCHAFFHAUSERSTRASSE

Zürich-Seebach (gebaut: Schaffhauserstrasse 559–597)

ASIG Baugenossenschaft

Projektwettbewerb im selektiven Verfahren

Dezember 2005

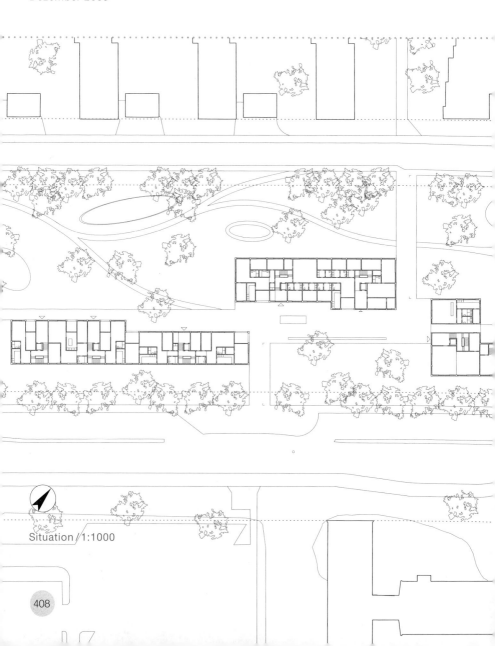

Situation 1:1000

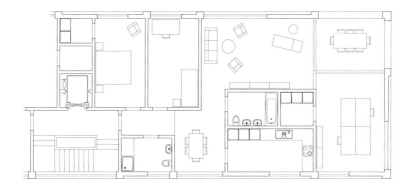

4½ ZW / 1:200

19

WOHNSIEDLUNG SCHAFFHAUSERSTRASSE

Zürich-Seebach

ASIG Baugenossenschaft

Projektwettbewerb im selektiven Verfahren

Dezember 2005

Situation / 1:1000

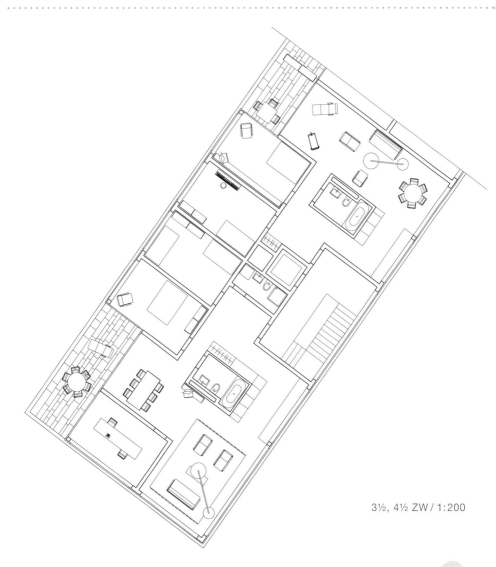

3½, 4½ ZW / 1:200

19

WOHNSIEDLUNG SCHAFFHAUSERSTRASSE

Zürich-Seebach

ASIG Baugenossenschaft

Projektwettbewerb im selektiven Verfahren

Dezember 2005

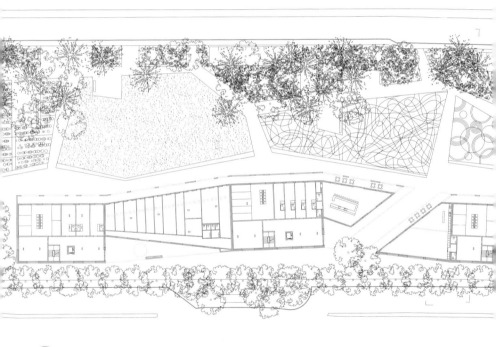

Situation / 1:1000

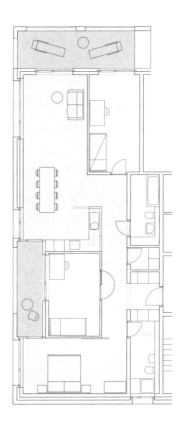

4½ ZW / 1:200

413

19

WOHNSIEDLUNG SCHAFFHAUSERSTRASSE

Zürich-Seebach

ASIG Baugenossenschaft

Projektwettbewerb im selektiven Verfahren

Dezember 2005

Situation / 1:1000

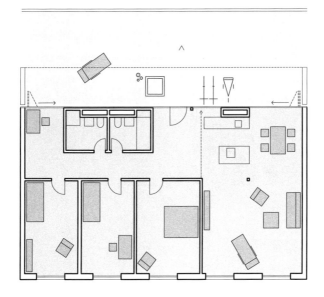

4½ ZW / 1:200

19

WOHNSIEDLUNG SCHAFFHAUSERSTRASSE

Zürich-Seebach

ASIG Baugenossenschaft

Projektwettbewerb im selektiven Verfahren

Dezember 2005

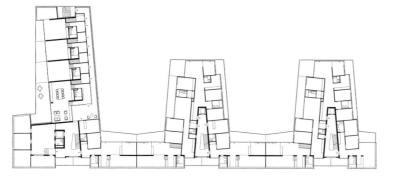

Situation / 1:1000

POLYCÉPHALE

Detlef Schulz

Zürich

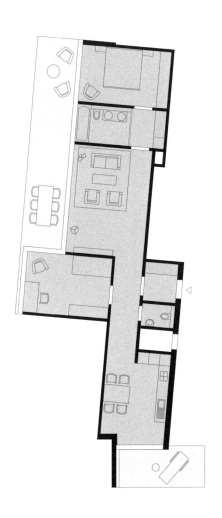

3½ ZW / 1:200

19

WOHNSIEDLUNG SCHAFFHAUSERSTRASSE

Zürich-Seebach

ASIG Baugenossenschaft

Projektwettbewerb im selektiven Verfahren

Dezember 2005

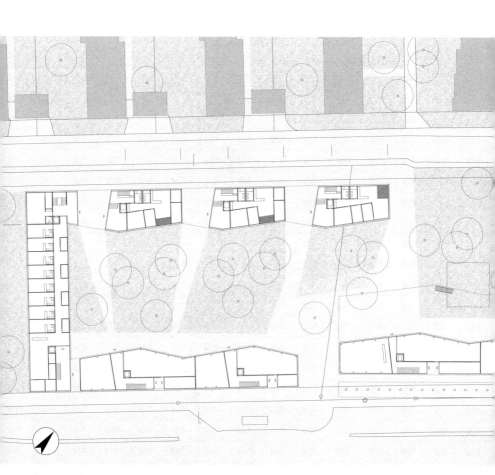

Situation / 1:1000

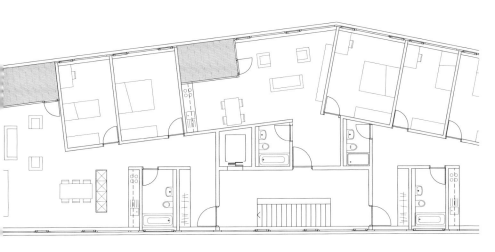

2½, 3½ ZW / 1:200

419

19

WOHNSIEDLUNG SCHAFFHAUSERSTRASSE

Zürich-Seebach

ASIG Baugenossenschaft

Projektwettbewerb im selektiven Verfahren

Dezember 2005

Situation / 1:1000

4½ ZW / 1:200

421

19

WOHNSIEDLUNG SCHAFFHAUSERSTRASSE

Zürich-Seebach

ASIG Baugenossenschaft

Projektwettbewerb im selektiven Verfahren

Dezember 2005

Situation / 1:1000

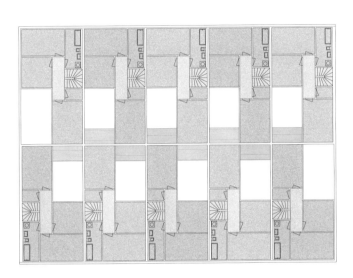

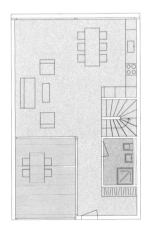 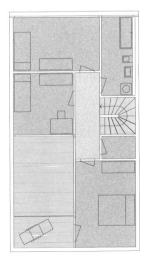

4½ ZW / 1:200

19

WOHNSIEDLUNG SCHAFFHAUSERSTRASSE

Zürich-Seebach

ASIG Baugenossenschaft

Projektwettbewerb im selektiven Verfahren

Dezember 2005

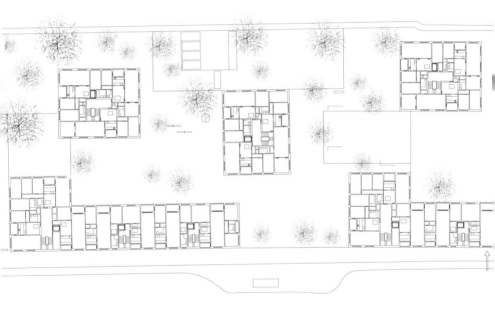

Situation / 1:1000

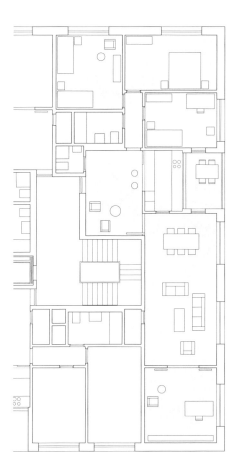

5½ ZW / 1:200

19

WOHNSIEDLUNG SCHAFFHAUSERSTRASSE

Zürich-Seebach

ASIG Baugenossenschaft

Projektwettbewerb im selektiven Verfahren

Dezember 2005

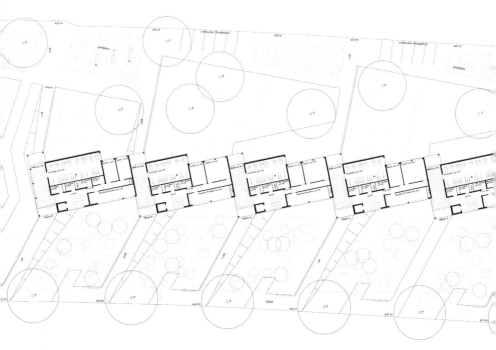

Situation / 1:1000

3½, 4½ ZW / 1:200

427

19

WOHNSIEDLUNG SCHAFFHAUSERSTRASSE

Zürich-Seebach

ASIG Baugenossenschaft

Projektwettbewerb im selektiven Verfahren

Dezember 2005

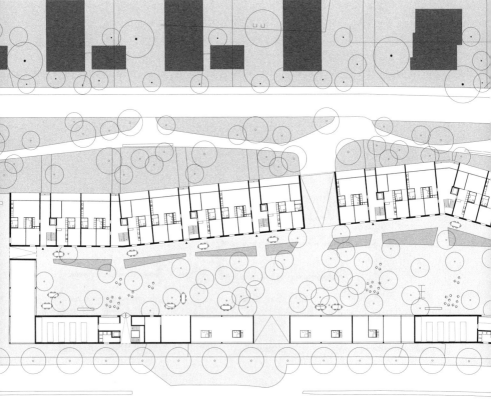

Situation / 1:1000

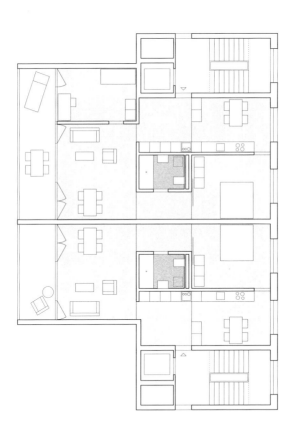

2½, 3½ ZW / 1:200

19

WOHNSIEDLUNG SCHAFFHAUSERSTRASSE

Zürich-Seebach

ASIG Baugenossenschaft

Projektwettbewerb im selektiven Verfahren

Dezember 2005

Situation / 1:1000

2½, 3½ 4½ ZW / 1:200

431

WOHN- UND GESCHÄFTSHAUS LANGSTRASSE 200

Zürich-Industrie (Langstrasse 200)

Liegenschaftenverwaltung der Stadt Zürich

Projektwettbewerb im offenen Verfahren, Januar 2006

Nicht realisiert

20

WOHN- UND GESCHÄFTSHAUS LANGSTRASSE 200

Zürich-Industrie (Langstrasse 200)

Liegenschaftenverwaltung der Stadt Zürich

Projektwettbewerb im offenen Verfahren, Januar 2006

Nicht realisiert

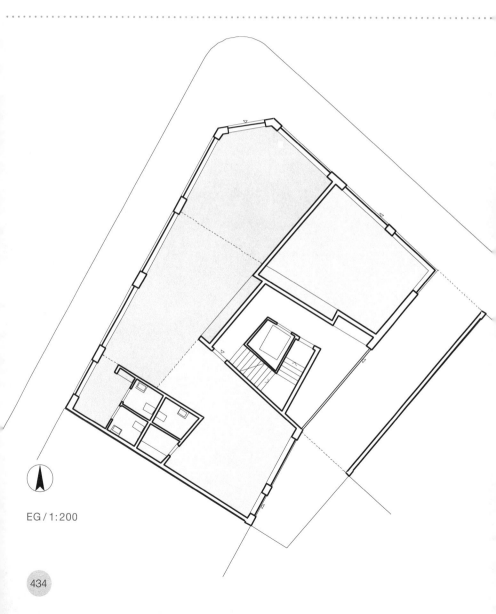

EG / 1:200

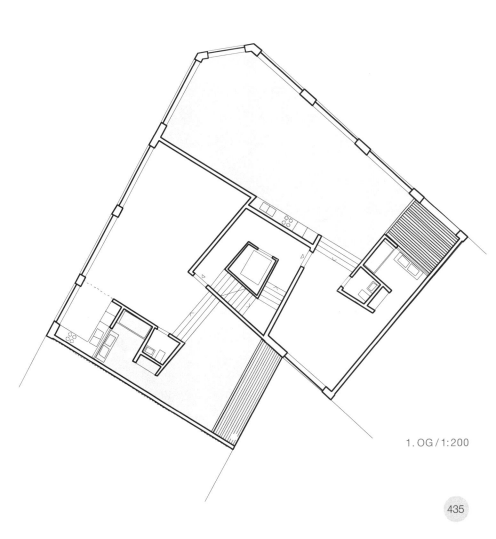

1. OG / 1:200

20

WOHN- UND GESCHÄFTSHAUS LANGSTRASSE 200

Zürich-Industrie

Liegenschaftenverwaltung der Stadt Zürich

Projektwettbewerb im offenen Verfahren

Januar 2006

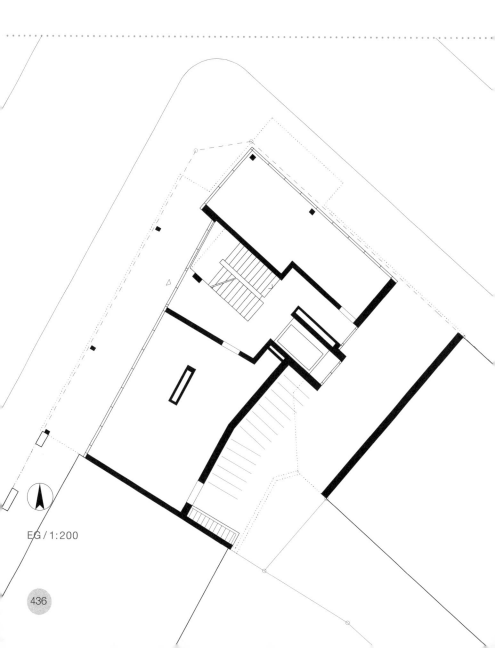

EG / 1:200

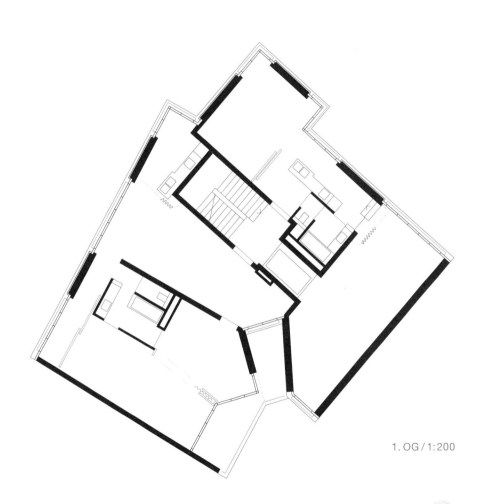

1. OG / 1:200

20

WOHN- UND GESCHÄFTSHAUS LANGSTRASSE 200

Zürich-Industrie

Liegenschaftenverwaltung der Stadt Zürich

Projektwettbewerb im offenen Verfahren

Januar 2006

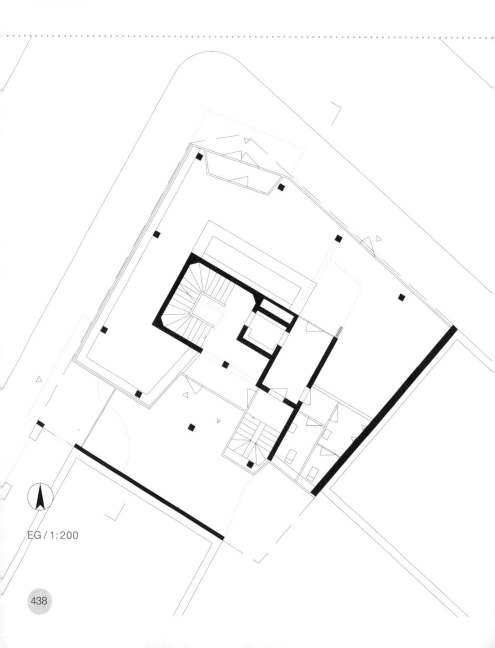

EG / 1:200

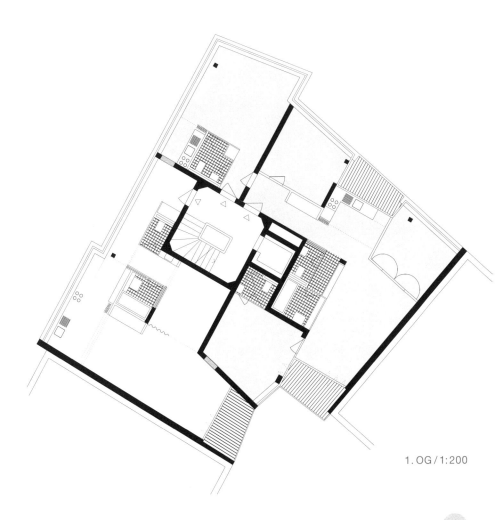

1. OG / 1:200

20

WOHN- UND GESCHÄFTSHAUS LANGSTRASSE 200

Zürich-Industrie

Liegenschaftenverwaltung der Stadt Zürich

Projektwettbewerb im offenen Verfahren

Januar 2006

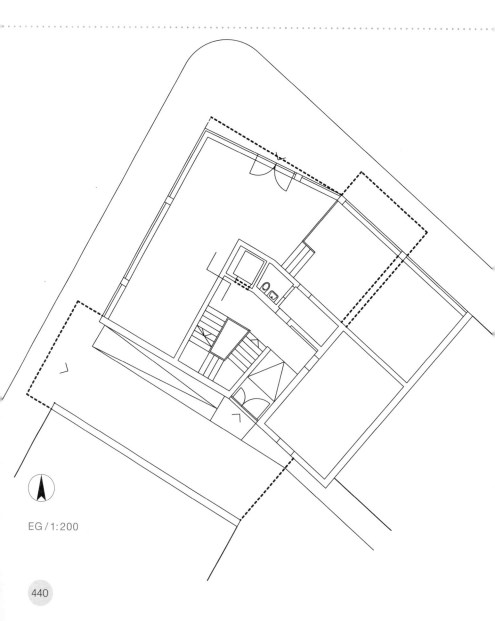

EG / 1:200

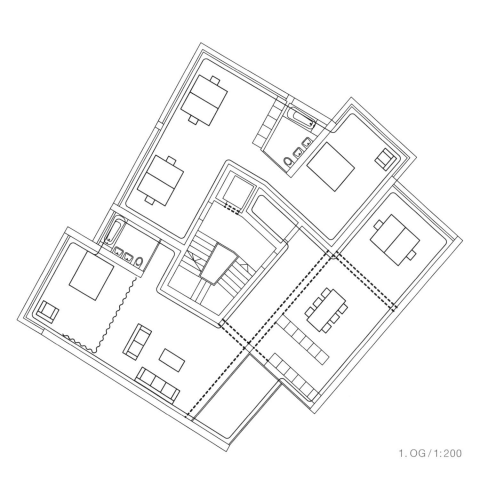

1. OG / 1:200

20

WOHN- UND GESCHÄFTSHAUS LANGSTRASSE 200

Zürich-Industrie

Liegenschaftenverwaltung der Stadt Zürich

Projektwettbewerb im offenen Verfahren

Januar 2006

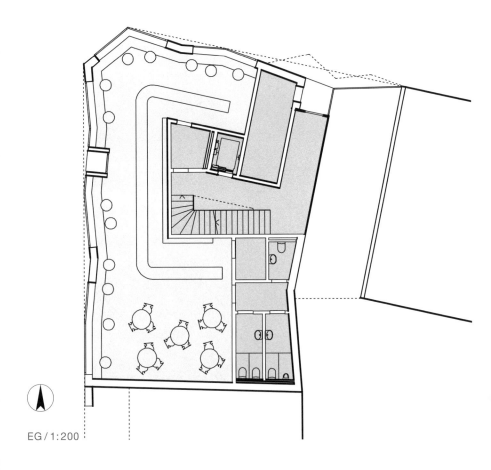

EG / 1:200

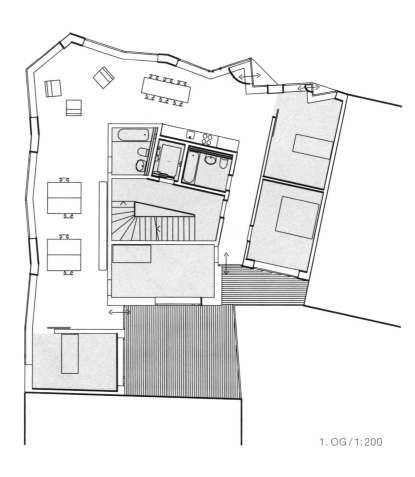

1. OG / 1:200

20

WOHN- UND GESCHÄFTSHAUS LANGSTRASSE 200

Zürich-Industrie

Liegenschaftenverwaltung der Stadt Zürich

Projektwettbewerb im offenen Verfahren

Januar 2006

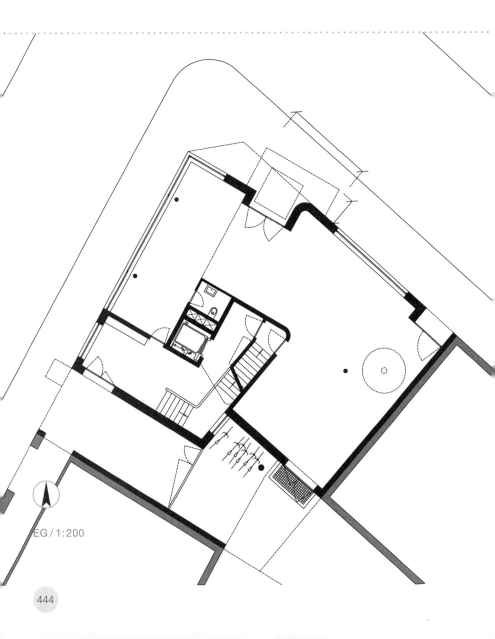

EG / 1:200

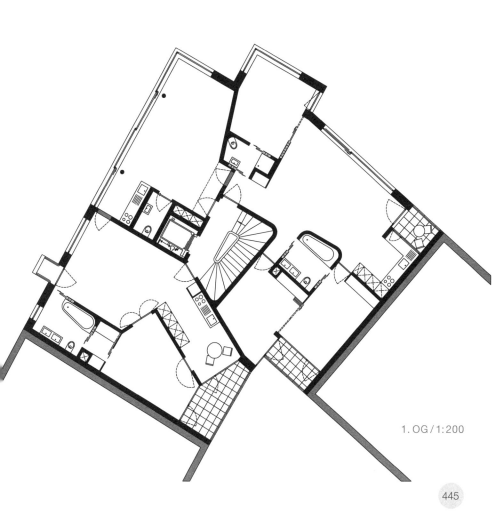

1. OG / 1:200

21

SIHLBOGEN WOHNSIEDLUNG UND GEWERBEZENTRUM

Zürich-Leimbach (Leimbachstrasse 41–49)

Baugenossenschaft Zurlinden

Projektwettbewerb auf Einladung

Juni 2006

21

SIHLBOGEN WOHNSIEDLUNG UND GEWERBEZENTRUM

Zürich-Leimbach (Leimbachstrasse 41–49)

Baugenossenschaft Zurlinden

Projektwettbewerb auf Einladung

Juni 2006

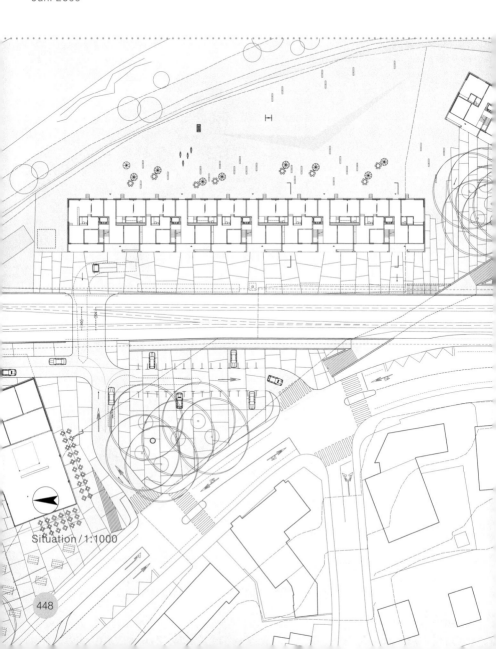

Situation / 1:1000

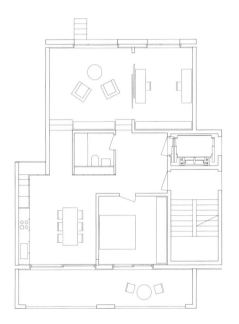

3½ ZW / 1:200

449

21

SIHLBOGEN WOHNSIEDLUNG UND GEWERBEZENTRUM

Zürich-Leimbach

Baugenossenschaft Zurlinden

Projektwettbewerb auf Einladung

Juni 2006

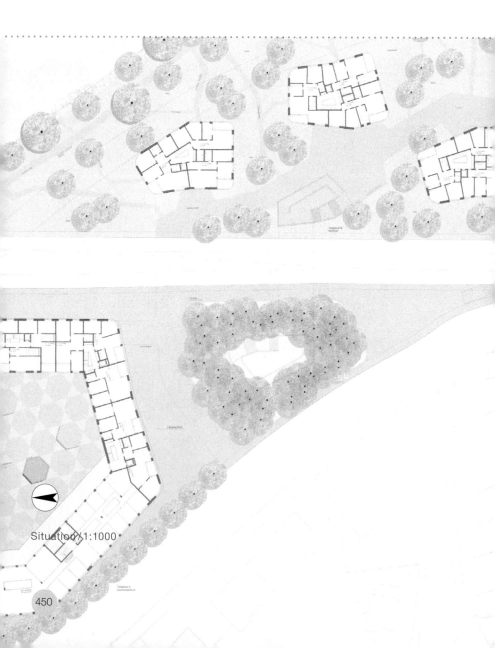

Situation 1:1000

3½, 5½ ZW / 1:200

21

SIHLBOGEN WOHNSIEDLUNG UND GEWERBEZENTRUM

Zürich-Leimbach

Baugenossenschaft Zurlinden

Projektwettbewerb auf Einladung

Juni 2006

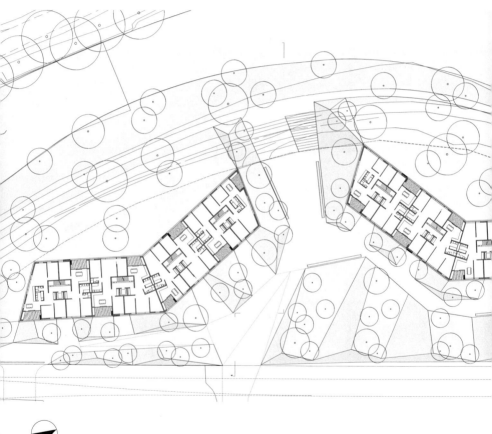

Situation / 1:1000

3½ ZW / 1:200

21

SIHLBOGEN WOHNSIEDLUNG UND GEWERBEZENTRUM

Zürich-Leimbach

Baugenossenschaft Zurlinden

Projektwettbewerb auf Einladung

Juni 2006

Situation / 1:1000

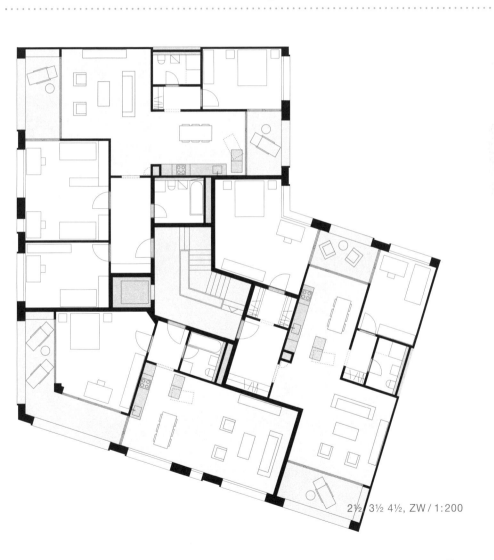

2½ 3½ 4½, ZW / 1:200

21

SIHLBOGEN WOHNSIEDLUNG UND GEWERBEZENTRUM

Zürich-Leimbach

Baugenossenschaft Zurlinden

Projektwettbewerb auf Einladung

Juni 2006

Situation / 1:1000

CASTOR & POLLUX

Marcel Meili, Markus Peter

Zürich

3½, 4½ ZW / 1:200

21

SIHLBOGEN WOHNSIEDLUNG UND GEWERBEZENTRUM

Zürich-Leimbach

Baugenossenschaft Zurlinden

Projektwettbewerb auf Einladung

Juni 2006

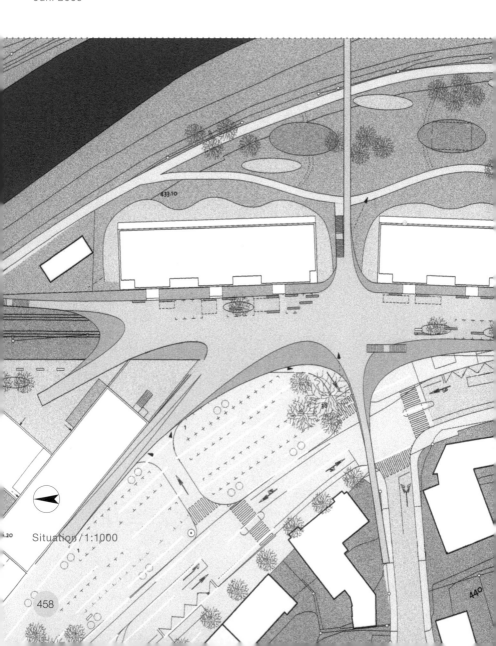

Situation / 1:1000

3½, 4½ ZW / 1:200

21

SIHLBOGEN WOHNSIEDLUNG UND GEWERBEZENTRUM

Zürich-Leimbach

Baugenossenschaft Zurlinden

Projektwettbewerb auf Einladung

Juni 2006

Situation / 1:1000

5½ ZW / 1:200

21

SIHLBOGEN WOHNSIEDLUNG UND GEWERBEZENTRUM

Zürich-Leimbach

Baugenossenschaft Zurlinden

Projektwettbewerb auf Einladung

Juni 2006

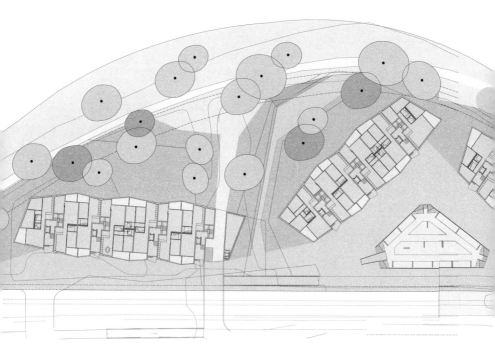

Situation / 1:1000

4½ ZW / 1:200

21

SIHLBOGEN WOHNSIEDLUNG UND GEWERBEZENTRUM

Zürich-Leimbach

Baugenossenschaft Zurlinden

Projektwettbewerb auf Einladung

Juni 2006

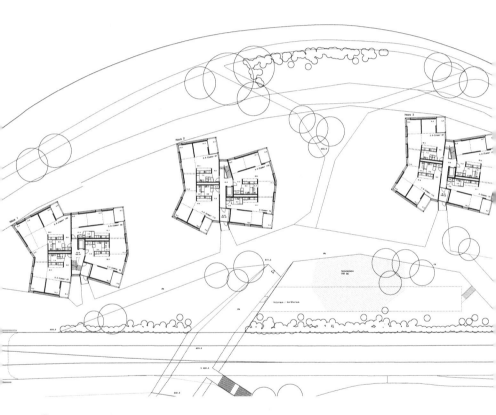

Situation / 1:1000

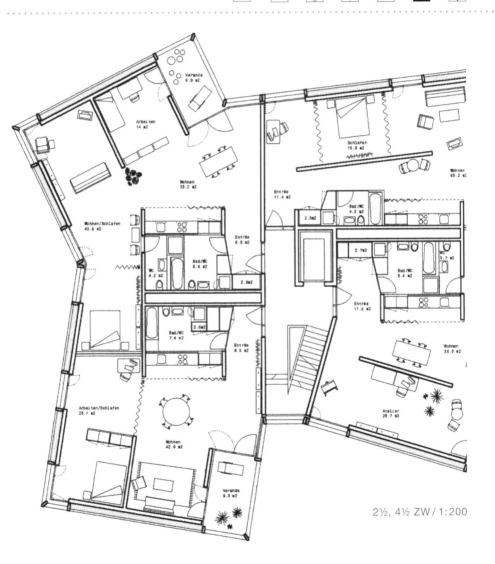

2½, 4½ ZW / 1:200

21

SIHLBOGEN WOHNSIEDLUNG UND GEWERBEZENTRUM

Zürich-Leimbach

Baugenossenschaft Zurlinden

Projektwettbewerb auf Einladung

Juni 2006

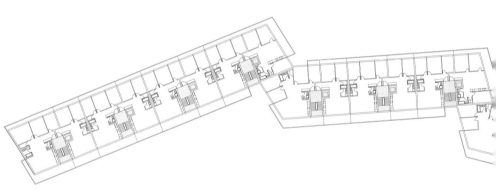

Situation / 1:1000

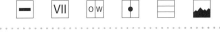

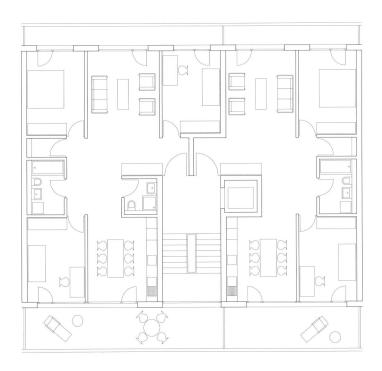

3½, 4½ ZW / 1:200

SIHLBOGEN WOHNSIEDLUNG UND GEWERBEZENTRUM

Zürich-Leimbach

Baugenossenschaft Zurlinden

Projektwettbewerb auf Einladung

Juni 2006

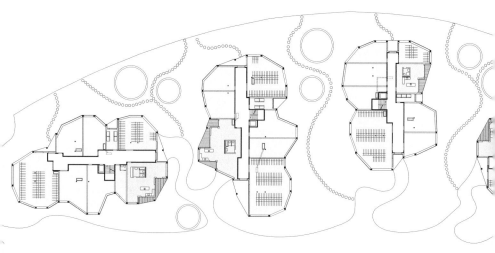

Situation / 1:1000

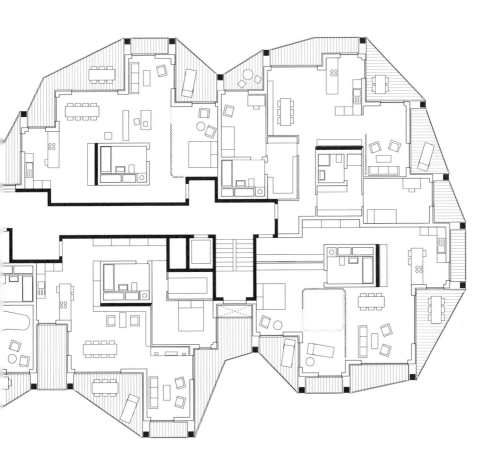

2½, 3½, 4½ ZW / 1:200

21

SIHLBOGEN WOHNSIEDLUNG UND GEWERBEZENTRUM

Zürich-Leimbach

Baugenossenschaft Zurlinden

Projektwettbewerb auf Einladung

Juni 2006

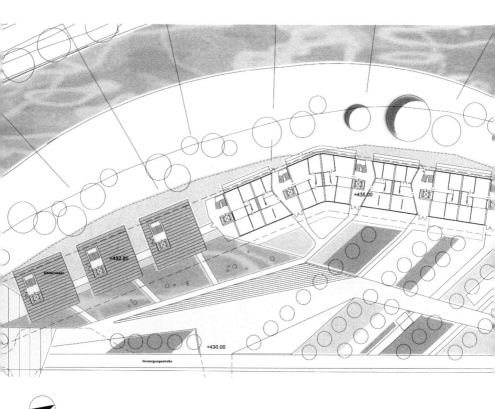

Situation / 1:1000

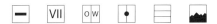

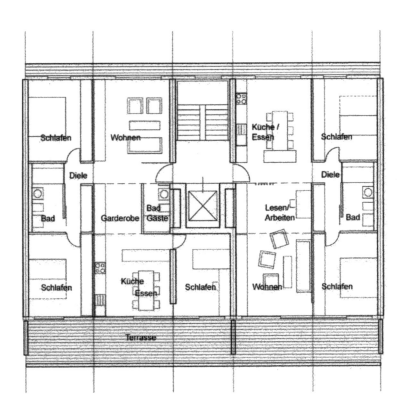

3½, 4½ ZW / 1:200

21

SIHLBOGEN WOHNSIEDLUNG UND GEWERBEZENTRUM

Zürich-Leimbach

Baugenossenschaft Zurlinden

Projektwettbewerb auf Einladung

Juni 2006

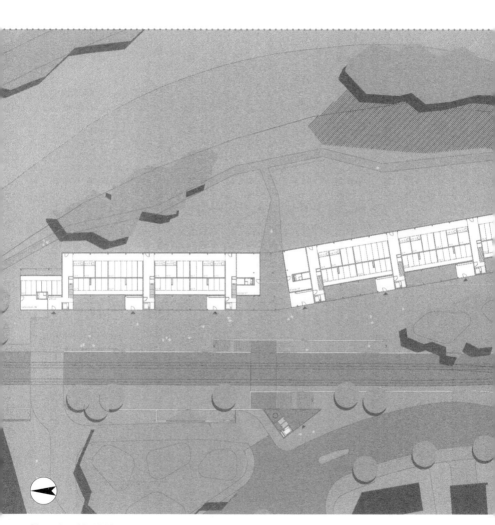

Situation / 1:1000

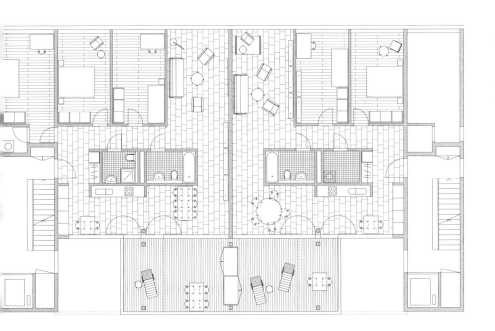

3½, 4½ ZW / 1:200

21

SIHLBOGEN WOHNSIEDLUNG UND GEWERBEZENTRUM

Zürich-Leimbach

Baugenossenschaft Zurlinden

Projektwettbewerb auf Einladung

Juni 2006

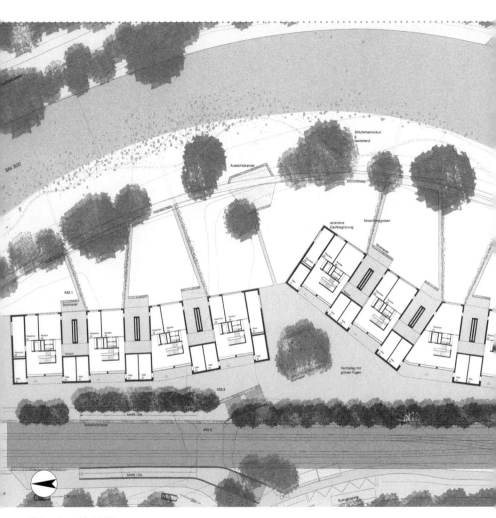

Situation / 1:1000

3½, 4½ ZW / 1:200

22

WOHNSIEDLUNG TRIEMLI BGS

Zürich-Albisrieden

(gebaut Rossackerstrasse / Triemlistrasse / Birmensdorferstrasse)

Baugenossenschaft Sonnengarten

Projektwettbewerb im offenen Verfahren

September 2006

22

WOHNSIEDLUNG TRIEMLI BGS

Zürich-Albisrieden

(gebaut Rossackerstrasse / Triemlistrasse / Birmensdorferstrasse)

Baugenossenschaft Sonnengarten

Projektwettbewerb im offenen Verfahren

September 2006

Situation / 1:1000

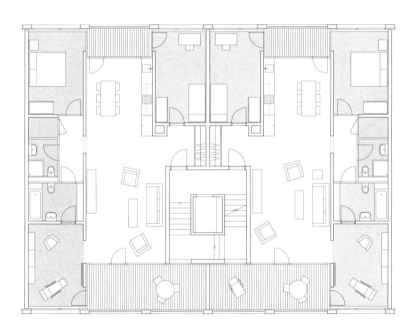

4½ ZW / 1:200

22

WOHNSIEDLUNG TRIEMLI BGS

Zürich-Albisrieden

Baugenossenschaft Sonnengarten

Projektwettbewerb im offenen Verfahren

September 2006

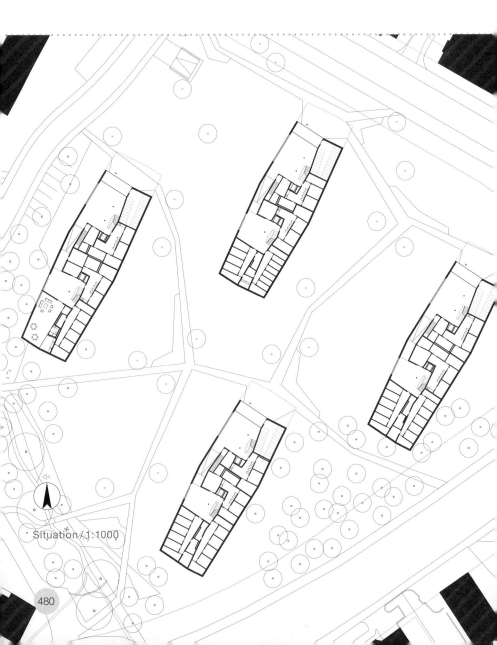

Situation 1:1000

JAKOB

Manetsch Meyer Architekten

Zürich

Überarbeitung

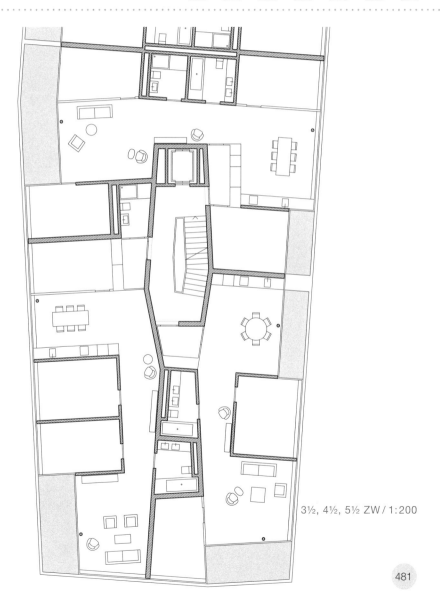

3½, 4½, 5½ ZW / 1:200

481

22

WOHNSIEDLUNG TRIEMLI BGS

Zürich-Albisrieden

Baugenossenschaft Sonnengarten

Projektwettbewerb im offenen Verfahren

September 2006

Situation / 1:1000

5½ ZW / 1:200

22

WOHNSIEDLUNG TRIEMLI BGS

Zürich-Albisrieden

Baugenossenschaft Sonnengarten

Projektwettbewerb im offenen Verfahren

September 2006

Situation 1:1000

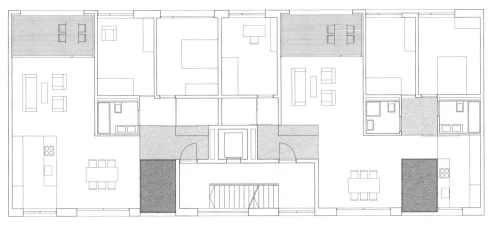

3½, 4½ ZW / 1:200

22
WOHNSIEDLUNG TRIEMLI BGS

Zürich-Albisrieden

Baugenossenschaft Sonnengarten

Projektwettbewerb im offenen Verfahren

September 2006

Situation / 1:1000

3½ ZW / 1:200

22

WOHNSIEDLUNG TRIEMLI BGS

Zürich-Albisrieden

Baugenossenschaft Sonnengarten

Projektwettbewerb im offenen Verfahren

September 2006

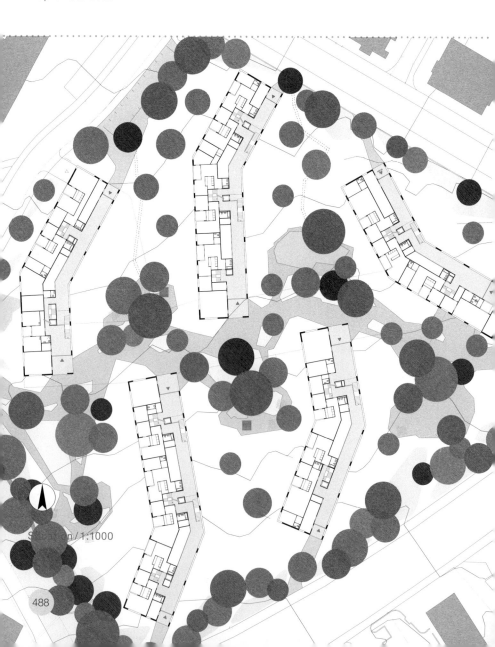

Situation / 1:1000

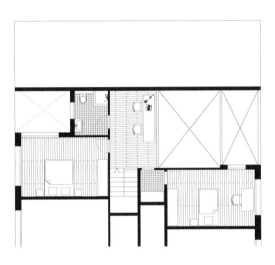

5½ ZW / 1:200

22

WOHNSIEDLUNG TRIEMLI BGS

Zürich-Albisrieden

Baugenossenschaft Sonnengarten

Projektwettbewerb im offenen Verfahren

September 2006

Situation / 1:1000

Kallerweg

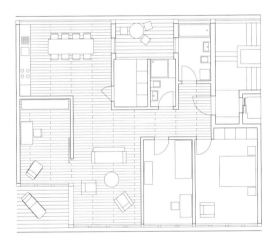

4½ ZW / 1:200

22

WOHNSIEDLUNG TRIEMLI BGS

Zürich-Albisrieden

Baugenossenschaft Sonnengarten

Projektwettbewerb im offenen Verfahren

September 2006

Situation / 1:1000

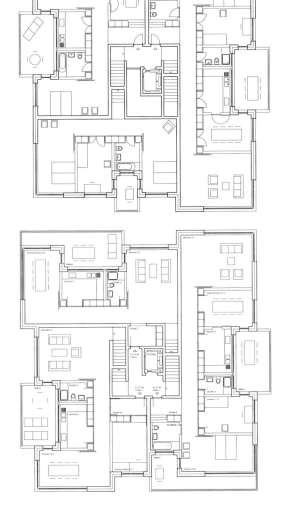

3½, 4½, 5½

ZW / 1:300

22

WOHNSIEDLUNG TRIEMLI BGS

Zürich-Albisrieden

Baugenossenschaft Sonnengarten

Projektwettbewerb im offenen Verfahren

September 2006

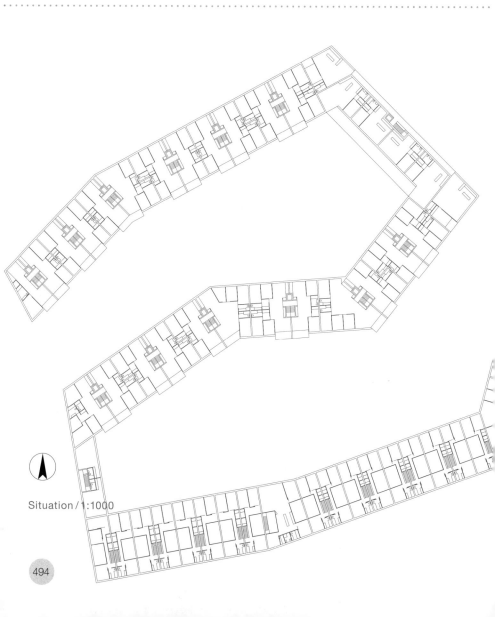

Situation / 1:1000

5½ ZW / 1:200

495

22

WOHNSIEDLUNG TRIEMLI BGS

Zürich-Albisrieden

Baugenossenschaft Sonnengarten

Projektwettbewerb im offenen Verfahren

September 2006

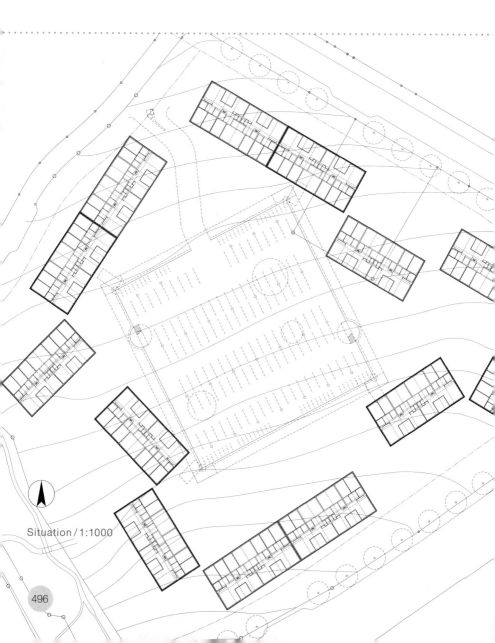

Situation / 1:1000

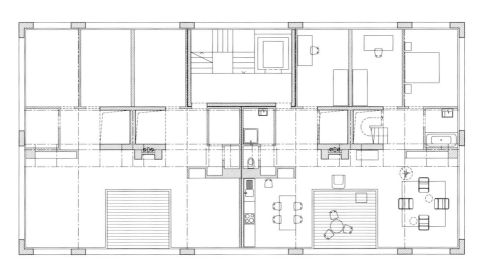

4½ ZW / 1:200

22

WOHNSIEDLUNG TRIEMLI BGS

Zürich-Albisrieden

Baugenossenschaft Sonnengarten

Projektwettbewerb im offenen Verfahren

September 2006

Situation / 1:1000

3½, 4½ ZW / 1:200

23

WOHN- UND GESCHÄFTSHAUS BADENERSTRASSE 380

Zürich-Aussersihl (gebaut: Badenerstrasse 378, 380)

Baugenossenschaft Zurlinden

Studienauftrag auf Einladung

Dezember 2006

23

WOHN- UND GESCHÄFTSHAUS BADENERSTRASSE 380

Zürich-Aussersihl (gebaut: Badenerstrasse 378, 380)

Baugenossenschaft Zurlinden

Studienauftrag auf Einladung

Dezember 2006

Situation / 1:1000

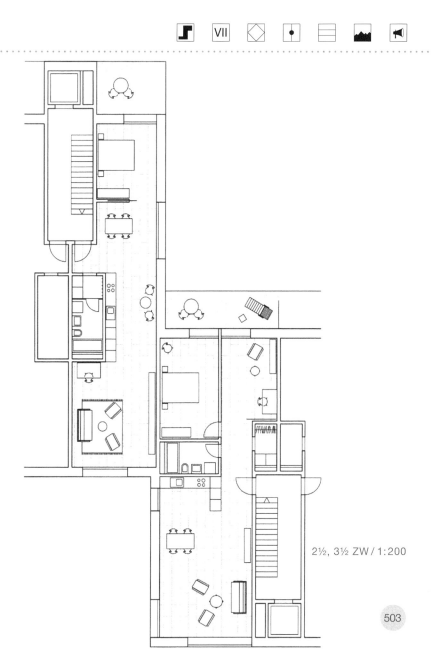

2½, 3½ ZW / 1:200

503

23

WOHN- UND GESCHÄFTSHAUS BADENERSTRASSE 380

Zürich-Aussersihl

Baugenossenschaft Zurlinden

Studienauftrag auf Einladung

Dezember 2006

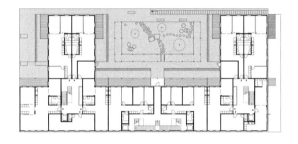

Situation / 1:1000

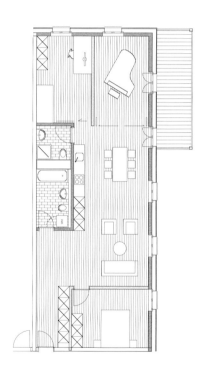

4½ ZW / 1:200

23

WOHN- UND GESCHÄFTSHAUS BADENERSTRASSE 380

Zürich-Aussersihl

Baugenossenschaft Zurlinden

Studienauftrag auf Einladung

Dezember 2006

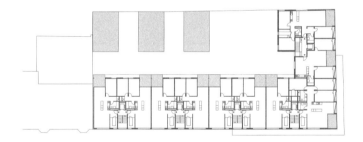

Situation / 1:1000

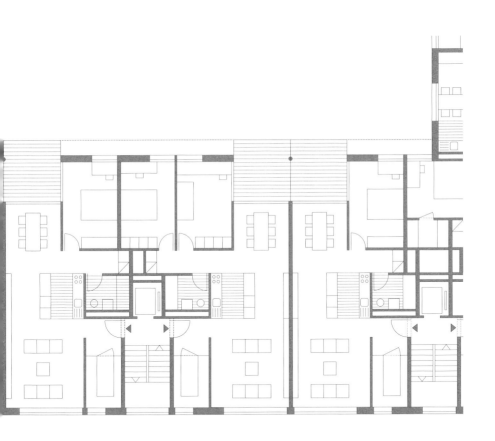

2½, 3½ ZW / 1:200

23

WOHN- UND GESCHÄFTSHAUS BADENERSTRASSE 380

Zürich-Aussersihl

Baugenossenschaft Zurlinden

Studienauftrag auf Einladung

Dezember 2006

Situation / 1:1000

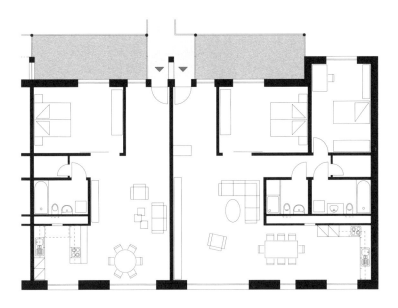

2½, 3½ ZW / 1:200

23

WOHN- UND GESCHÄFTSHAUS BADENERSTRASSE 380

Zürich-Aussersihl

Baugenossenschaft Zurlinden

Studienauftrag auf Einladung

Dezember 2006

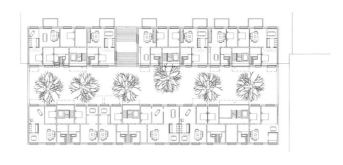

Situation / 1:1000

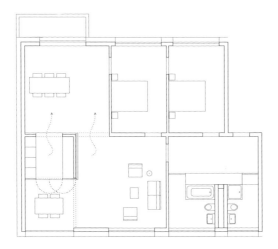

3½ ZW / 1:200

24
WOHNHAUS REBENWEG
Zürich-Leimbach (Rebenweg 100)
SADA AG / Stiftung Wohnen für kinderreiche Familien Zürich
Studentenwettbewerb im offenen Verfahren
Dezember 2006

24

WOHNHAUS REBENWEG

Zürich-Leimbach (Rebenweg 100)

SADA AG / Stiftung Wohnen für kinderreiche Familien Zürich

Studentenwettbewerb im offenen Verfahren

Dezember 2006

Situation / 1:1000

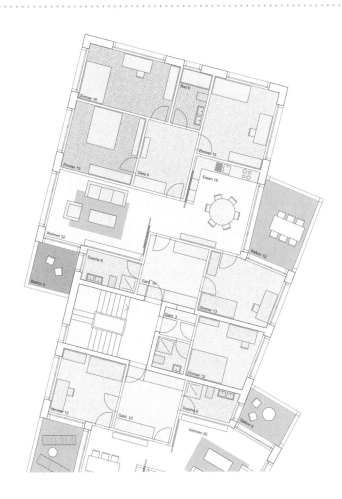

5½ ZW / 1:200

24

WOHNHAUS REBENWEG

Zürich-Leimbach

SADA AG / Stiftung Wohnen für kinderreiche Familien Zürich

Studentenwettbewerb im offenen Verfahren

Dezember 2006

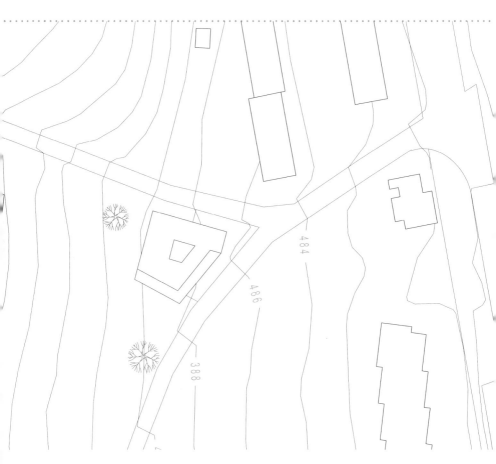

Situation / 1:1000

5½ ZW / 1:200

24

WOHNHAUS REBENWEG

Zürich-Leimbach

SADA AG / Stiftung Wohnen für kinderreiche Familien Zürich

Studentenwettbewerb im offenen Verfahren

Dezember 2006

Situation / 1:1000

5½ ZW / 1:200

24

WOHNHAUS REBENWEG

Zürich-Leimbach

SADA AG / Stiftung Wohnen für kinderreiche Familien Zürich

Studentenwettbewerb im offenen Verfahren

Dezember 2006

Situation / 1:1000

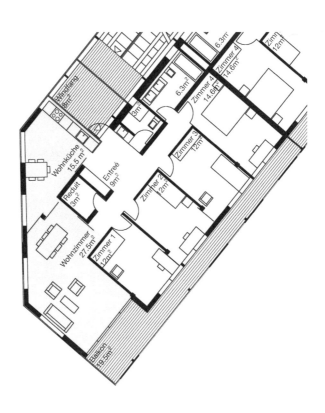

5½ ZW / 1:200

24

WOHNHAUS REBENWEG

Zürich-Leimbach

SADA AG / Stiftung Wohnen für kinderreiche Familien Zürich

Studentenwettbewerb im offenen Verfahren

Dezember 2006

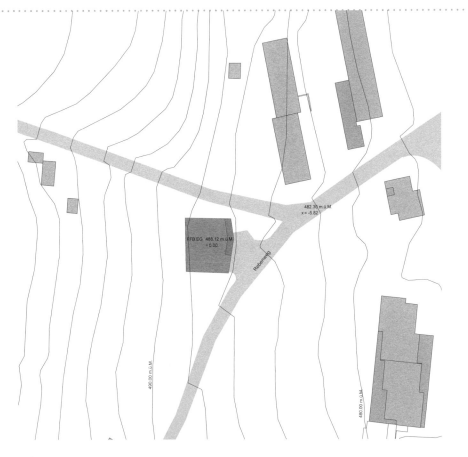

Situation / 1:1000

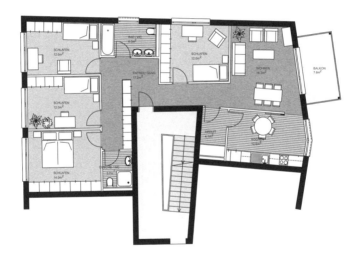

5½ ZW / 1:200

24

WOHNHAUS REBENWEG

Zürich-Leimbach

SADA AG / Stiftung Wohnen für kinderreiche Familien Zürich

Studentenwettbewerb im offenen Verfahren

Dezember 2006

Situation / 1:1000

POPOVA

Maria Conen, Armon Semadeni, Raoul Sigl

Eidgenössische Technische Hochschule Zürich, Zürich

Rang 6

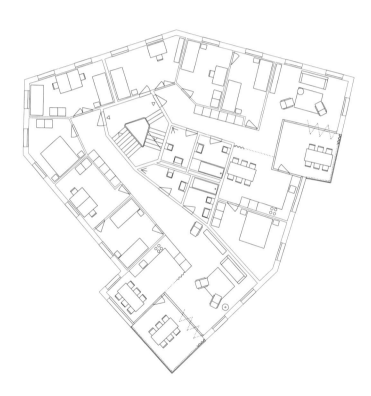

5½ ZW / 1:200

525

25

ALTERSWOHNUNGEN, KINDERKRIPPE UND ELTERN-KIND-ZENTRUM FRIEDEN

Zürich-Affoltern

(gebaut: Wehntalerstrasse / Neuwiesenstrasse / Einfangstrasse / Riedenhaldenstrasse)

Stiftung Alterswohnungen der Stadt Zürich

Projektwettbewerb im selektiven Verfahren

Januar 2007

25

ALTERSWOHNUNGEN, KINDERKRIPPE UND ELTERN-KIND-ZENTRUM FRIEDEN

Zürich-Affoltern

(gebaut: Wehntalerstrasse / Neuwiesenstrasse / Einfangstrasse / Riedenhaldenstrasse)

Stiftung Alterswohnungen der Stadt Zürich

Projektwettbewerb im selektiven Verfahren

Januar 2007

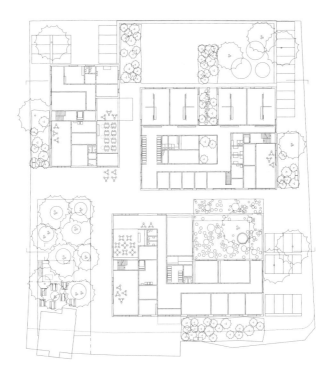

Situation / 1:1000

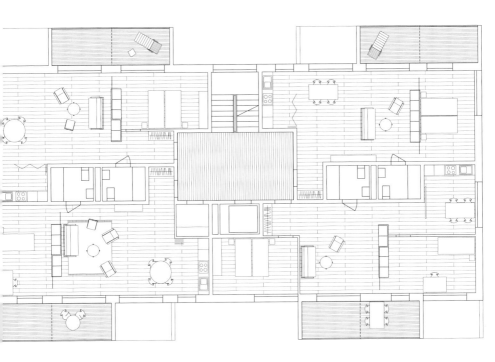

2½, 3½ ZW / 1:200

25

ALTERSWOHNUNGEN, KINDERKRIPPE UND ELTERN-KIND-ZENTRUM FRIEDEN

Zürich-Affoltern

Stiftung Alterswohnungen der Stadt Zürich

Projektwettbewerb im selektiven Verfahren

Januar 2007

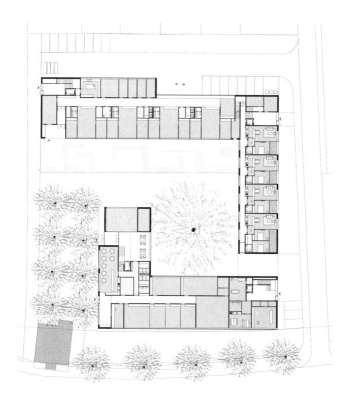

Situation / 1:1000

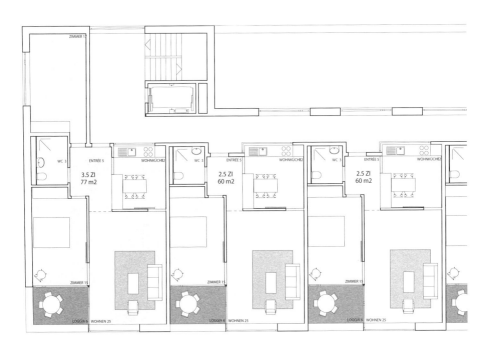

2½, 3½ ZW / 1:200

25

ALTERSWOHNUNGEN, KINDERKRIPPE UND ELTERN-KIND-ZENTRUM FRIEDEN

Zürich-Affoltern

Stiftung Alterswohnungen der Stadt Zürich

Projektwettbewerb im selektiven Verfahren

Januar 2007

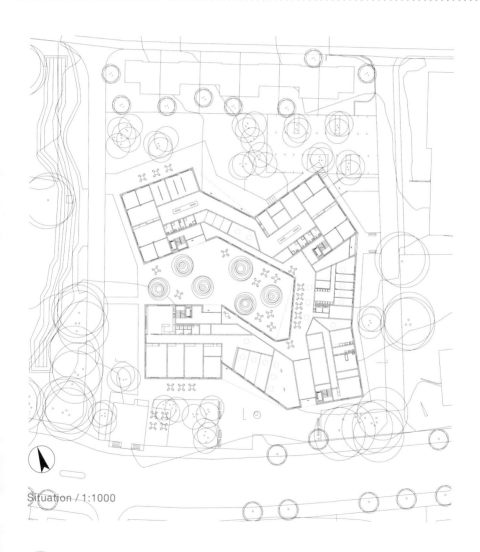

Situation / 1:1000

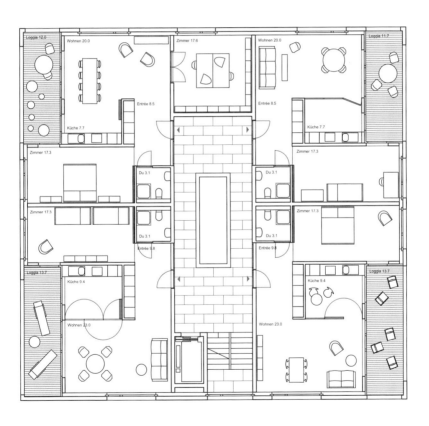

2½, 3½ ZW / 1:200

25

ALTERSWOHNUNGEN, KINDERKRIPPE UND ELTERN-KIND-ZENTRUM FRIEDEN

Zürich-Affoltern

Stiftung Alterswohnungen der Stadt Zürich

Projektwettbewerb im selektiven Verfahren

Januar 2007

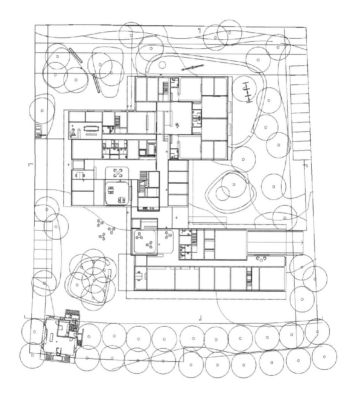

Situation / 1:1000

3½ ZW / 1:200

25

ALTERSWOHNUNGEN, KINDERKRIPPE UND ELTERN-KIND-ZENTRUM FRIEDEN

Zürich-Affoltern

Stiftung Alterswohnungen der Stadt Zürich

Projektwettbewerb im selektiven Verfahren

Januar 2007

Situation / 1:1000

2½, 3½ ZW / 1:200

25

ALTERSWOHNUNGEN, KINDERKRIPPE UND ELTERN-KIND-ZENTRUM FRIEDEN

Zürich-Affoltern

Stiftung Alterswohnungen der Stadt Zürich

Projektwettbewerb im selektiven Verfahren

Januar 2007

Situation / 1:1000

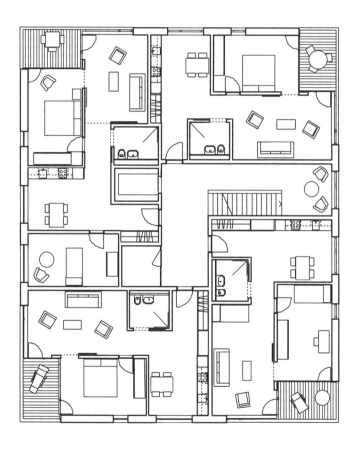

2½, 3½ ZW / 1:200

25

ALTERSWOHNUNGEN, KINDERKRIPPE UND ELTERN-KIND-ZENTRUM FRIEDEN

Zürich-Affoltern

Stiftung Alterswohnungen der Stadt Zürich

Projektwettbewerb im selektiven Verfahren

Januar 2007

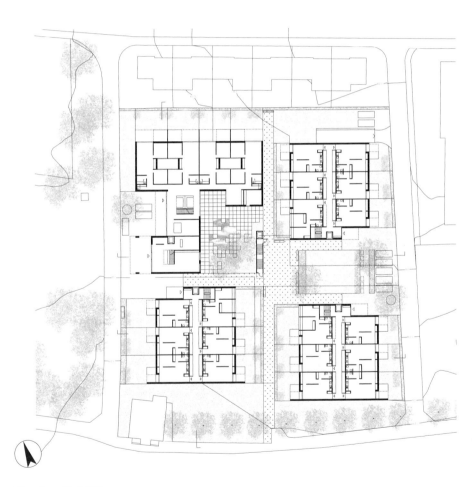

Situation / 1:1000

Balkon
7m2

Zimmer
14m2

Waschküche
19.5m2

Wohnen/ Essen
34m2

Bad
7m2

VP
3.0m2

3 Zimmer
73m2

2 Zimmer
58m2

VP
3.0m2

Bad
5.5m2

Wohnen/ Essen
33.5m2

Gang
2.0m2

Zimmer
14m2

Zimmer
15m2

Balkon
7m2

2½, 3½ ZW / 1:200

541

25

ALTERSWOHNUNGEN, KINDERKRIPPE UND ELTERN-KIND-ZENTRUM FRIEDEN

Zürich-Affoltern

Stiftung Alterswohnungen der Stadt Zürich

Projektwettbewerb im selektiven Verfahren

Januar 2007

Situation / 1:1000

3½ ZW / 1:200

543

25

ALTERSWOHNUNGEN, KINDERKRIPPE UND ELTERN-KIND-ZENTRUM FRIEDEN

Zürich-Affoltern

Stiftung Alterswohnungen der Stadt Zürich

Projektwettbewerb im selektiven Verfahren

Januar 2007

Situation / 1:1000

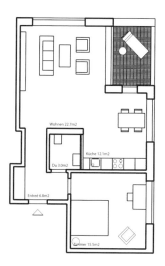

Wohnen 22.7m2

Küche 12.1m2

Du 3.0m2

Entreé 6.8m2

Zimmer 15.5m2

2½ ZW / 1:200

25

ALTERSWOHNUNGEN, KINDERKRIPPE UND ELTERN-KIND-ZENTRUM FRIEDEN

Zürich-Affoltern

Stiftung Alterswohnungen der Stadt Zürich

Projektwettbewerb im selektiven Verfahren

Januar 2007

Situation / 1:1000

2½, 3½ ZW / 1:200

WOHNSIEDLUNG ASPHOLZ-SÜD

Zürich-Affoltern (Mühlackerstrasse / Aspholzstrasse)

Baugenossenschaft Zentralstrasse

Projektwettbewerb im selektiven Verfahren

November 2007

26

WOHNSIEDLUNG ASPHOLZ-SÜD

Zürich-Affoltern (Mühlackerstrasse / Aspholzstrasse)

Baugenossenschaft Zentralstrasse

Projektwettbewerb im selektiven Verfahren

November 2007

Situation / 1:1000

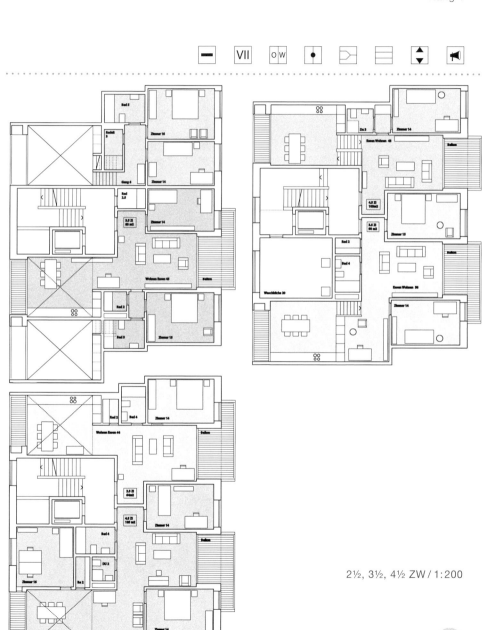

2½, 3½, 4½ ZW / 1:200

551

26

WOHNSIEDLUNG ASPHOLZ-SÜD

Zürich-Affoltern

Baugenossenschaft Zentralstrasse

Projektwettbewerb im selektiven Verfahren

November 2007

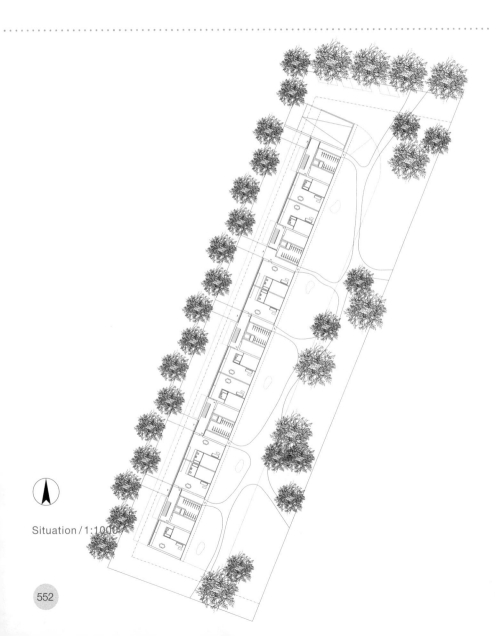

Situation / 1:1000

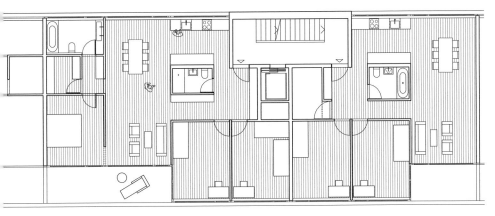

3½, 4½ ZW / 1:200

26

WOHNSIEDLUNG ASPHOLZ-SÜD

Zürich-Affoltern

Baugenossenschaft Zentralstrasse

Projektwettbewerb im selektiven Verfahren

November 2007

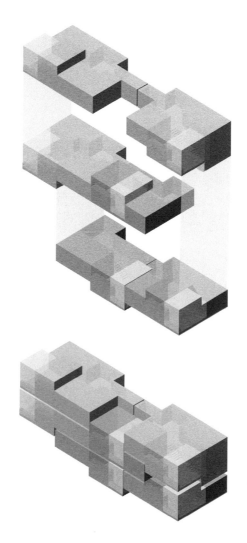

Prinzip Stapelung

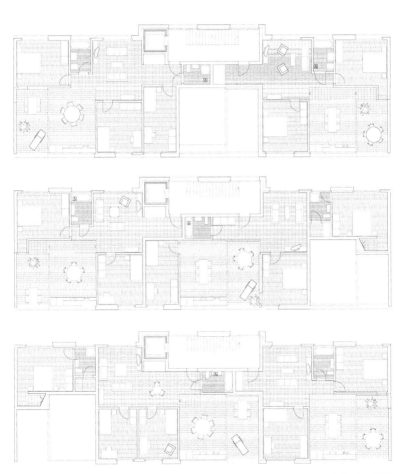

3½, 4½ ZW / 1:200

26

WOHNSIEDLUNG ASPHOLZ-SÜD

Zürich-Affoltern

Baugenossenschaft Zentralstrasse

Projektwettbewerb im selektiven Verfahren

November 2007

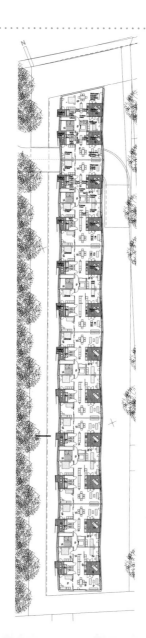

Situation / 1:1000

FLEX

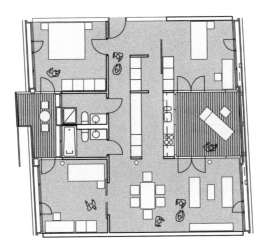

4½ ZW / 1:200

557

26

WOHNSIEDLUNG ASPHOLZ-SÜD

Zürich-Affoltern

Baugenossenschaft Zentralstrasse

Projektwettbewerb im selektiven Verfahren

November 2007

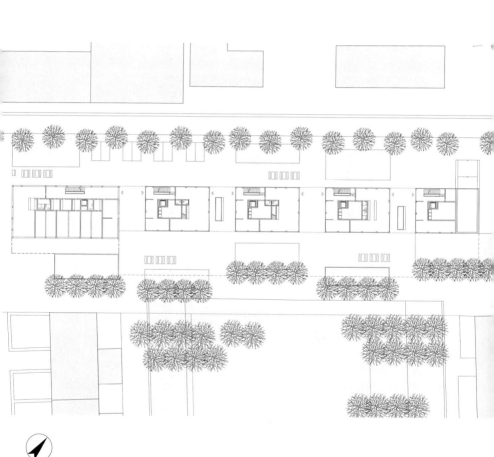

Situation / 1:1000

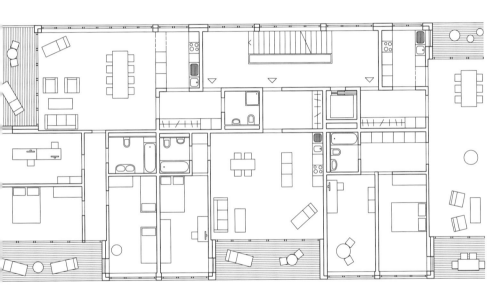

2½, 3½, 4½ ZW / 1:200

559

26

WOHNSIEDLUNG ASPHOLZ-SÜD

Zürich-Affoltern

Baugenossenschaft Zentralstrasse

Projektwettbewerb im selektiven Verfahren

November 2007

Situation 1:1000

3½ ZW / 1:200

26

WOHNSIEDLUNG ASPHOLZ-SÜD

Zürich-Affoltern

Baugenossenschaft Zentralstrasse

Projektwettbewerb im selektiven Verfahren

November 2007

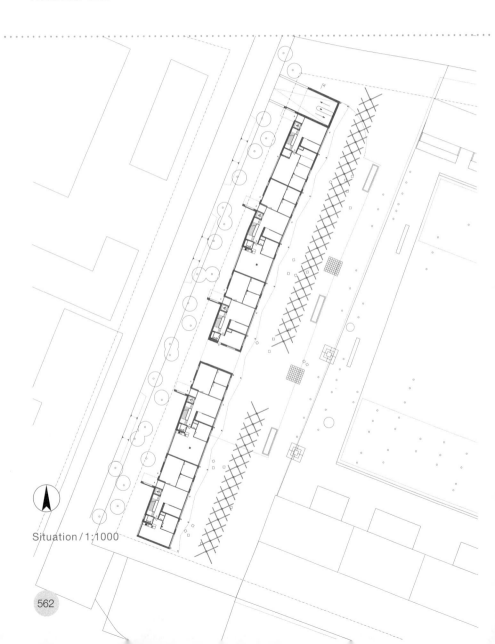

Situation / 1:1000

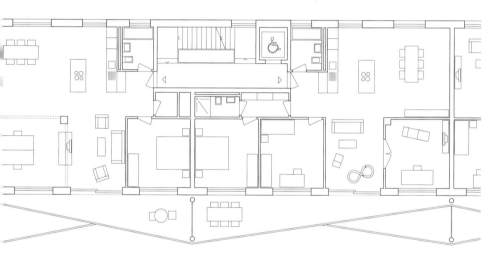

3½, 4½ ZW / 1:200

563

26

WOHNSIEDLUNG ASPHOLZ-SÜD

Zürich-Affoltern

Baugenossenschaft Zentralstrasse

Projektwettbewerb im selektiven Verfahren

November 2007

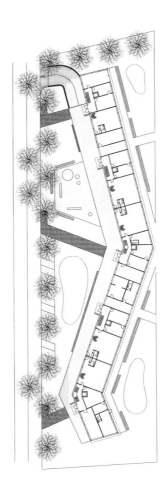

Situation / 1:1000

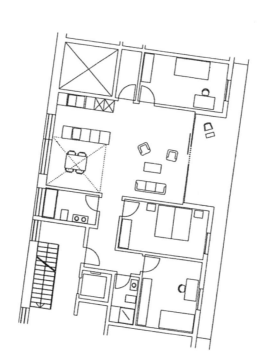

4½ ZW / 1:200

27
ALTERSWOHNUNGEN SIEDLUNG SEEBACH
Zürich-Seebach (gebaut: Glatttalstrasse 1–7)
Stiftung Alterswohnungen Stadt Zürich
Projektwettbewerb im selektiven Verfahren
Januar 2008

27

ALTERSWOHNUNGEN SIEDLUNG SEEBACH

Zürich-Seebach (gebaut: Glatttalstrasse 1–7)

Stiftung Alterswohnungen Stadt Zürich

Projektwettbewerb im selektiven Verfahren

Januar 2008

Situation / 1:1000

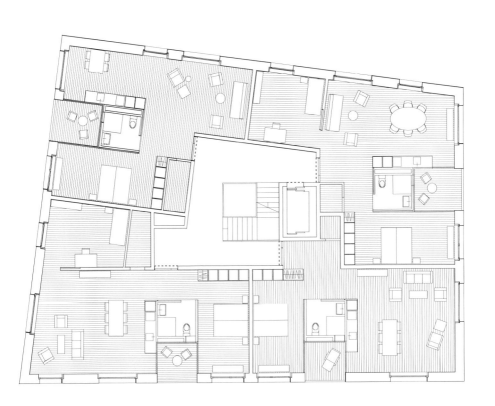

2½, 3½ ZW / 1:200

27

ALTERSWOHNUNGEN SIEDLUNG SEEBACH

Zürich-Seebach

Stiftung Alterswohnungen Stadt Zürich

Projektwettbewerb im selektiven Verfahren

Januar 2008

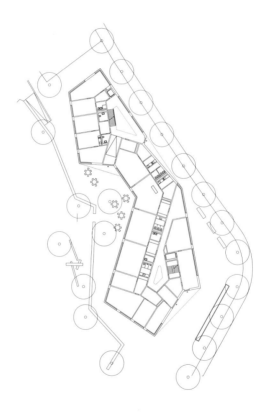

Situation / 1:1000

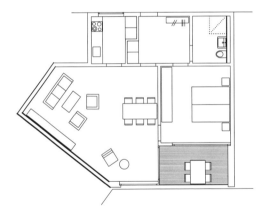

2½ ZW / 1:200

27

ALTERSWOHNUNGEN SIEDLUNG SEEBACH

Zürich-Seebach

Stiftung Alterswohnungen Stadt Zürich

Projektwettbewerb im selektiven Verfahren

Januar 2008

Situation / 1:1000

2½ ZW / 1:200

27

ALTERSWOHNUNGEN SIEDLUNG SEEBACH

Zürich-Seebach

Stiftung Alterswohnungen Stadt Zürich

Projektwettbewerb im selektiven Verfahren

Januar 2008

Situation / 1:1000

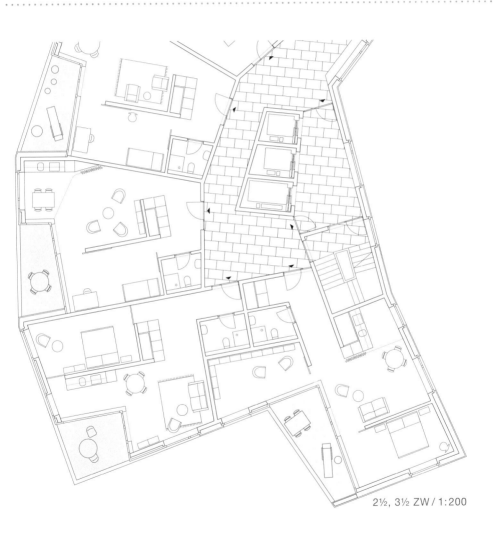

2½, 3½ ZW / 1:200

27

ALTERSWOHNUNGEN SIEDLUNG SEEBACH

Zürich-Seebach

Stiftung Alterswohnungen Stadt Zürich

Projektwettbewerb im selektiven Verfahren

Januar 2008

Situation / 1:1000

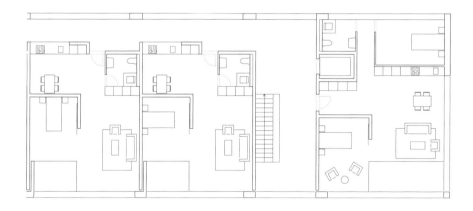

2½, 3½ ZW / 1:200

27

ALTERSWOHNUNGEN SIEDLUNG SEEBACH

Zürich-Seebach

Stiftung Alterswohnungen Stadt Zürich

Projektwettbewerb im selektiven Verfahren

Januar 2008

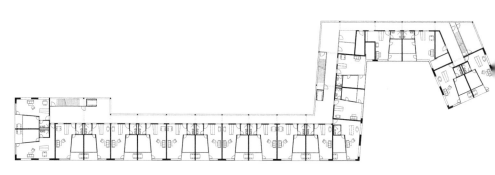

Situation / 1:1000

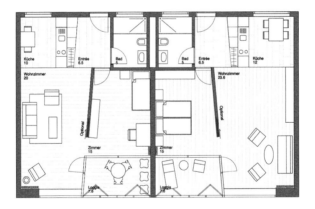

2½ ZW / 1:200

27

ALTERSWOHNUNGEN SIEDLUNG SEEBACH

Zürich-Seebach

Stiftung Alterswohnungen Stadt Zürich

Projektwettbewerb im selektiven Verfahren

Januar 2008

Situation / 1:1000

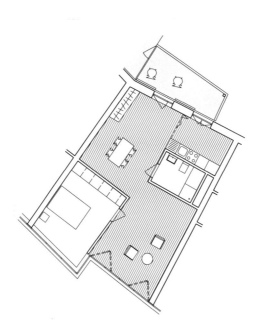

2½ ZW / 1:200

27

ALTERSWOHNUNGEN SIEDLUNG SEEBACH

Zürich-Seebach

Stiftung Alterswohnungen Stadt Zürich

Projektwettbewerb im selektiven Verfahren

Januar 2008

Situation / 1:1000

KURT + KEVIN

GXM Architekten

Zürich

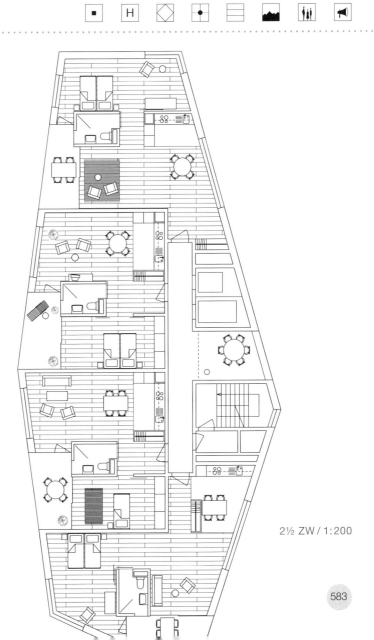

2½ ZW / 1 : 200

583

27

ALTERSWOHNUNGEN SIEDLUNG SEEBACH

Zürich-Seebach

Stiftung Alterswohnungen Stadt Zürich

Projektwettbewerb im selektiven Verfahren

Januar 2008

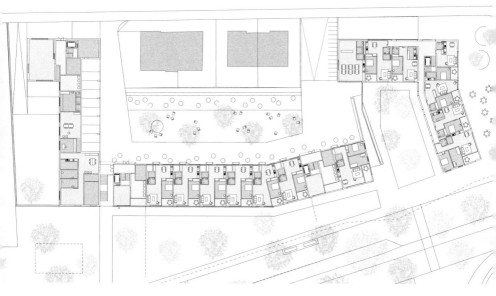

Situation / 1:1000

VENTURA

Baumann Roserens Architekten

Zürich

2½ ZW / 1:200

27

ALTERSWOHNUNGEN SIEDLUNG SEEBACH

Zürich-Seebach

Stiftung Alterswohnungen Stadt Zürich

Projektwettbewerb im selektiven Verfahren

Januar 2008

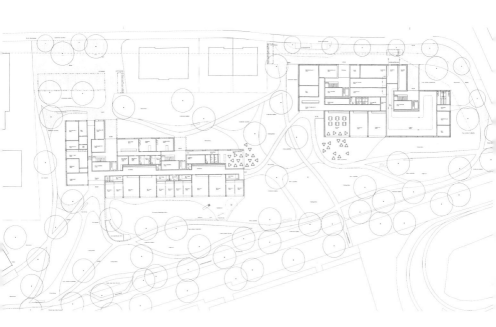

Situation / 1:1000

GINGER E FRED

atelier 10:8

Zürich

2½ ZW / 1:200

28

WOHNSIEDLUNG LAUBIWEG

Zürich-Unterstrass

(Laubiweg / Hofwiesenstrasse / Rothstrasse / Wissmannstrasse, Seminarstrasse)

Baugenossenschaft Vrenelisgärtli

Projektwettbewerb und Studienauftrag im selektiven Verfahren

Februar 2008

28
WOHNSIEDLUNG LAUBIWEG

Zürich-Unterstrass

(Laubiweg / Hofwiesenstrasse / Rothstrasse / Wissmannstrasse, Seminarstrasse)

Baugenossenschaft Vrenelisgärtli

Projektwettbewerb und Studienauftrag im selektiven Verfahren

Februar 2008

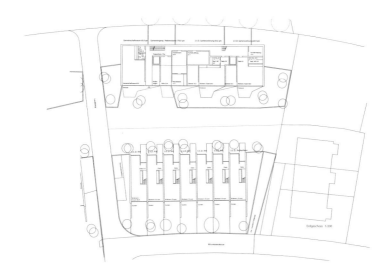

Situation / 1:1000

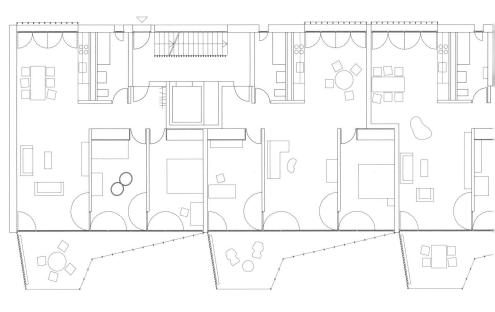

3½ ZW / 1:200

28

WOHNSIEDLUNG LAUBIWEG

Zürich-Unterstrass

Baugenossenschaft Vrenelisgärtli

Projektwettbewerb und Studienauftrag im selektiven Verfahren

Februar 2008

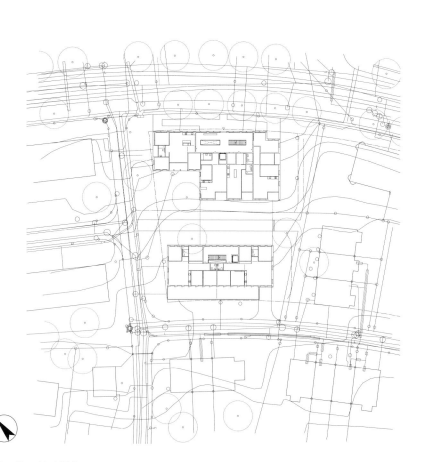

Situation / 1:1000

3½ ZW / 1:200

593

28

WOHNSIEDLUNG LAUBIWEG

Zürich-Unterstrass

Baugenossenschaft Vrenelisgärtli

Projektwettbewerb und Studienauftrag im selektiven Verfahren

Februar 2008

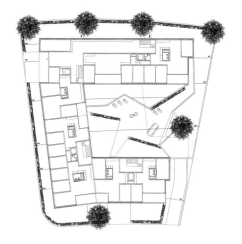

Situation / 1:1000

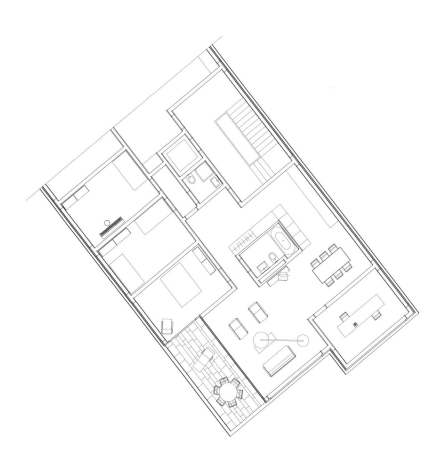

5½ ZW / 1:200

28

WOHNSIEDLUNG LAUBIWEG

Zürich-Unterstrass

Baugenossenschaft Vrenelisgärtli

Projektwettbewerb und Studienauftrag im selektiven Verfahren

Februar 2008

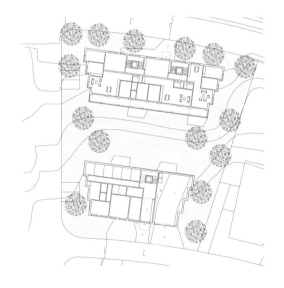

Situation / 1:1000

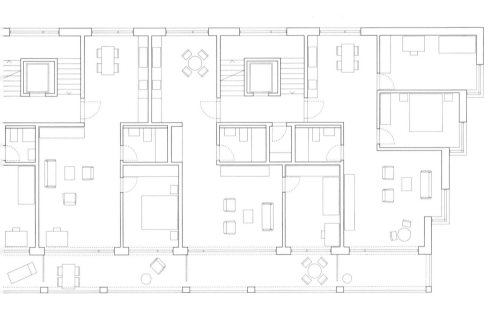

2½, 3½ ZW / 1:200

28

WOHNSIEDLUNG LAUBIWEG

Zürich-Unterstrass

Baugenossenschaft Vrenelisgärtli

Projektwettbewerb und Studienauftrag im selektiven Verfahren

Februar 2008

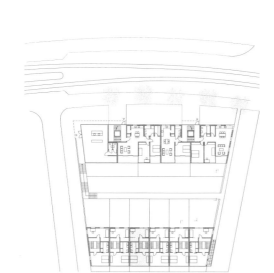

Situation / 1:1000

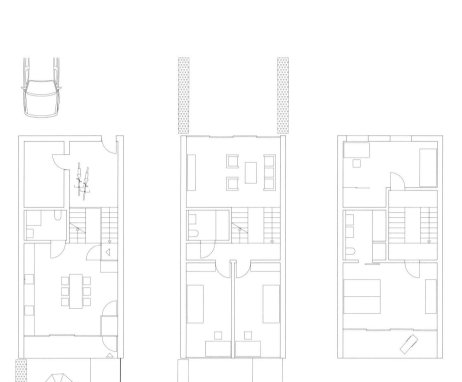

5½ ZW / 1:200

599

28

WOHNSIEDLUNG LAUBIWEG

Zürich-Unterstrass

Baugenossenschaft Vrenelisgärtli

Projektwettbewerb und Studienauftrag im selektiven Verfahren

Februar 2008

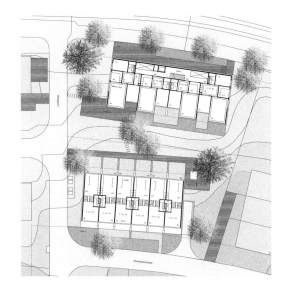

Situation / 1:1000

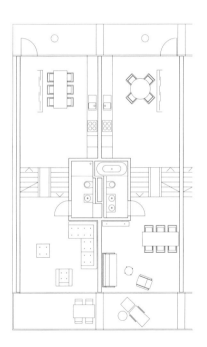

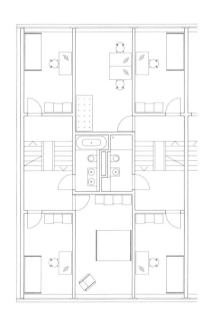

4½ ZW / 1:200

28

WOHNSIEDLUNG LAUBIWEG

Zürich-Unterstrass

Baugenossenschaft Vrenelisgärtli

Projektwettbewerb und Studienauftrag im selektiven Verfahren

Februar 2008

Situation / 1:1000

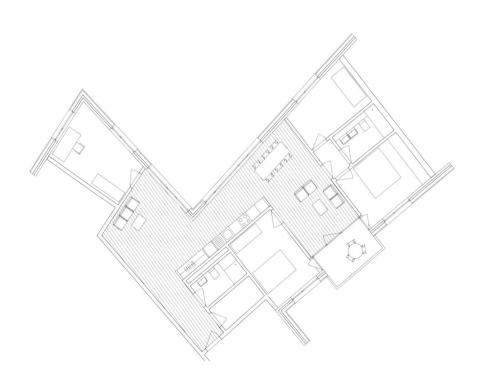

5½ ZW / 1:200

28

WOHNSIEDLUNG LAUBIWEG

Zürich-Unterstrass

Baugenossenschaft Vrenelisgärtli

Projektwettbewerb und Studienauftrag im selektiven Verfahren

Februar 2008

Situation / 1:1000

5½ ZW / 1:200

ALTERSWOHNUNGEN FELDSTRASSE

Zürich-Aussersihl (Feldstrasse 110)

Stiftung Alterswohnungen der Stadt Zürich

Projektwettbewerb im offenen Verfahren

April 2008

29

ALTERSWOHNUNGEN FELDSTRASSE

Zürich-Aussersihl (Feldstrasse 110)

Stiftung Alterswohnungen der Stadt Zürich

Projektwettbewerb im offenen Verfahren

April 2008

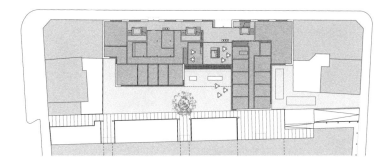

Situation / 1:1000

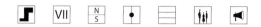

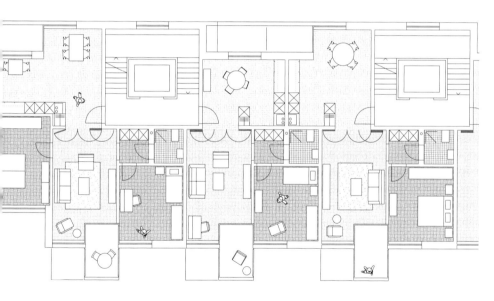

2½, 3½ ZW / 1:200

609

29

ALTERSWOHNUNGEN FELDSTRASSE

Zürich-Aussersihl

Stiftung Alterswohnungen der Stadt Zürich

Projektwettbewerb im offenen Verfahren

April 2008

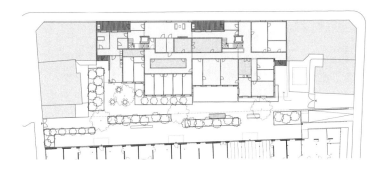

Situation / 1:1000

MIR VIER

o-liv, brunner, volk architekten

Zürich

Rang 2

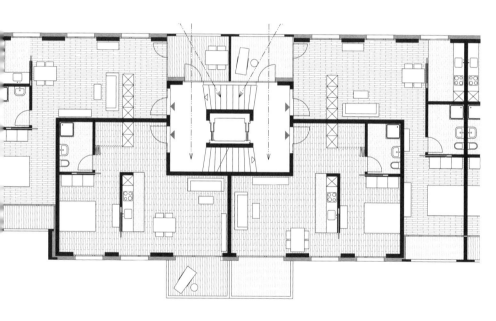

2½, 3½ ZW / 1:200

29

ALTERSWOHNUNGEN FELDSTRASSE

Zürich-Aussersihl

Stiftung Alterswohnungen der Stadt Zürich

Projektwettbewerb im offenen Verfahren

April 2008

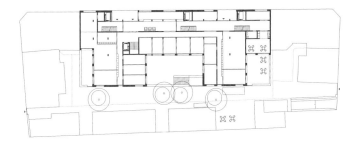

Situation / 1:1000

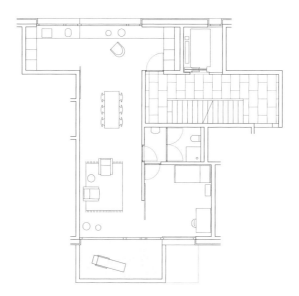

2½ ZW / 1:200

29

ALTERSWOHNUNGEN FELDSTRASSE

Zürich-Aussersihl

Stiftung Alterswohnungen der Stadt Zürich

Projektwettbewerb im offenen Verfahren

April 2008

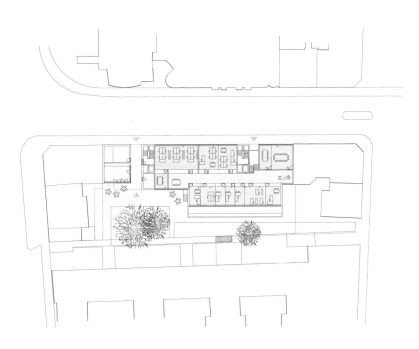

Situation / 1:1000

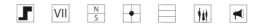

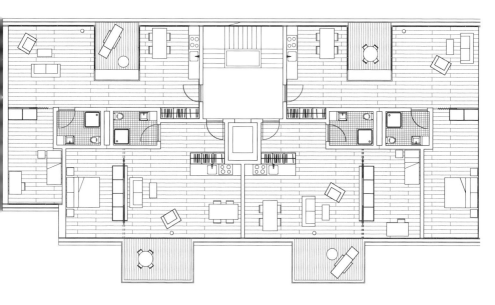

2½ ZW / 1:200

29

ALTERSWOHNUNGEN FELDSTRASSE

Zürich-Aussersihl

Stiftung Alterswohnungen der Stadt Zürich

Projektwettbewerb im offenen Verfahren

April 2008

Situation / 1:1000

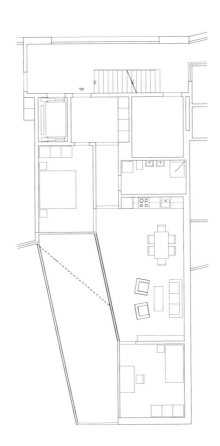

3 ZW / 1:200

29

ALTERSWOHNUNGEN FELDSTRASSE

Zürich-Aussersihl

Stiftung Alterswohnungen der Stadt Zürich

Projektwettbewerb im offenen Verfahren

April 2008

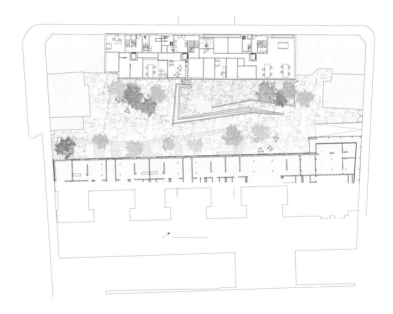

Situation / 1:1000

KARO

Gret Loewensberg

Zürich

Rang 6

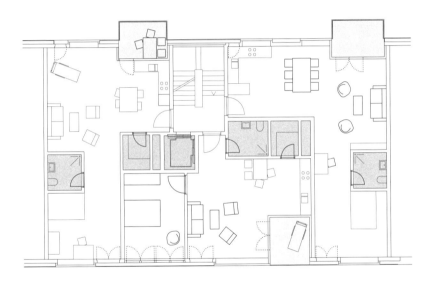

2½ ZW / 1:200

ALTERSWOHNUNGEN SEEFELDSTRASSE

Zürich Riesbach (Seefeldstrasse 50–52 / Werkgasse 6)

Stiftung Alterswohnungen der Stadt Zürich

Projektwettbewerb im offenen Verfahren

April 2002

30

ALTERSWOHNUNGEN SEEFELDSTRASSE

Zürich-Riesbach (Seefeldstrasse 50–52 / Werkgasse 6)

Stiftung Alterswohnungen der Stadt Zürich

Projektwettbewerb im offenen Verfahren

April 2008

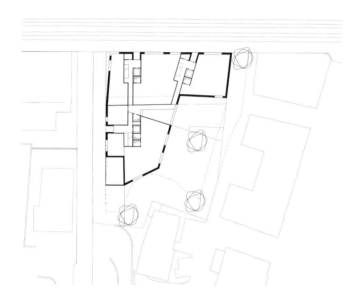

Situation / 1:1000

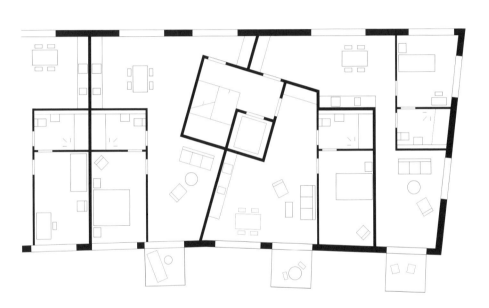

2½ ZW / 1:200

30

ALTERSWOHNUNGEN SEEFELDSTRASSE

Zürich-Riesbach

Stiftung Alterswohnungen der Stadt Zürich

Projektwettbewerb im offenen Verfahren

April 2008

Situation / 1:1000

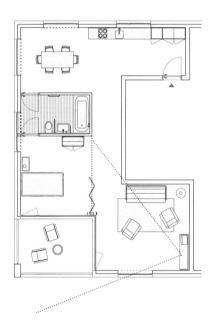

2½ ZW / 1:200

30

ALTERSWOHNUNGEN SEEFELDSTRASSE

Zürich-Riesbach

Stiftung Alterswohnungen der Stadt Zürich

Projektwettbewerb im offenen Verfahren

April 2008

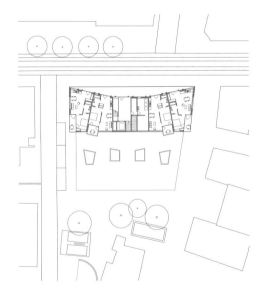

Situation / 1:1000

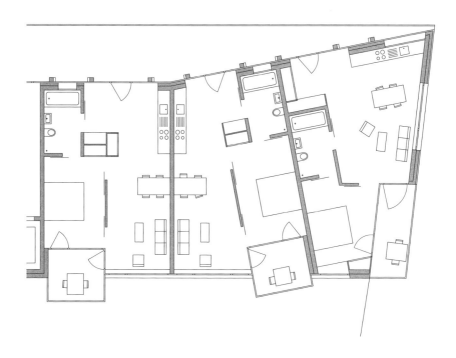

2½ ZW / 1:200

30

ALTERSWOHNUNGEN SEEFELDSTRASSE

Zürich-Riesbach

Stiftung Alterswohnungen der Stadt Zürich

Projektwettbewerb im offenen Verfahren

April 2008

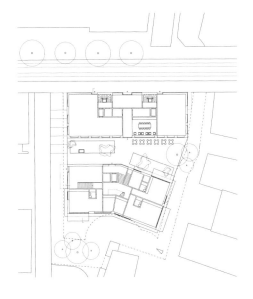

Situation / 1:1000

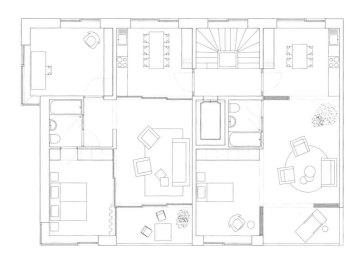

2½, 3½ ZW / 1:200

30

ALTERSWOHNUNGEN SEEFELDSTRASSE

Zürich-Riesbach

Stiftung Alterswohnungen der Stadt Zürich

Projektwettbewerb im offenen Verfahren

April 2008

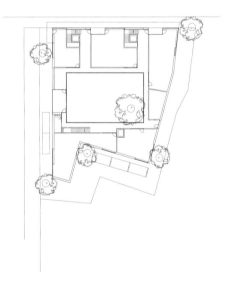

Situation / 1:1000

DADDY COOL

Abeitsgemeinschaft Bosshard Vaquer Architekten,

Loeliger Strub Architekten

Zürich

Rang 5

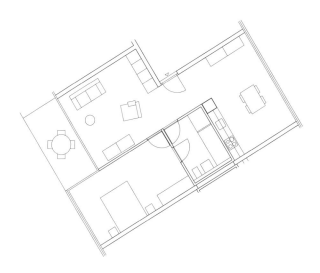

2½ ZW / 1:200

30

ALTERSWOHNUNGEN SEEFELDSTRASSE

Zürich-Riesbach

Stiftung Alterswohnungen der Stadt Zürich

Projektwettbewerb im offenen Verfahren

April 2008

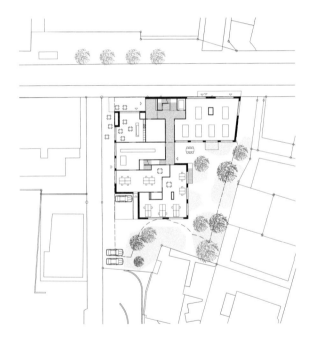

Situation / 1:1000

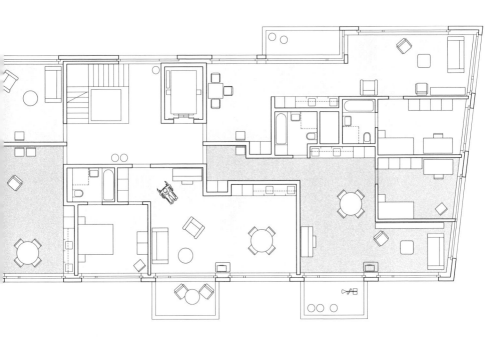

2½ ZW / 1:200

31

WOHNSIEDLUNGEN AM LANGHAGWEG

Zürich-Albisrieden (Langhagweg / Sackzelg / Fellenbergstrasse / Letzigraben)

Gemeinnützige Baugenossenschaft Limmattal

Projektwettbewerb auf Einladung mit anonymer Überarbeitung

Juli 2008

31

WOHNSIEDLUNGEN AM LANGHAGWEG

Zürich-Albisrieden (Langhagweg / Sackzelg / Fellenbergstrasse / Letzigraben)

Gemeinnützige Baugenossenschaft Limmattal

Projektwettbewerb auf Einladung mit anonymer Überarbeitung

Juli 2008

Situation / 1:1000

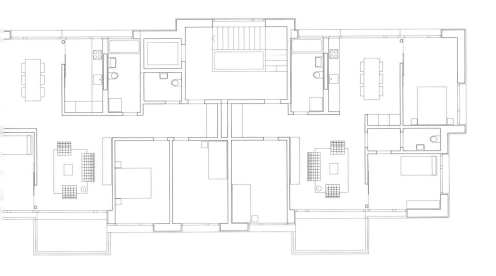

4½ ZW / 1:200

31

WOHNSIEDLUNGEN AM LANGHAGWEG

Zürich-Albisrieden

Gemeinnützige Baugenossenschaft Limmattal

Projektwettbewerb auf Einladung mit anonymer Überarbeitung

Juli 2008

Situation 1:1000

4½ ZW / 1:200

31

WOHNSIEDLUNGEN AM LANGHAGWEG

Zürich-Albisrieden

Gemeinnützige Baugenossenschaft Limmattal

Projektwettbewerb auf Einladung mit anonymer Überarbeitung

Juli 2008

Situation / 1:1000

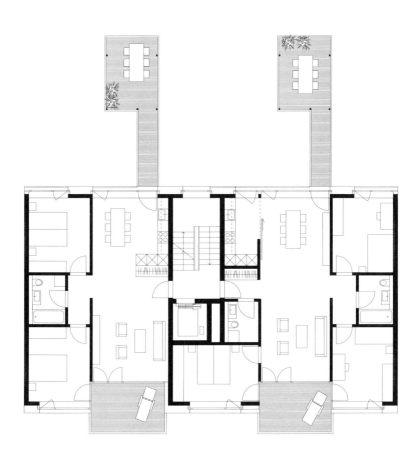

3½, 4½ ZW / 1:200

31

WOHNSIEDLUNGEN AM LANGHAGWEG

Zürich-Albisrieden

Gemeinnützige Baugenossenschaft Limmattal

Projektwettbewerb auf Einladung mit anonymer Überarbeitung

Juli 2008

Situation / 1:1000

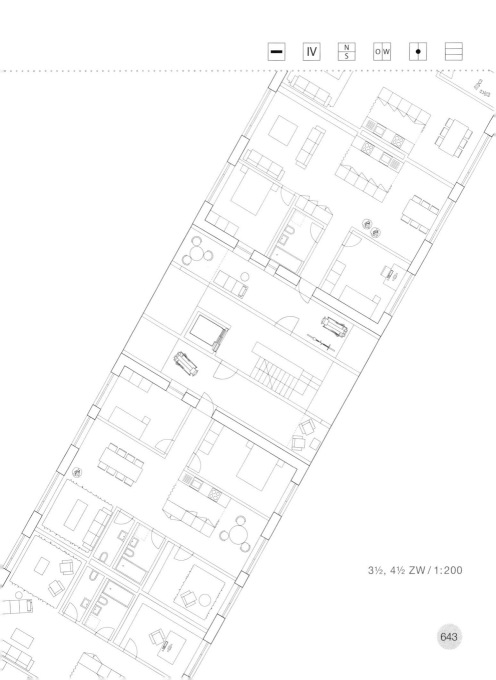

3½, 4½ ZW / 1:200

31

WOHNSIEDLUNGEN AM LANGHAGWEG

Zürich-Albisrieden

Gemeinnützige Baugenossenschaft Limmattal

Projektwettbewerb auf Einladung mit anonymer Überarbeitung

Juli 2008

Situation / 1:1000

4½ ZW / 1:200

645

31

WOHNSIEDLUNGEN AM LANGHAGWEG

Zürich-Albisrieden

Gemeinnützige Baugenossenschaft Limmattal

Projektwettbewerb auf Einladung mit anonymer Überarbeitung

Juli 2008

Situation / 1:1000

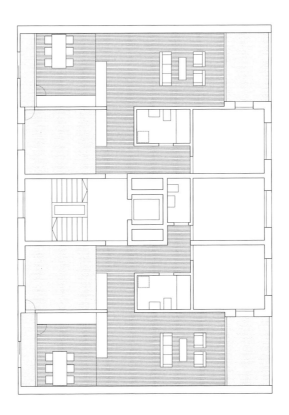

3½, 4½ ZW / 1:200

31

WOHNSIEDLUNGEN AM LANGHAGWEG

Zürich-Albisrieden

Gemeinnützige Baugenossenschaft Limmattal

Projektwettbewerb auf Einladung mit anonymer Überarbeitung

Juli 2008

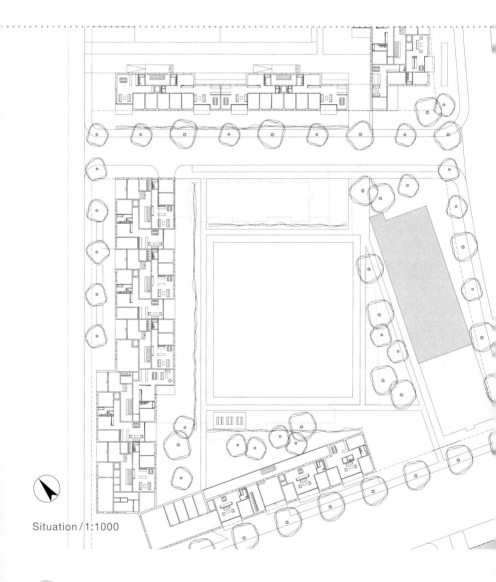

Situation / 1:1000

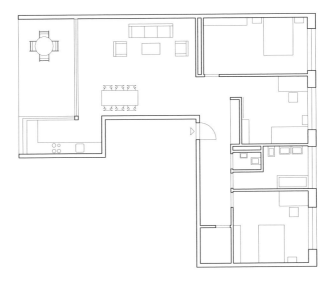

4½ ZW / 1:200

31

WOHNSIEDLUNGEN AM LANGHAGWEG

Zürich-Albisrieden

Gemeinnützige Baugenossenschaft Limmattal

Projektwettbewerb auf Einladung mit anonymer Überarbeitung

Juli 2008

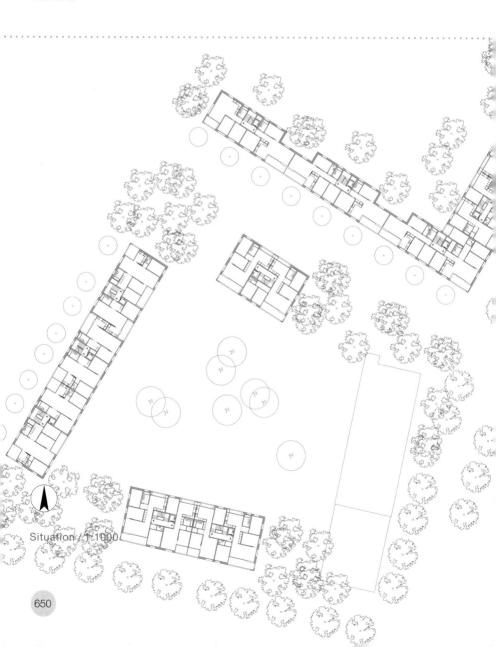

Situation / 1:1000

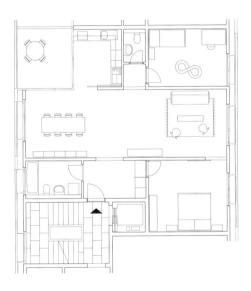

3½ ZW / 1:200

31

WOHNSIEDLUNGEN AM LANGHAGWEG

Zürich-Albisrieden

Gemeinnützige Baugenossenschaft Limmattal

Projektwettbewerb auf Einladung mit anonymer Überarbeitung

Juli 2008

Situation / 1:1000

INSULAE

Morger Dettli Architekten

Basel

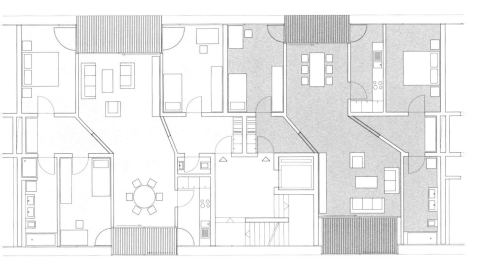

3½, 4½ ZW / 1:200

31

WOHNSIEDLUNGEN AM LANGHAGWEG

Zürich-Albisrieden

Gemeinnützige Baugenossenschaft Limmattal

Projektwettbewerb auf Einladung mit anonymer Überarbeitung

Juli 2008

Situation / 1:1000

3½ ZW / 1:200

31

WOHNSIEDLUNGEN AM LANGHAGWEG

Zürich-Albisrieden

Gemeinnützige Baugenossenschaft Limmattal

Projektwettbewerb auf Einladung mit anonymer Überarbeitung

Juli 2008

Situation / 1:1000

4½ ZW / 1:200

WOHNSIEDLUNGEN AM LANGHAGWEG

Zürich-Albisrieden

Gemeinnützige Baugenossenschaft Limmattal

Projektwettbewerb auf Einladung mit anonymer Überarbeitung

Juli 2008

Situation / 1:1000

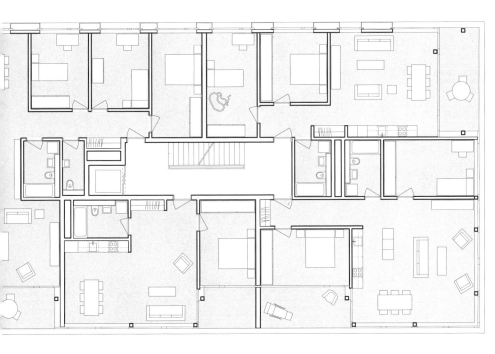

2½, 3½, 4½, ZW / 1:200

32
WOHNSIEDLUNG FURTTALSTRASSE
Zürich-Affoltern (Furttalstrasse 2–61)
Baugenossenschaft Waidmatt
Projektwettbewerb auf Einladung
August 2008

32

WOHNSIEDLUNG FURTTALSTRASSE

Zürich-Affoltern (Furttalstrasse 2–61)

Baugenossenschaft Waidmatt

Projektwettbewerb auf Einladung

August 2008

Situation / 1:1000

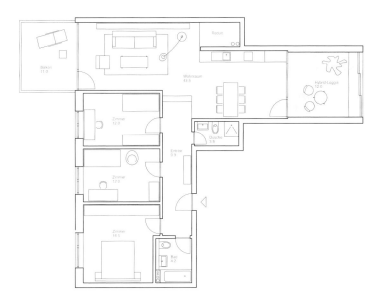

4½ ZW / 1:200

32

WOHNSIEDLUNG FURTTALSTRASSE

Zürich-Affoltern

Baugenossenschaft Waidmatt

Projektwettbewerb auf Einladung

August 2008

Situation / 1:1000

3½, 4½ ZW / 1:300

32

WOHNSIEDLUNG FURTTALSTRASSE

Zürich-Affoltern

Baugenossenschaft Waidmatt

Projektwettbewerb auf Einladung

August 2008

Situation / 1:1000

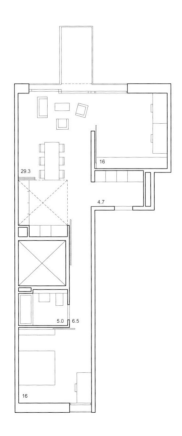

29.3

16

4.7

5.0 6.5

16

3½ ZW / 1:200

32

WOHNSIEDLUNG FURTTALSTRASSE

Zürich-Affoltern

Baugenossenschaft Waidmatt

Projektwettbewerb auf Einladung

August 2008

Situation / 1:1000

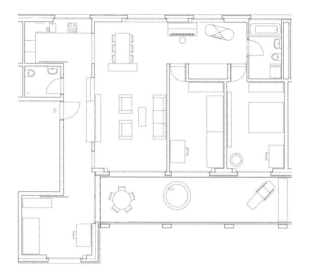

4½ ZW / 1:200

32
WOHNSIEDLUNG FURTTALSTRASSE

Zürich-Affoltern

Baugenossenschaft Waidmatt

Projektwettbewerb auf Einladung

August 2008

Situation / 1:1000

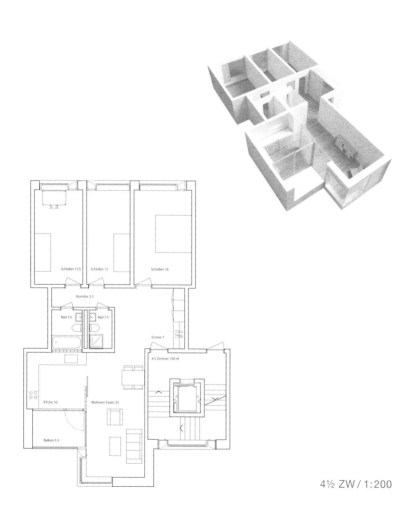

4½ ZW / 1:200

32

WOHNSIEDLUNG FURTTALSTRASSE

Zürich-Affoltern

Baugenossenschaft Waidmatt

Projektwettbewerb auf Einladung

August 2008

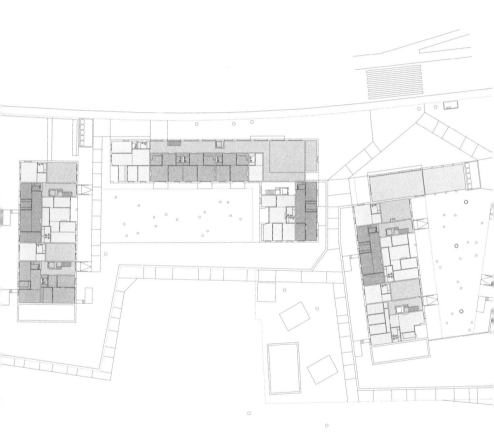

Situation / 1:1000

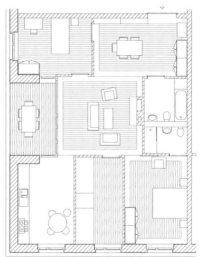

4½ ZW / 1:200

32

WOHNSIEDLUNG FURTTALSTRASSE

Zürich-Affoltern

Baugenossenschaft Waidmatt

Projektwettbewerb auf Einladung

August 2008

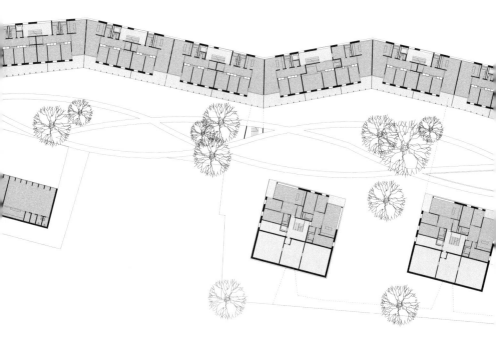

Situation / 1:1000

ESKIMO

Frei Ehrensperger Architekten

Zürich

4½ ZW / 1:200

675

32

WOHNSIEDLUNG FURTTALSTRASSE

Zürich-Affoltern

Baugenossenschaft Waidmatt

Projektwettbewerb auf Einladung

August 2008

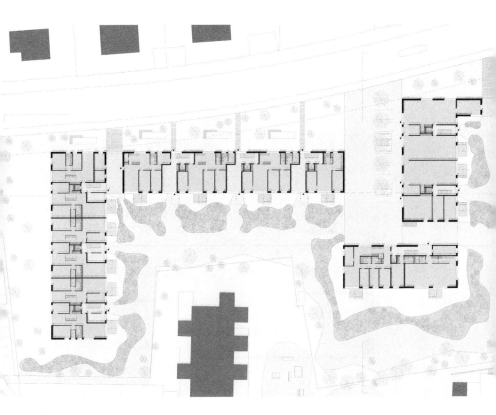

Situation / 1:1000

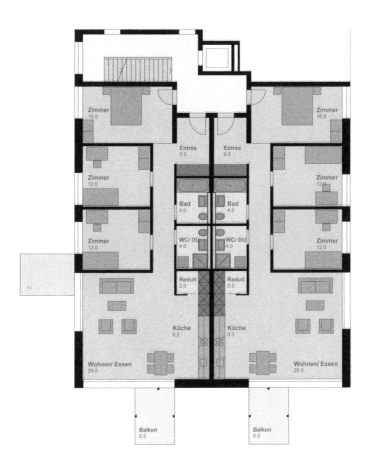

4½ ZW / 1:200

32

WOHNSIEDLUNG FURTTALSTRASSE

Zürich-Affoltern

Baugenossenschaft Waidmatt

Projektwettbewerb auf Einladung

August 2008

Situation / 1:1000

4½ ZW / 1:200

32

WOHNSIEDLUNG FURTTALSTRASSE

Zürich-Affoltern

Baugenossenschaft Waidmatt

Projektwettbewerb auf Einladung

August 2008

Situation / 1:1000

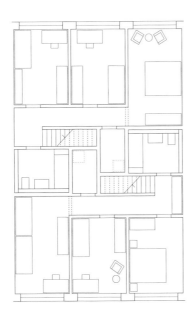 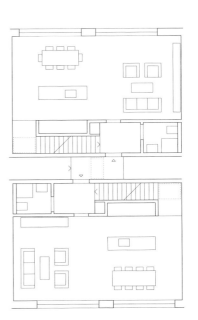

4½ ZW / 1:200

33

WOHNSIEDLUNG OERLIKON

Zürich-Oerlikon (gebaut: Winterthurerstrasse 247–255)

Baugenossenschaft Linth-Escher

Projektwettbewerb im selektiven Verfahren

Dezember 2008

33

WOHNSIEDLUNG OERLIKON

Zürich-Oerlikon (gebaut: Winterthurerstrasse 247–255)

Baugenossenschaft Linth-Escher

Projektwettbewerb im selektiven Verfahren

Dezember 2008

Situation / 1:1000

4½ ZW / 1:200

33

WOHNSIEDLUNG OERLIKON

Zürich-Oerlikon

Baugenossenschaft Linth-Escher

Projektwettbewerb im selektiven Verfahren

Dezember 2008

Situation / 1:1000

2½, 3½ ZW / 1:200

33

WOHNSIEDLUNG OERLIKON

Zürich-Oerlikon

Baugenossenschaft Linth-Escher

Projektwettbewerb im selektiven Verfahren

Dezember 2008

Situation / 1:1000

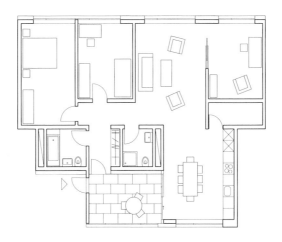

4½ ZW / 1:200

689

33

WOHNSIEDLUNG OERLIKON

Zürich-Oerlikon

Baugenossenschaft Linth-Escher

Projektwettbewerb im selektiven Verfahren

Dezember 2008

Situation / 1:1000

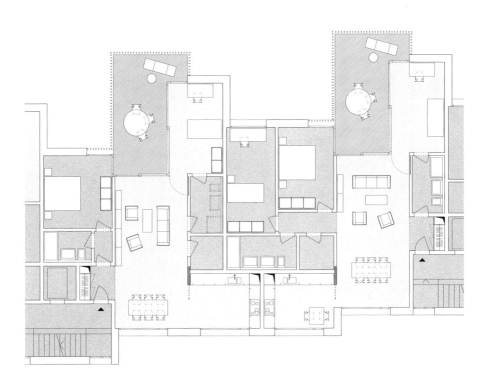

3½, 4½ ZW / 1:200

33

WOHNSIEDLUNG OERLIKON

Zürich-Oerlikon

Baugenossenschaft Linth-Escher

Projektwettbewerb im selektiven Verfahren

Dezember 2008

Situation / 1:1000

3½, 4½ ZW / 1:200

693

33

WOHNSIEDLUNG OERLIKON

Zürich-Oerlikon

Baugenossenschaft Linth-Escher

Projektwettbewerb im selektiven Verfahren

Dezember 2008

Situation / 1:1000

4½ ZW / 1:200

33

WOHNSIEDLUNG OERLIKON

Zürich-Oerlikon

Baugenossenschaft Linth-Escher

Projektwettbewerb im selektiven Verfahren

Dezember 2008

Situation / 1:1000

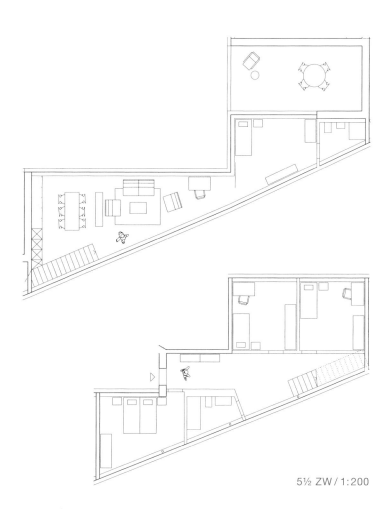

5½ ZW / 1:200

33

WOHNSIEDLUNG OERLIKON

Zürich-Oerlikon

Baugenossenschaft Linth-Escher

Projektwettbewerb im selektiven Verfahren

Dezember 2008

Situation / 1:1000

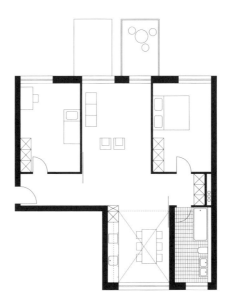

3½ ZW / 1:200

33

WOHNSIEDLUNG OERLIKON

Zürich-Oerlikon

Baugenossenschaft Linth-Escher

Projektwettbewerb im selektiven Verfahren

Dezember 2008

Situation / 1:1000

ARENA

Hauenstein LaRoche Schedler Architekten

Zürich

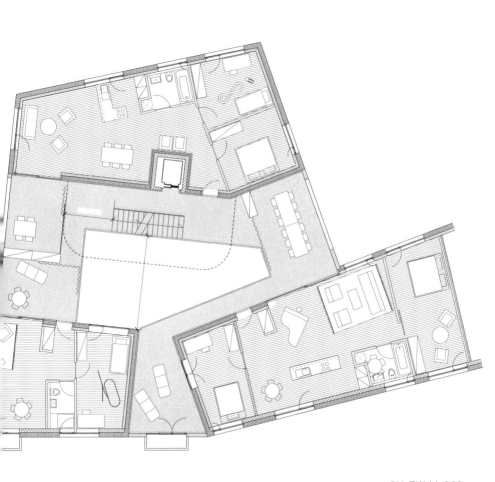

3½ ZW / 1:200

33

WOHNSIEDLUNG OERLIKON

Zürich-Oerlikon

Baugenossenschaft Linth-Escher

Projektwettbewerb im selektiven Verfahren

Dezember 2008

Situation / 1:1000

4½ ZW / 1:200

34

WOHN- UND GEWERBESIEDLUNG KALKBREITE

Zürich-Aussersihl (Badenerstrasse / Kalkbreitestrasse / Urselweg)

Genossenschaft Kalkbreite

Projektwettbewerb im offenen Verfahren

April 2009

34

WOHN- UND GEWERBESIEDLUNG KALKBREITE

Zürich-Aussersihl (Badenerstrasse / Kalkbreitestrasse / Urselweg)

Genossenschaft Kalkbreite

Projektwettbewerb im offenen Verfahren

April 2009

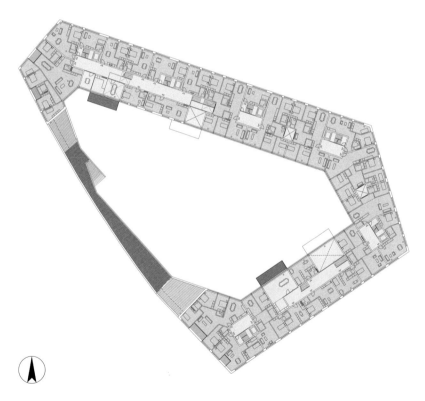

Situation / 1:1000

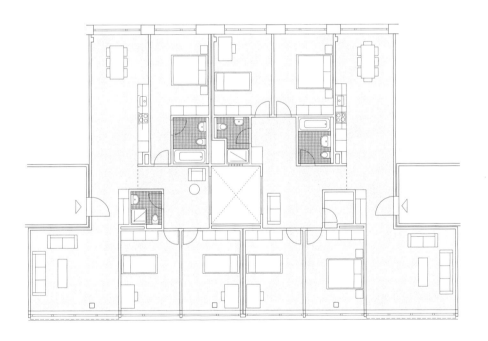

4½, 5½ ZW / 1:200

34

WOHN- UND GEWERBESIEDLUNG KALKBREITE

Zürich-Aussersihl

Genossenschaft Kalkbreite

Projektwettbewerb im offenen Verfahren

April 2009

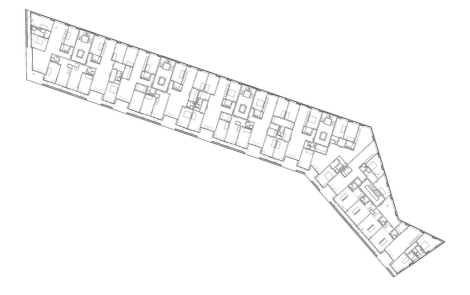

Situation / 1:1000

ICHBINAUCHEINHAUS

Spoerri Thommen Architekten,
Peter Habe
Zürich
Rang 2

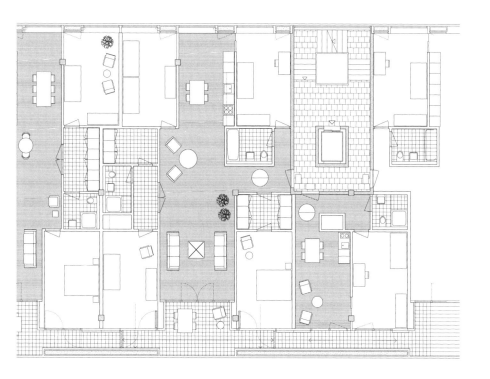

2½, 5½ ZW / 1:200

34

WOHN- UND GEWERBESIEDLUNG KALKBREITE

Zürich-Aussersihl

Genossenschaft Kalkbreite

Projektwettbewerb im offenen Verfahren

April 2009

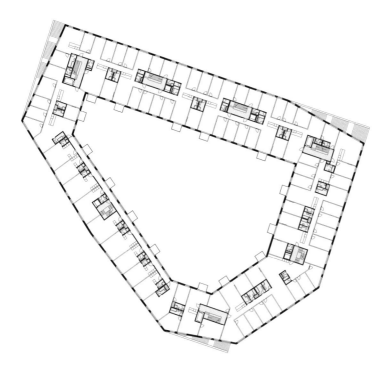

Situation / 1:1000

5½ ZW / 1:200

34

WOHN- UND GEWERBESIEDLUNG KALKBREITE

Zürich-Aussersihl

Genossenschaft Kalkbreite

Projektwettbewerb im offenen Verfahren

April 2009

Situation / 1:1000

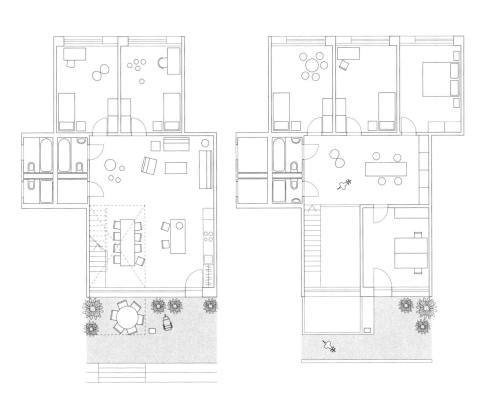

7½ ZW / 1:200

34

WOHN- UND GEWERBESIEDLUNG KALKBREITE

Zürich-Aussersihl

Genossenschaft Kalkbreite

Projektwettbewerb im offenen Verfahren

April 2009

Situation / 1:1000

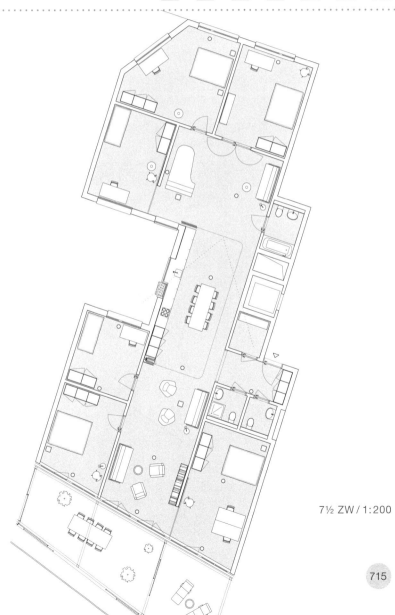

7½ ZW / 1:200

34

WOHN- UND GEWERBESIEDLUNG KALKBREITE

Zürich-Aussersihl

Genossenschaft Kalkbreite

Projektwettbewerb im offenen Verfahren

April 2009

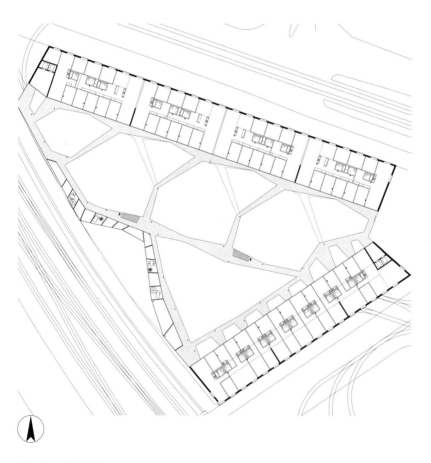

Situation / 1:1000

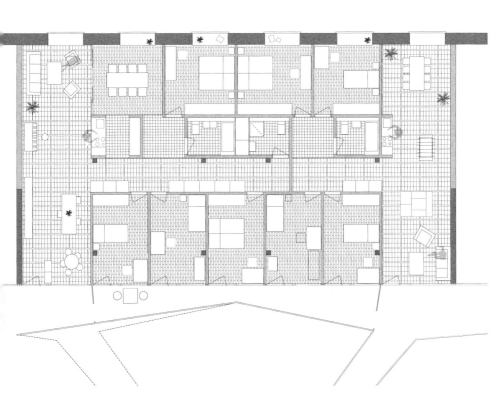

5½ ZW / 1:200

34

WOHN- UND GEWERBESIEDLUNG KALKBREITE

Zürich-Aussersihl

Genossenschaft Kalkbreite

Projektwettbewerb im offenen Verfahren

April 2009

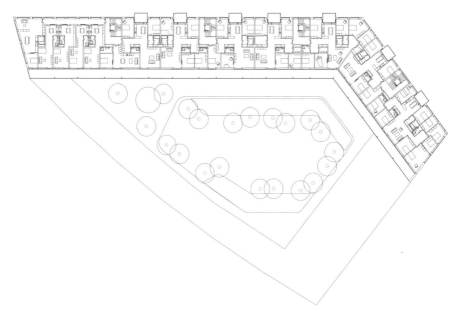

Situation / 1:1000

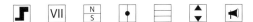

5½ ZW / 1:200

34

WOHN- UND GEWERBESIEDLUNG KALKBREITE

Zürich-Aussersihl

Genossenschaft Kalkbreite

Projektwettbewerb im offenen Verfahren

April 2009

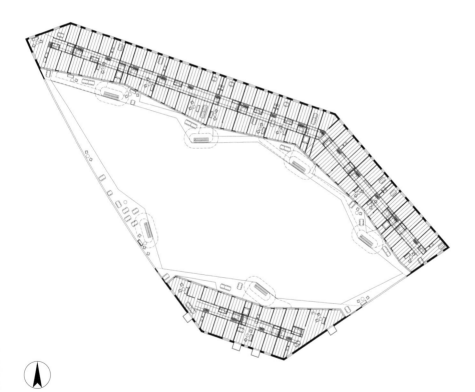

Situation / 1:1000

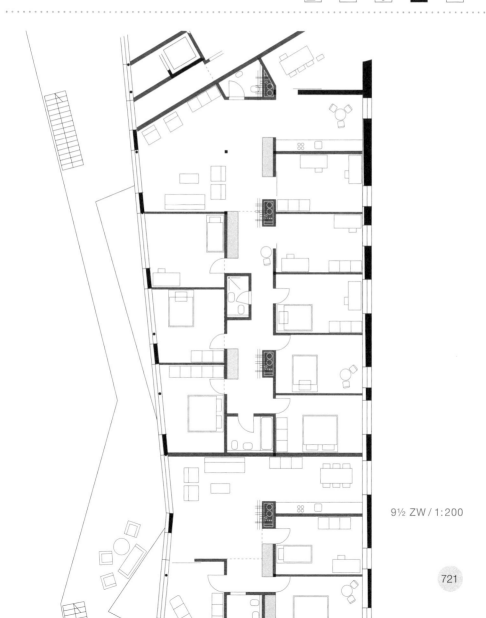

9½ ZW / 1:200

721

34

WOHN- UND GEWERBESIEDLUNG KALKBREITE

Zürich-Aussersihl

Genossenschaft Kalkbreite

Projektwettbewerb im offenen Verfahren

April 2009

Situation / 1:1000

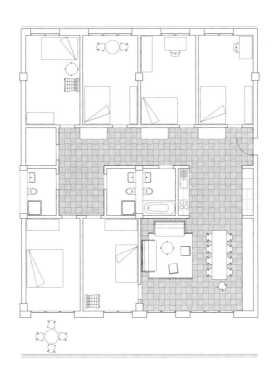

7½ ZW / 1:200

PROJEKT 1 DER BAUGENOSSENSCHAFT MEHR ALS WOHNEN

Zürich-Leutschenbach

(Hagenholzstrasse / Genossenschaftsstrasse / Andreasstrasse / Riedgrabenweg)

Baugenossenschaft Mehr als Wohnen

Projektwettbewerb im selektiven Verfahren

Mai 2009

35

PROJEKT 1 DER BAUGENOSSENSCHAFT MEHR ALS WOHNEN

Zürich-Leutschenbach

(Hagenholzstrasse / Genossenschaftsstrasse / Andreasstrasse / Riedgrabenweg)

Baugenossenschaft Mehr als Wohnen

Projektwettbewerb im selektiven Verfahren

Mai 2009

Situation 1:1000

Cluster Wohnung / 1:200

727

35

PROJEKT 1 DER BAUGENOSSENSCHAFT MEHR ALS WOHNEN

Zürich-Leutschenbach

Baugenossenschaft Mehr als Wohnen

Projektwettbewerb im selektiven Verfahren

Mai 2009

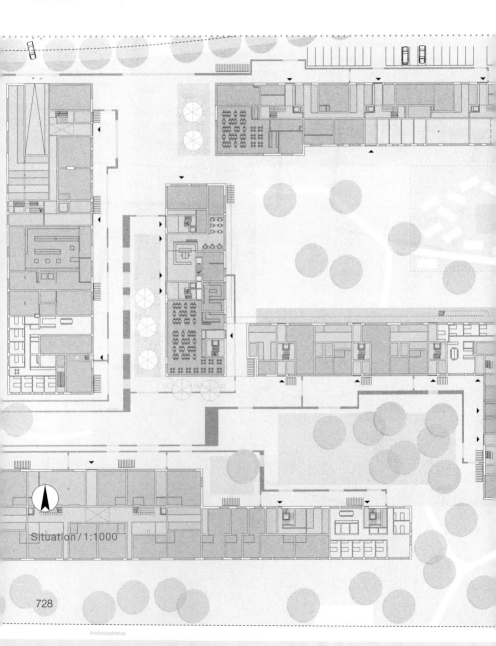

Situation / 1:1000

Andreasstrasse

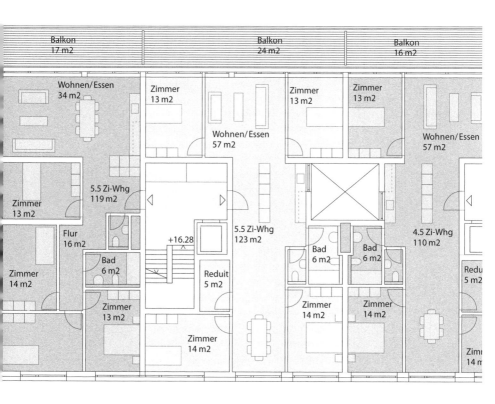

Wohnen/Essen
34 m2

Zimmer
13 m2

Wohnen/Essen
57 m2

Zimmer
13 m2

Zimmer
13 m2

Zimmer
13 m2

Wohnen/Essen
57 m2

Zimmer
13 m2

5.5 Zi-Whg
119 m2

Flur
16 m2

Zimmer
14 m2

Bad
6 m2

Zimmer
13 m2

+16.28

5.5 Zi-Whg
123 m2

Reduit
5 m2

Zimmer
14 m2

Bad
6 m2

Bad
6 m2

Zimmer
14 m2

Zimmer
14 m2

4.5 Zi-Whg
110 m2

Redu
5 m2

Zim
14 m

4½, 5½ ZW / 1:200

PROJEKT 1 DER BAUGENOSSENSCHAFT MEHR ALS WOHNEN

Zürich-Leutschenbach

Baugenossenschaft Mehr als Wohnen

Projektwettbewerb im selektiven Verfahren

Mai 2009

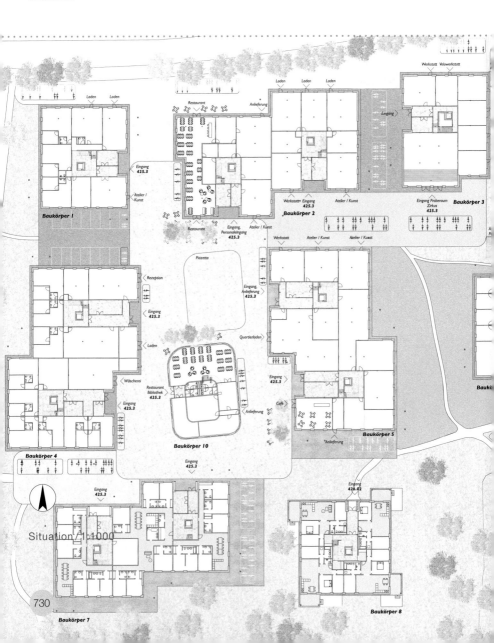

Situation 1:1000

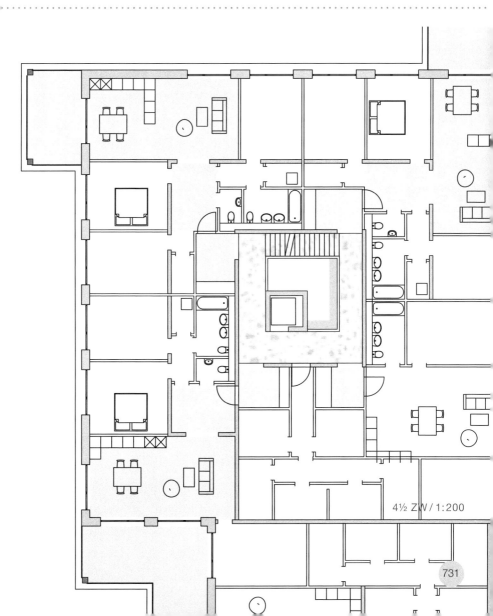

4½ ZW / 1:200

731

35

PROJEKT 1 DER BAUGENOSSENSCHAFT MEHR ALS WOHNEN

Zürich-Leutschenbach

Baugenossenschaft Mehr als Wohnen

Projektwettbewerb im selektiven Verfahren

Mai 2009

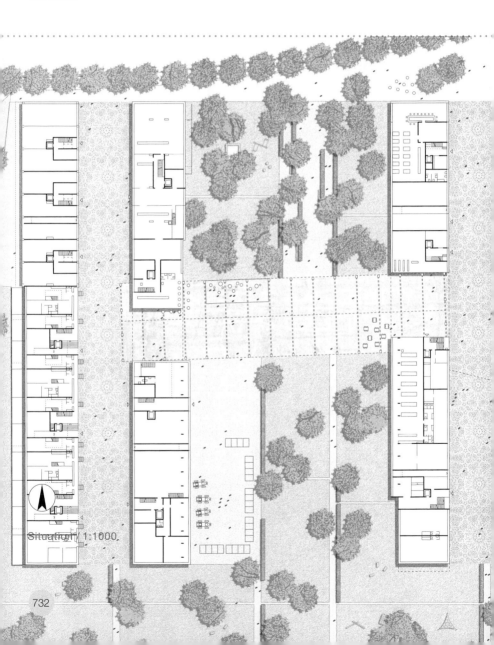

Situation 1:1000

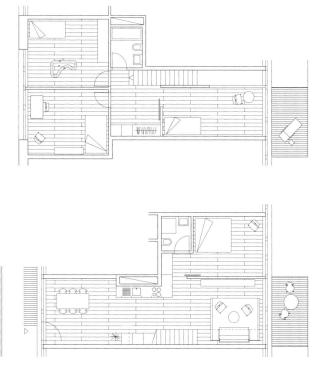

5½ ZW / 1:200

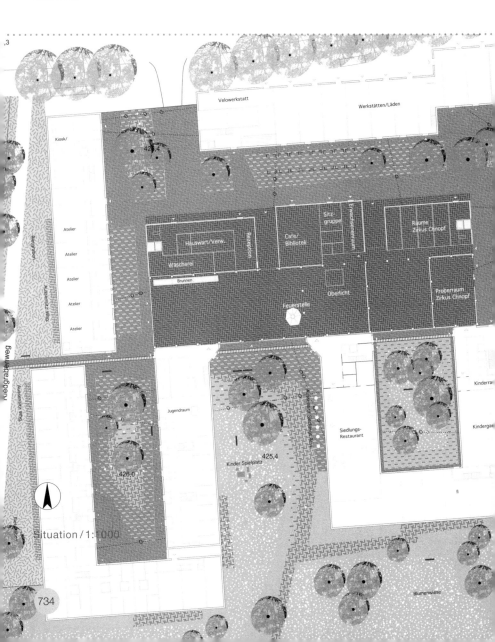

Situation / 1:1000

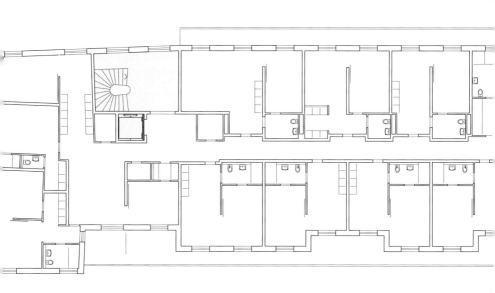

Cluster Wohnung / 1:300

35

PROJEKT 1 DER BAUGENOSSENSCHAFT MEHR ALS WOHNEN

Zürich-Leutschenbach

Baugenossenschaft Mehr als Wohnen

Projektwettbewerb im selektiven Verfahren

Mai 2009

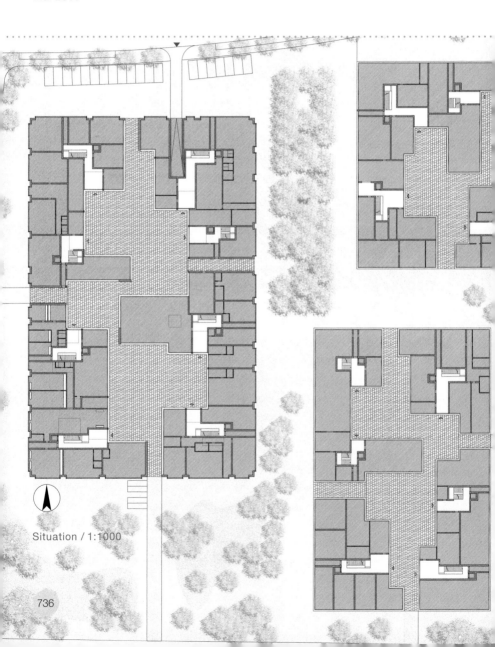

Situation / 1:1000

11½ ZW / 1:200

35

PROJEKT 1 DER BAUGENOSSENSCHAFT MEHR ALS WOHNEN

Zürich-Leutschenbach

Baugenossenschaft Mehr als Wohnen

Projektwettbewerb im selektiven Verfahren

Mai 2009

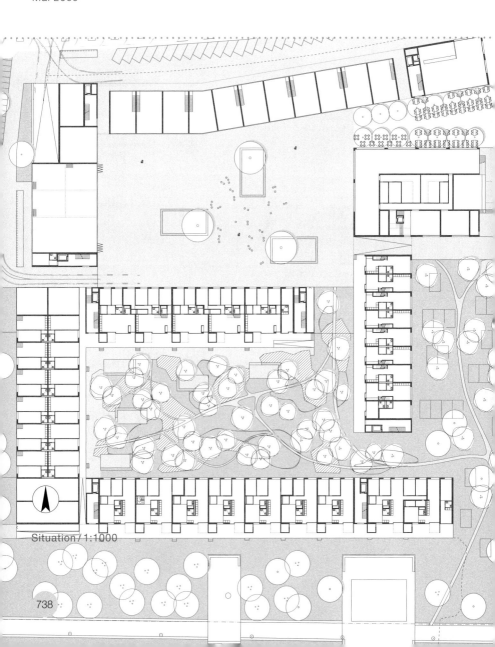

Situation / 1:1000

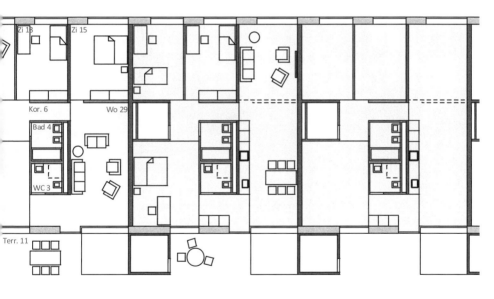

4½ ZW / 1:200

PROJEKT 1 DER BAUGENOSSENSCHAFT MEHR ALS WOHNEN

Zürich-Leutschenbach

Baugenossenschaft Mehr als Wohnen

Projektwettbewerb im selektiven Verfahren

Mai 2009

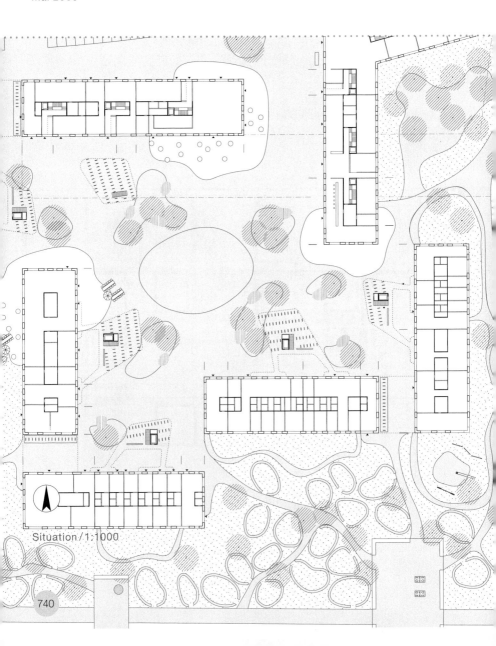

Situation / 1:1000

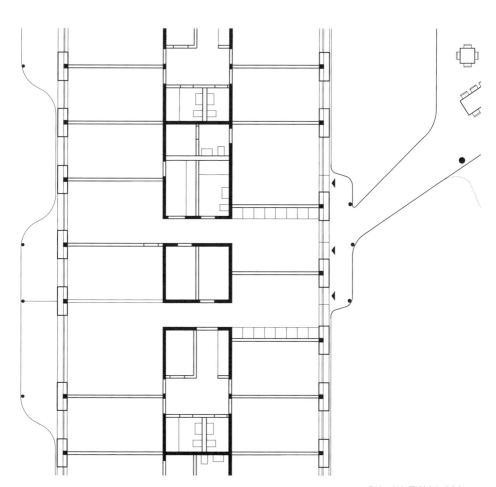

2½, 4½ ZW / 1:200

35

PROJEKT 1 DER BAUGENOSSENSCHAFT MEHR ALS WOHNEN

Zürich-Leutschenbach

Baugenossenschaft Mehr als Wohnen

Projektwettbewerb im selektiven Verfahren

Mai 2009

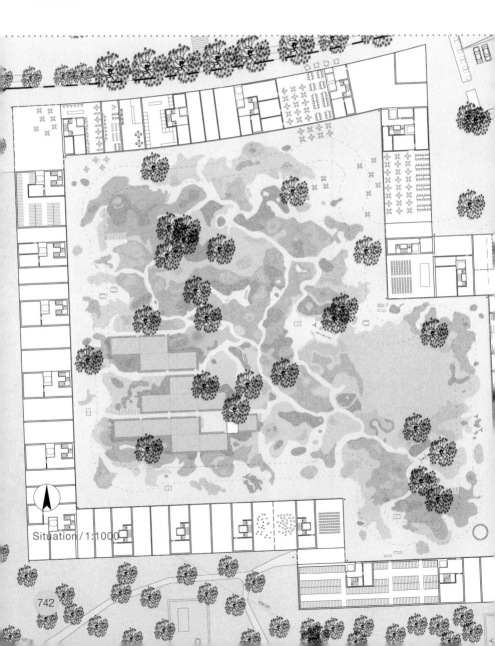

Situation / 1:1000

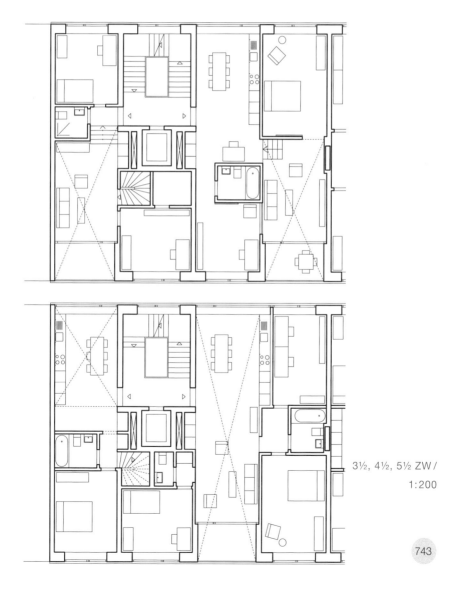

3½, 4½, 5½ ZW /
1:200

743

36

WOHNSIEDLUNG TRAM- / FUNKWIESENSTRASSE

Zürich-Schwamendingen (Tramstrasse / Funkwiesenstrasse / Brüggliäcker)

BAHOGE Wohnbaugenossenschaft

Projektwettbewerb im selektiven Verfahren

Juni 2009

36

WOHNSIEDLUNG TRAM- / FUNKWIESENSTRASSE

Zürich-Schwamendingen (Tramstrasse / Funkwiesenstrasse / Brüggliäcker)

BAHOGE Wohnbaugenossenschaft

Projektwettbewerb im selektiven Verfahren

Juni 2009

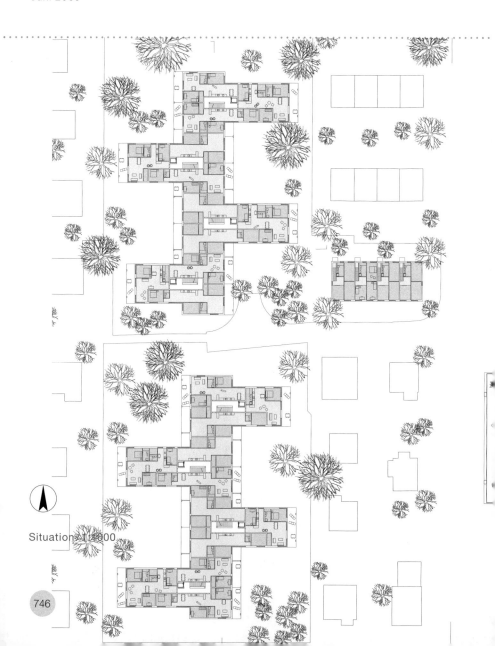

Situation 1:1000

CALENDULA

Arbeitsgemeinschaft Baumberger Stegmeier Architekten,

Edelaar Mosayebi Inderbitzin Architekten

Zürich

Rang 1

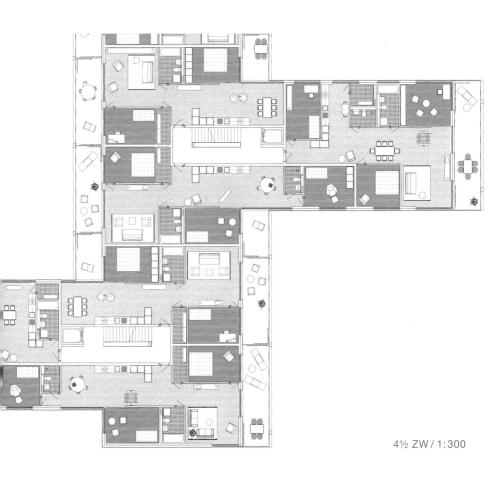

4½ ZW / 1:300

36

WOHNSIEDLUNG TRAM- / FUNKWIESENSTRASSE

Zürich-Schwamendingen

BAHOGE Wohnbaugenossenschaft

Projektwettbewerb im selektiven Verfahren

Juni 2009

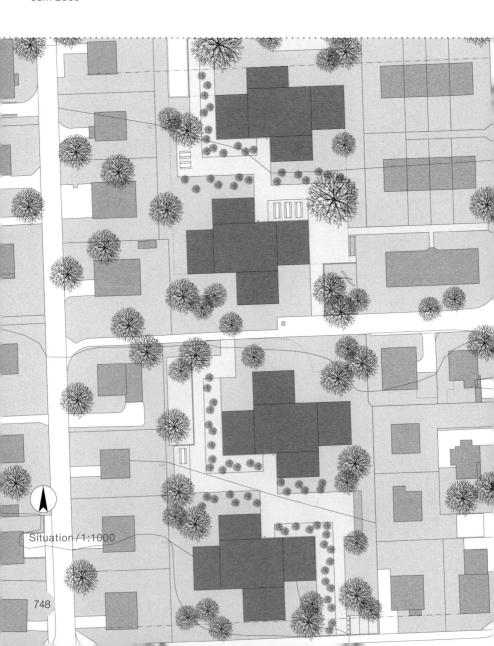

Situation / 1:1000

BÄRLAUCH

Zita Cotti

Zürich

Rang 2

3½, 4½ ZW / 1:200

749

36

WOHNSIEDLUNG TRAM- / FUNKWIESENSTRASSE

Zürich-Schwamendingen

BAHOGE Wohnbaugenossenschaft

Projektwettbewerb im selektiven Verfahren

Juni 2009

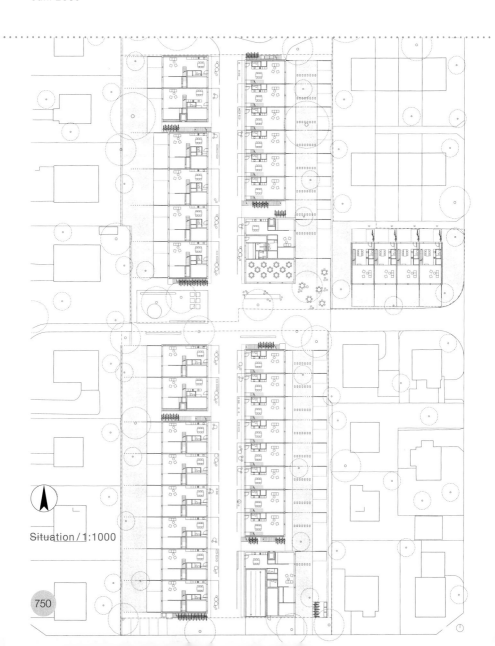

Situation / 1:1000

3½, 4½ ZW / 1:200

36

WOHNSIEDLUNG TRAM- / FUNKWIESENSTRASSE

Zürich-Schwamendingen

BAHOGE Wohnbaugenossenschaft

Projektwettbewerb im selektiven Verfahren

Juni 2009

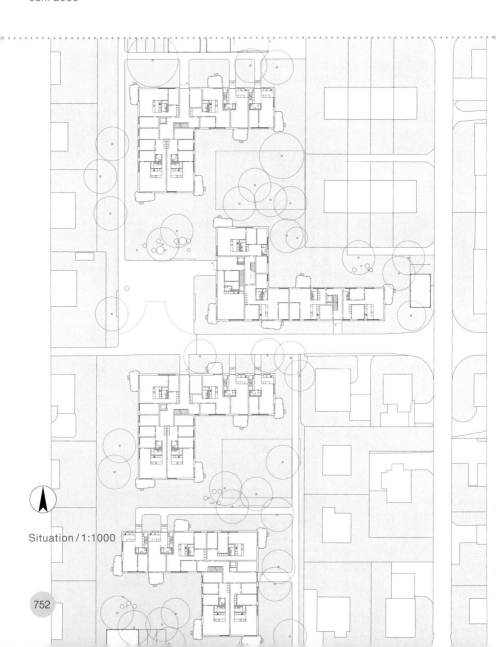

Situation / 1:1000

LILI

Manetsch Meyer Architekten

Zürich

Rang 4

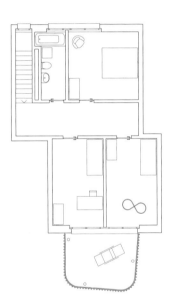

4½ ZW / 1:200

36

WOHNSIEDLUNG TRAM- / FUNKWIESENSTRASSE

Zürich-Schwamendingen

BAHOGE Wohnbaugenossenschaft

Projektwettbewerb im selektiven Verfahren

Juni 2009

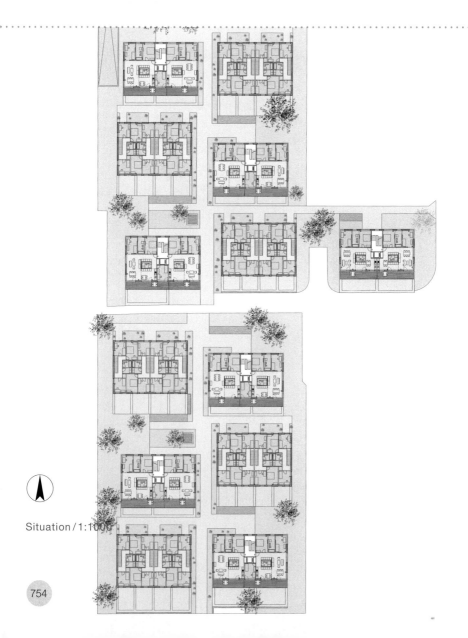

Situation / 1:1000

3½, 4½ ZW / 1:200

36

WOHNSIEDLUNG TRAM- / FUNKWIESENSTRASSE

Zürich-Schwamendingen

BAHOGE Wohnbaugenossenschaft

Projektwettbewerb im selektiven Verfahren

Juni 2009

Situation 1:1000

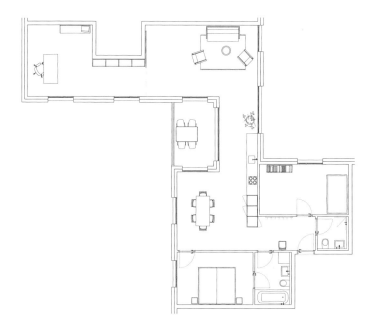

4½ ZW / 1:200

36

WOHNSIEDLUNG TRAM- / FUNKWIESENSTRASSE

Zürich-Schwamendingen

BAHOGE Wohnbaugenossenschaft

Projektwettbewerb im selektiven Verfahren

Juni 2009

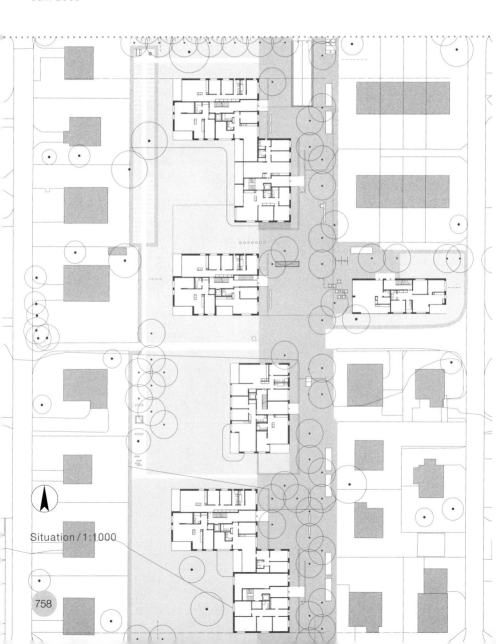

Situation / 1:1000

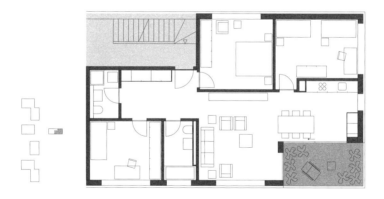

4½ ZW / 1:200

759

36

WOHNSIEDLUNG TRAM- / FUNKWIESENSTRASSE

Zürich-Schwamendingen

BAHOGE Wohnbaugenossenschaft

Projektwettbewerb im selektiven Verfahren

Juni 2009

Situation / 1:1000

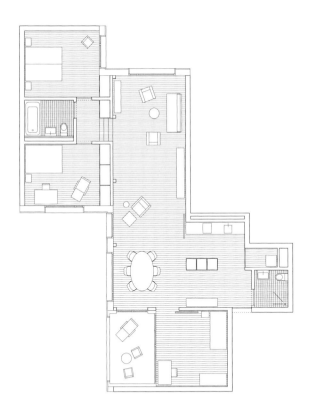

4½ ZW / 1:200

WOHNSIEDLUNG TRAM- / FUNKWIESENSTRASSE

Zürich-Schwamendingen

BAHOGE Wohnbaugenossenschaft

Projektwettbewerb im selektiven Verfahren

Juni 2009

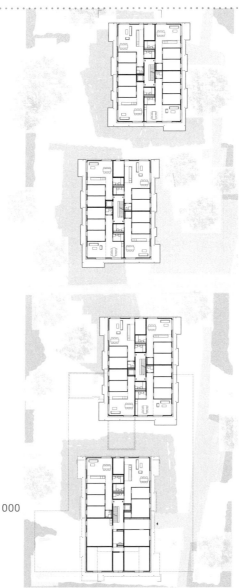

Situation / 1:1000

EINSCHWALBEN
Gigon Guyer Architekten
Zürich

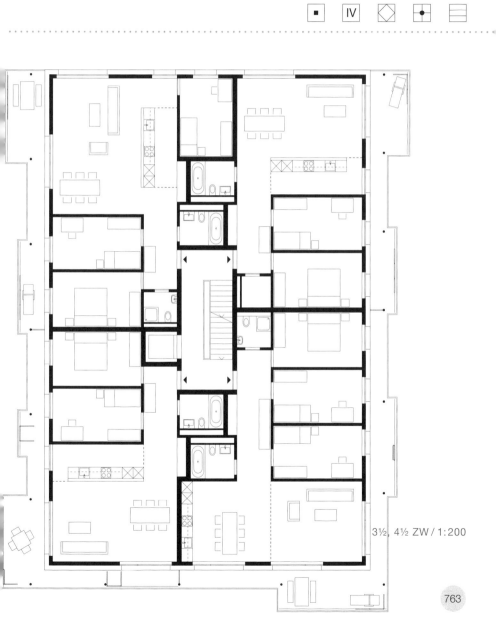

3½, 4½ ZW / 1:200

763

36

WOHNSIEDLUNG TRAM- / FUNKWIESENSTRASSE

Zürich-Schwamendingen

BAHOGE Wohnbaugenossenschaft

Projektwettbewerb im selektiven Verfahren

Juni 2009

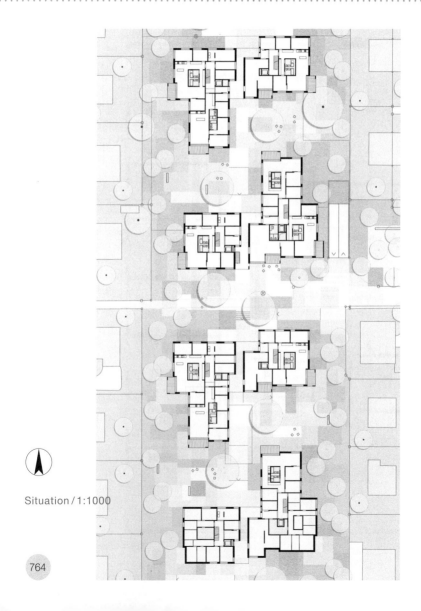

Situation / 1:1000

3½, 4½ ZW / 1:200

765

37
WOHNSIEDLUNG TRIEMLI BGR
Zürich-Wiedikon (Hägelerweg / Schweighofstrasse / Birmensdorferstrasse)
Baugenossenschaft Rotach
Projektwettbewerb auf Einladung
Dezember 2009

37

WOHNSIEDLUNG TRIEMLI BGR

Zürich-Wiedikon (Hägelerweg / Schweighofstrasse / Birmensdorferstrasse)

Baugenossenschaft Rotach

Projektwettbewerb auf Einladung

Dezember 2009

Situation / 1:1000

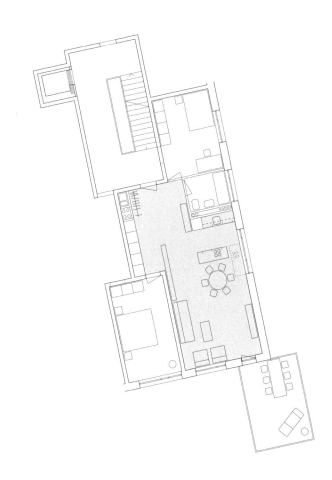

3½ ZW / 1:200

37

WOHNSIEDLUNG TRIEMLI BGR

Zürich-Wiedikon

Baugenossenschaft Rotach

Projektwettbewerb auf Einladung

Dezember 2009

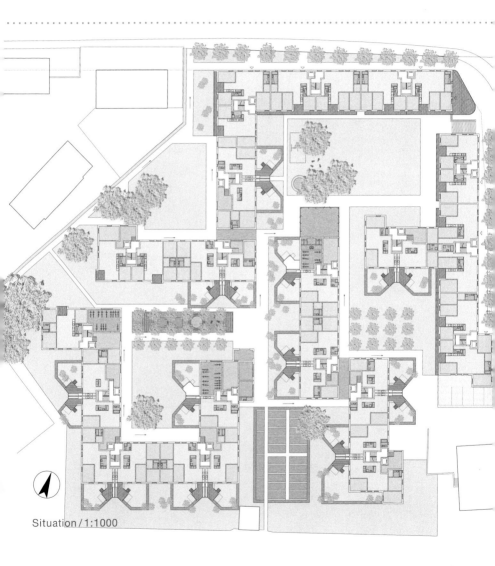

Situation / 1:1000

4½ ZW / 1:200

37

WOHNSIEDLUNG TRIEMLI BGR

Zürich-Wiedikon

Baugenossenschaft Rotach

Projektwettbewerb auf Einladung

Dezember 2009

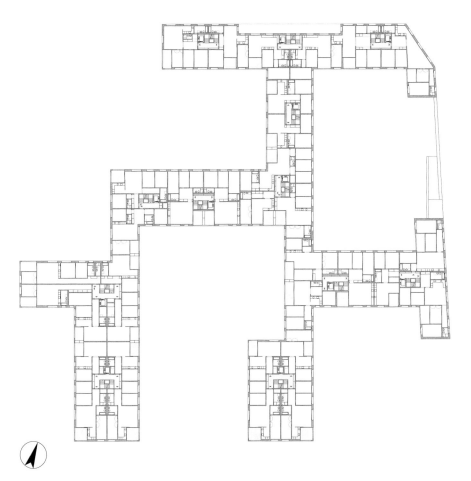

Situation / 1:1000

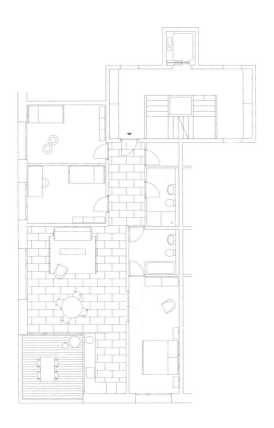

4½ ZW / 1:200

37

WOHNSIEDLUNG TRIEMLI BGR

Zürich-Wiedikon

Baugenossenschaft Rotach

Projektwettbewerb auf Einladung

Dezember 2009

Situation / 1:1000

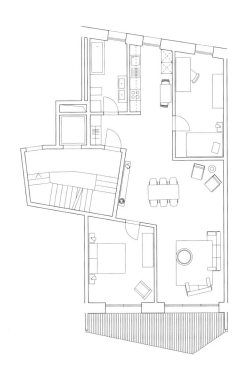

3½ ZW / 1:200

37

WOHNSIEDLUNG TRIEMLI BGR

Zürich-Wiedikon

Baugenossenschaft Rotach

Projektwettbewerb auf Einladung

Dezember 2009

Situation / 1:1000

HANGFLUSS

Von Ballmoos Krucker Architekten

Zürich

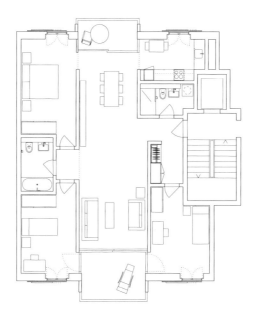

4½ ZW / 1:200

37

WOHNSIEDLUNG TRIEMLI BGR

Zürich-Wiedikon

Baugenossenschaft Rotach

Projektwettbewerb auf Einladung

Dezember 2009

Situation / 1:1000

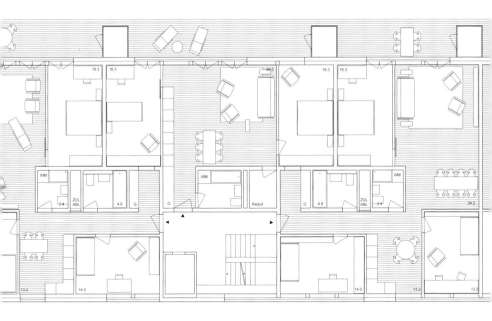

3½, 4½ ZW / 1:200

779

37

WOHNSIEDLUNG TRIEMLI BGR

Zürich-Wiedikon

Baugenossenschaft Rotach

Projektwettbewerb auf Einladung

Dezember 2009

Situation / 1:1000

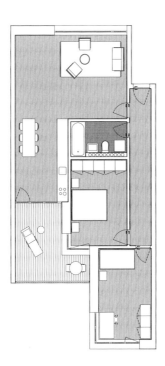

3½ ZW / 1:200

37

WOHNSIEDLUNG TRIEMLI BGR

Zürich-Wiedikon

Baugenossenschaft Rotach

Projektwettbewerb auf Einladung

Dezember 2009

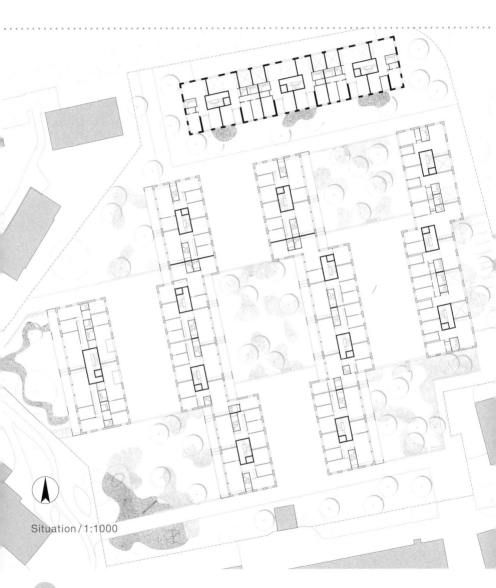

Situation / 1:1000

EILE MIT WEILE

Galli Rudolf Architekten

Zürich

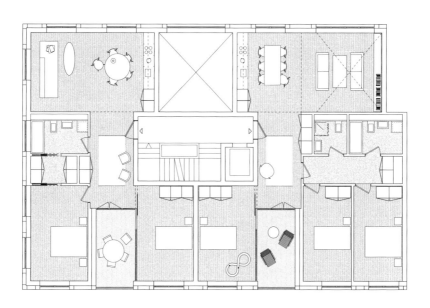

3½, 4½ ZW / 1:200

783

37

WOHNSIEDLUNG TRIEMLI BGR

Zürich-Wiedikon

Baugenossenschaft Rotach

Projektwettbewerb auf Einladung

Dezember 2009

Situation / 1:1000

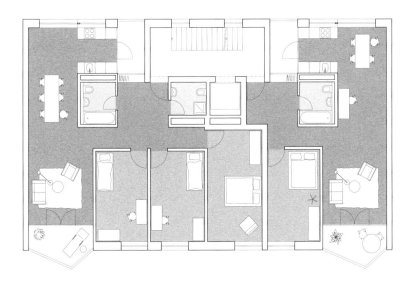

2½, 4½ ZW / 1:200

785

37

WOHNSIEDLUNG TRIEMLI BGR

Zürich-Wiedikon

Baugenossenschaft Rotach

Projektwettbewerb auf Einladung

Dezember 2009

Situation / 1:1000

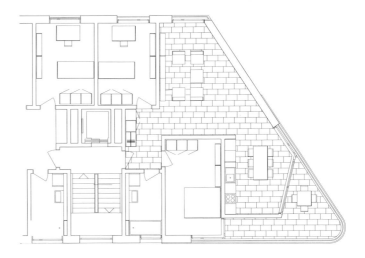

3½ ZW / 1:200

787

38

WOHNSIEDLUNG ALTWIESENSTRASSE

Zürich-Schwamendingen (Dübendorfstrasse / Altwiesenstrasse / Glattwiesenstrasse)

Graphis Baugenossenschaft

Projektwettbewerb im selektiven Verfahren

Februar 2010

38

WOHNSIEDLUNG ALTWIESENSTRASSE

Zürich-Schwamendingen (Dübendorfstrasse / Altwiesenstrasse / Glattwiesenstrasse)

Graphis Baugenossenschaft

Projektwettbewerb im selektiven Verfahren

Februar 2010

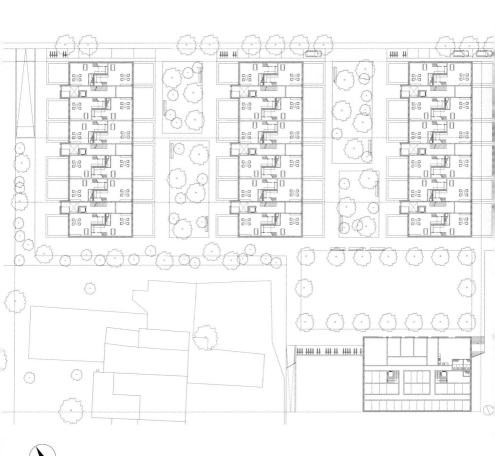

Situation / 1:1000

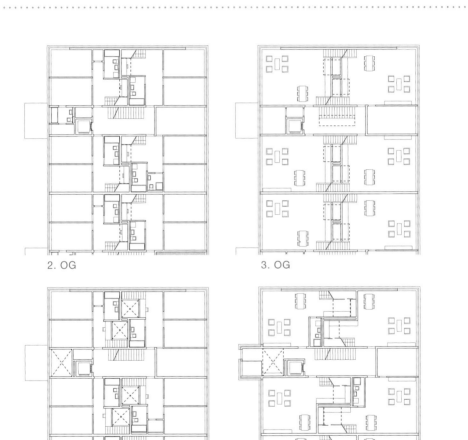

2. OG

3. OG

1. OG

EG   4½ ZW / 1:200

38

WOHNSIEDLUNG ALTWIESENSTRASSE

Zürich-Schwamendingen

Graphis Baugenossenschaft

Projektwettbewerb im selektiven Verfahren

Februar 2010

Situation / 1:1000

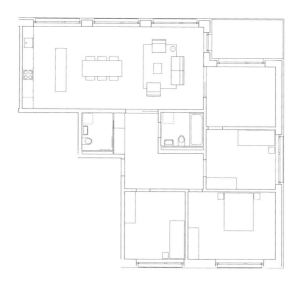

5½ ZW / 1:200

38

WOHNSIEDLUNG ALTWIESENSTRASSE

Zürich-Schwamendingen

Graphis Baugenossenschaft

Projektwettbewerb im selektiven Verfahren

Februar 2010

Situation / 1:1000

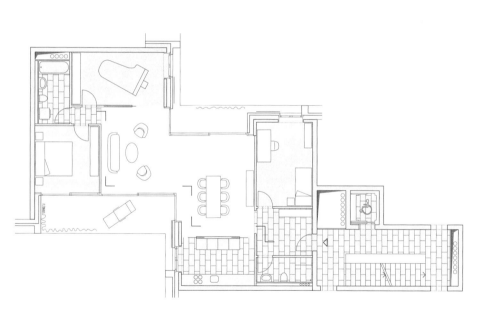

4½ ZW / 1:200

38

WOHNSIEDLUNG ALTWIESENSTRASSE

Zürich-Schwamendingen

Graphis Baugenossenschaft

Projektwettbewerb im selektiven Verfahren

Februar 2010

Situation / 1:1000

5½ ZW / 1:200

38

WOHNSIEDLUNG ALTWIESENSTRASSE

Zürich-Schwamendingen

Graphis Baugenossenschaft

Projektwettbewerb im selektiven Verfahren

Februar 2010

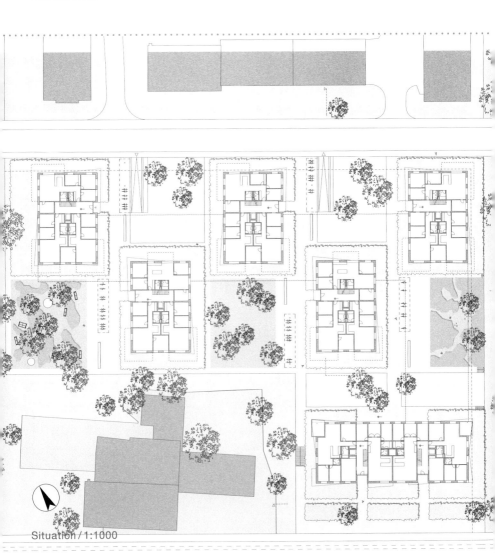

Situation / 1:1000

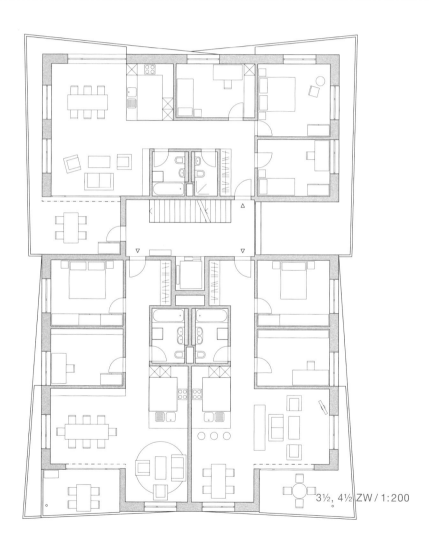

3½, 4½ ZW / 1:200

799

38

WOHNSIEDLUNG ALTWIESENSTRASSE

Zürich-Schwamendingen

Graphis Baugenossenschaft

Projektwettbewerb im selektiven Verfahren

Februar 2010

Situation / 1:1000

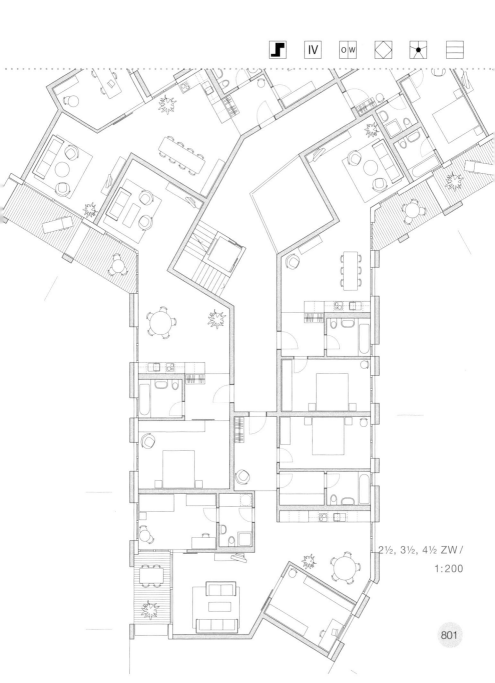

2½, 3½, 4½ ZW /

1:200

38

WOHNSIEDLUNG ALTWIESENSTRASSE

Zürich-Schwamendingen

Graphis Baugenossenschaft

Projektwettbewerb im selektiven Verfahren

Februar 2010

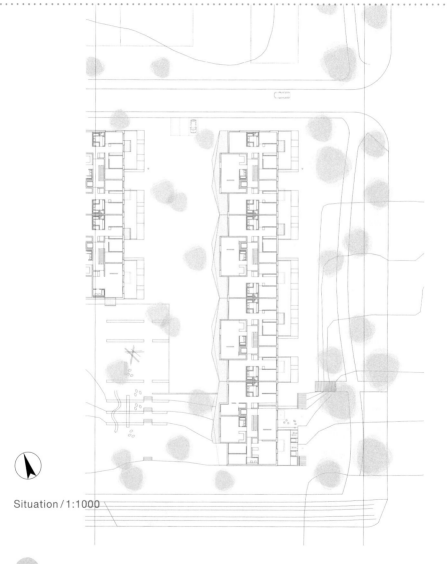

Situation / 1:1000

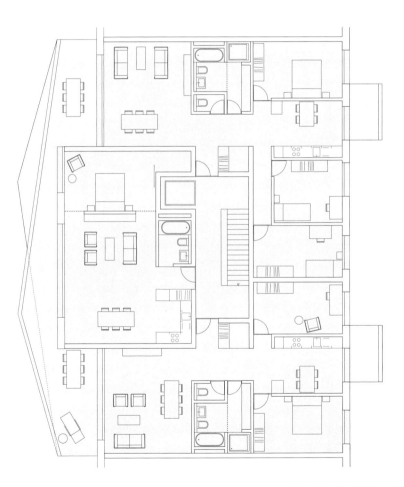

2½, 3½, 4½ ZW / 1:200

38

WOHNSIEDLUNG ALTWIESENSTRASSE

Zürich-Schwamendingen

Graphis Baugenossenschaft

Projektwettbewerb im selektiven Verfahren

Februar 2010

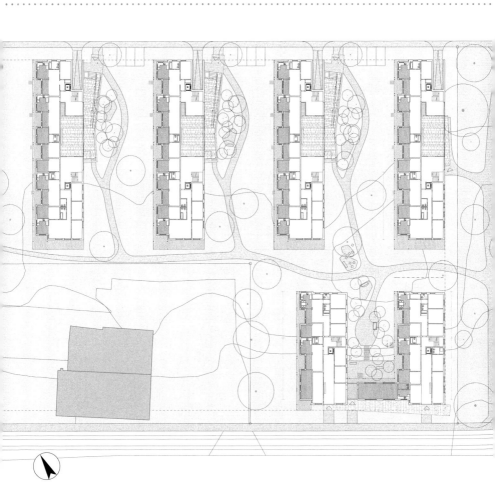

Situation / 1:1000

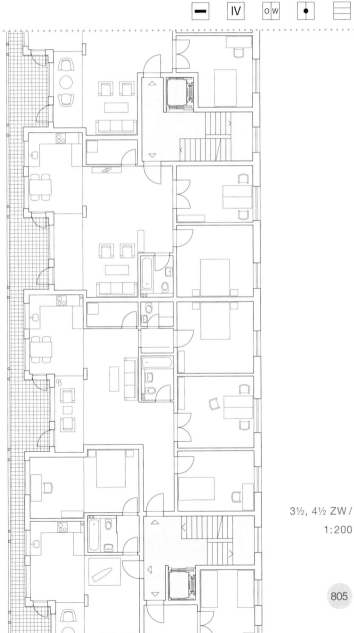

3½, 4½ ZW /

1:200

805

38

WOHNSIEDLUNG ALTWIESENSTRASSE

Zürich-Schwamendingen

Graphis Baugenossenschaft

Projektwettbewerb im selektiven Verfahren

Februar 2010

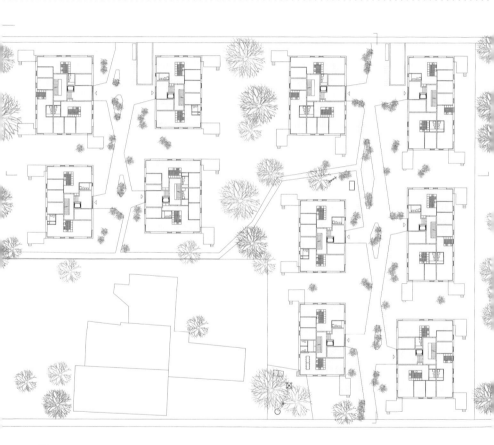

Situation / 1:1000

4½ ZW / 1:200

807

38

WOHNSIEDLUNG ALTWIESENSTRASSE

Zürich-Schwamendingen

Graphis Baugenossenschaft

Projektwettbewerb im selektiven Verfahren

Februar 2010

Situation / 1:1000

4½ ZW / 1:200

39
WOHNÜBERBAUUNG KATZENBACH III–V
Zürich-Seebach (Katzenbachstrasse / Kirchenfeld)
Baugenossenschaft Glattal
Projektwettbewerb im selektiven Verfahren
März 2010

39

WOHNÜBERBAUUNG KATZENBACH III–V

Zürich-Seebach (Katzenbachstrasse / Kirchenfeld)

Baugenossenschaft Glattal

Projektwettbewerb im selektiven Verfahren

März 2010

Situation / 1:1000

2½, 3½ ZW / 1:200

813

39

WOHNÜBERBAUUNG KATZENBACH III–V

Zürich-Seebach

Baugenossenschaft Glattal

Projektwettbewerb im selektiven Verfahren

März 2010

Situation / 1:1000

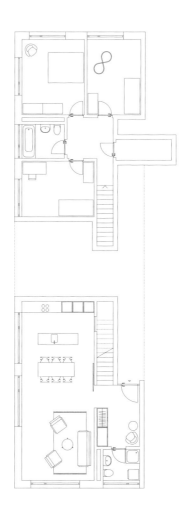

4½ ZW / 1:200

39

WOHNÜBERBAUUNG KATZENBACH III–V

Zürich-Seebach

Baugenossenschaft Glattal

Projektwettbewerb im selektiven Verfahren

März 2010

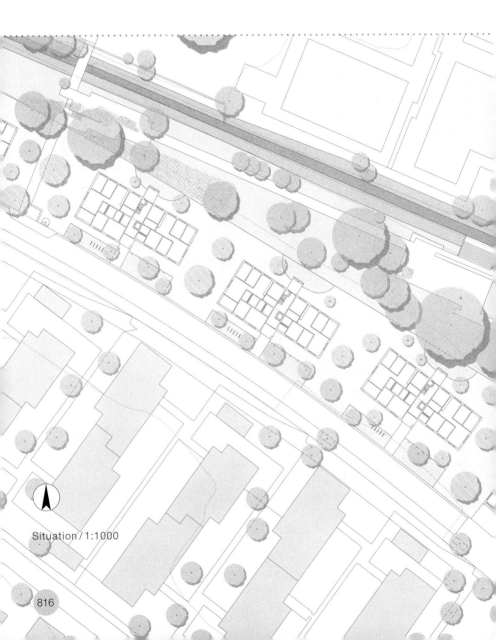

Situation / 1:1000

3½ ZW / 1:300

39

WOHNÜBERBAUUNG KATZENBACH III–V

Zürich-Seebach

Baugenossenschaft Glattal

Projektwettbewerb im selektiven Verfahren

März 2010

Situation / 1:1000

MISTEL

Zita Cotti

Zürich

Rang 4

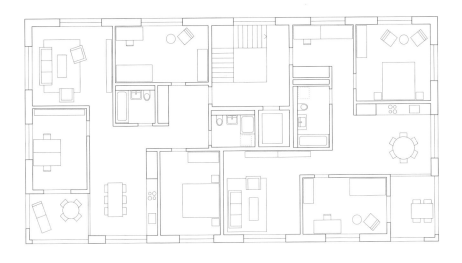

3½, 4½ ZW / 1:200

39

WOHNÜBERBAUUNG KATZENBACH III–V

Zürich-Seebach

Baugenossenschaft Glattal

Projektwettbewerb im selektiven Verfahren

März 2010

Situation / 1:1000

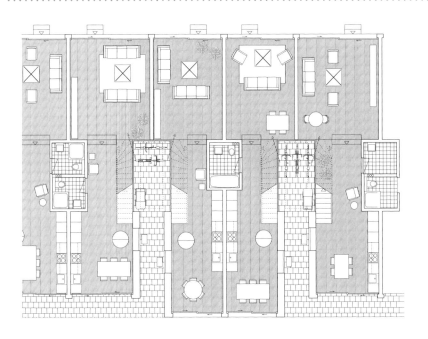

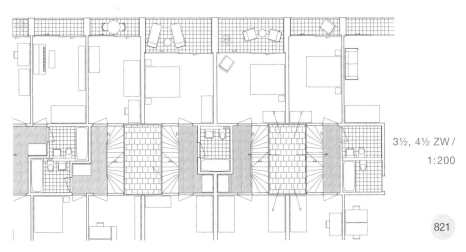

3½, 4½ ZW /
1:200

39

WOHNÜBERBAUUNG KATZENBACH III–V

Zürich-Seebach

Baugenossenschaft Glattal

Projektwettbewerb im selektiven Verfahren

März 2010

Situation / 1:1000

5½ ZW / 1:200

823

39

WOHNÜBERBAUUNG KATZENBACH III–V

Zürich-Seebach

Baugenossenschaft Glattal

Projektwettbewerb im selektiven Verfahren

März 2010

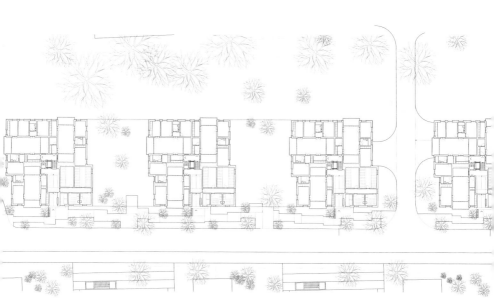

Situation / 1:1000

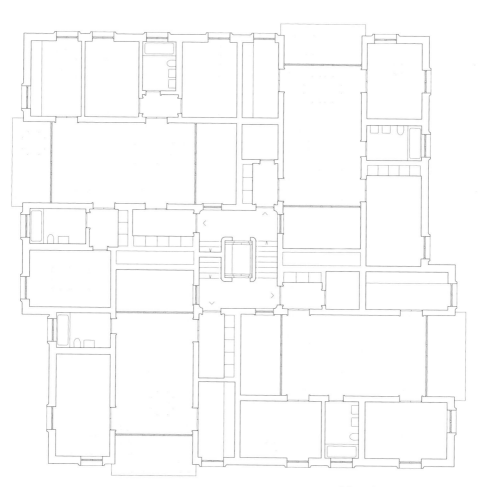

2½, 3½, 4½ ZW / 1:200

39

WOHNÜBERBAUUNG KATZENBACH III–V

Zürich-Seebach

Baugenossenschaft Glattal

Projektwettbewerb im selektiven Verfahren

März 2010

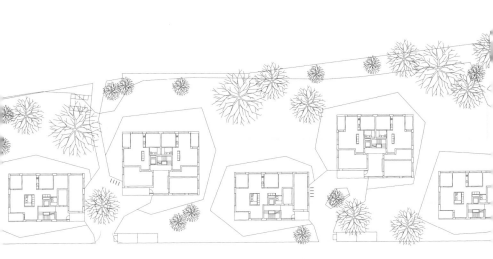

Situation / 1:1000

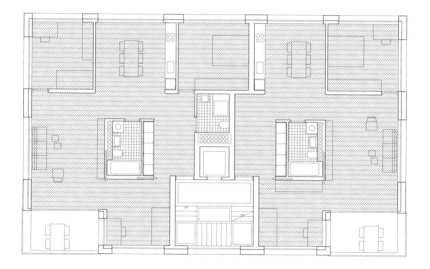

3½, 4½ ZW / 1:200

39

WOHNÜBERBAUUNG KATZENBACH III–V

Zürich-Seebach

Baugenossenschaft Glattal

Projektwettbewerb im selektiven Verfahren

März 2010

Situation / 1:1000

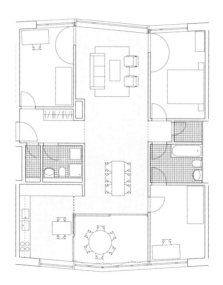

4½ ZW / 1:200

39

WOHNÜBERBAUUNG KATZENBACH III–V

Zürich-Seebach

Baugenossenschaft Glattal

Projektwettbewerb im selektiven Verfahren

März 2010

Situation / 1:1000

2½ ZW / 1:200

40

TIÈCHESTRASSE

Zürich-Wipkingen (Tièchestrasse)

Baugenossenschaft des Eidgenössischen Personals

Projektwettbewerb im selektiven Verfahren

Mai 2010

40

TIÈCHESTRASSE

Zürich-Wipkingen (Tièchestrasse)

Baugenossenschaft des Eidgenössischen Personals

Projektwettbewerb im selektiven Verfahren

Mai 2010

Situation / 1:1000

4½, 5½ ZW / 1:200

835

40

TIÈCHESTRASSE

Zürich-Wipkingen

Baugenossenschaft des Eidgenössischen Personals

Projektwettbewerb im selektiven Verfahren

Mai 2010

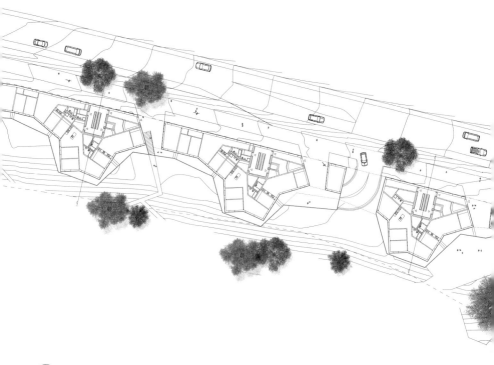

Situation / 1:1000

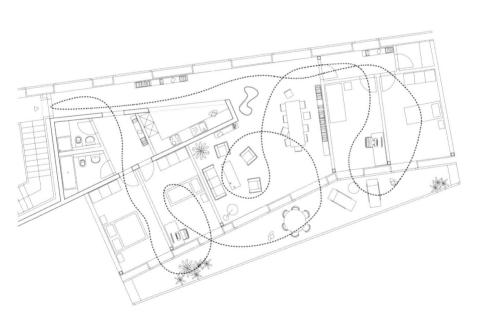

5½ ZW / 1:200

40

TIÈCHESTRASSE

Zürich-Wipkingen

Baugenossenschaft des Eidgenössischen Personals

Projektwettbewerb im selektiven Verfahren

Mai 2010

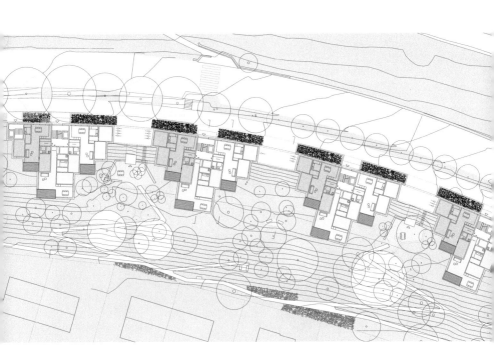

Situation / 1:1000

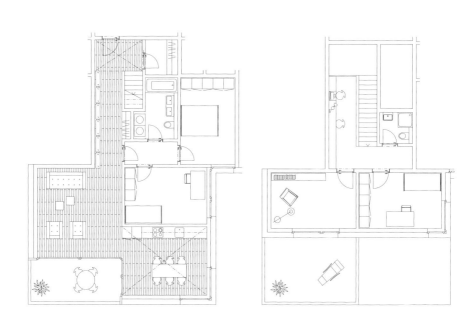

5½ ZW / 1:200

40

TIÈCHESTRASSE

Zürich-Wipkingen

Baugenossenschaft des Eidgenössischen Personals

Projektwettbewerb im selektiven Verfahren

Mai 2010

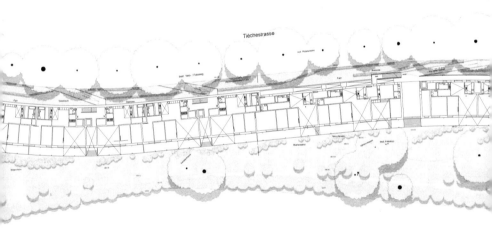

Situation / 1:1000

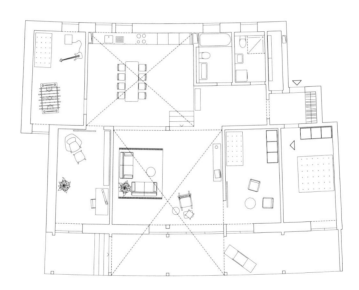

5½ ZW / 1:200

40

TIÈCHESTRASSE

Zürich-Wipkingen

Baugenossenschaft des Eidgenössischen Personals

Projektwettbewerb im selektiven Verfahren

Mai 2010

Situation / 1:1000

5½ ZW / 1:200

40

TIÈCHESTRASSE

Zürich-Wipkingen

Baugenossenschaft des Eidgenössischen Personals

Projektwettbewerb im selektiven Verfahren

Mai 2010

Situation / 1:1000

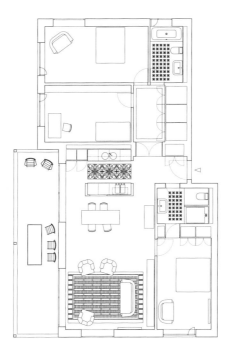

4½ ZW / 1:200

845

40

TIÈCHESTRASSE

Zürich-Wipkingen

Baugenossenschaft des Eidgenössischen Personals

Projektwettbewerb im selektiven Verfahren

Mai 2010

Situation / 1:1000

4½ ZW / 1:200

847

40

TIÈCHESTRASSE

Zürich-Wipkingen

Baugenossenschaft des Eidgenössischen Personals

Projektwettbewerb im selektiven Verfahren

Mai 2010

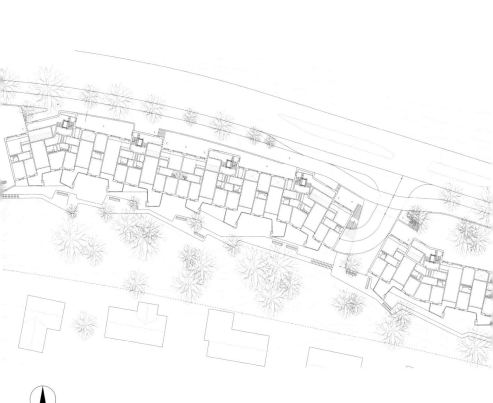

Situation / 1:1000

4½ ZW / 1:200

40

TIÈCHESTRASSE

Zürich-Wipkingen

Baugenossenschaft des Eidgenössischen Personals

Projektwettbewerb im selektiven Verfahren

Mai 2010

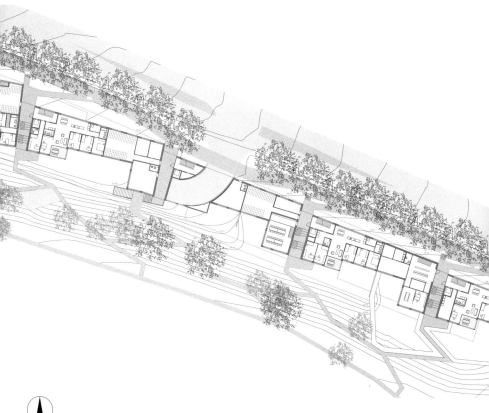

Situation / 1:1000

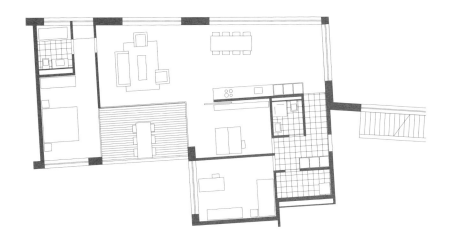

4½ ZW / 1:200

851

40

TIÈCHESTRASSE

Zürich-Wipkingen

Baugenossenschaft des Eidgenössischen Personals

Projektwettbewerb im selektiven Verfahren

Mai 2010

Situation / 1:1000

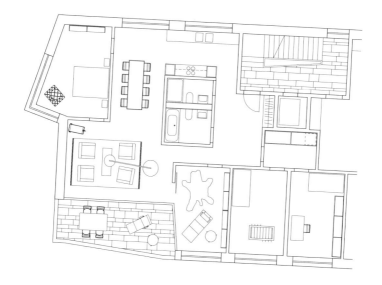

5½ ZW / 1:200

40

TIÈCHESTRASSE

Zürich-Wipkingen

Baugenossenschaft des Eidgenössischen Personals

Projektwettbewerb im selektiven Verfahren

Mai 2010

Familiengartenarı

Situation / 1:1000

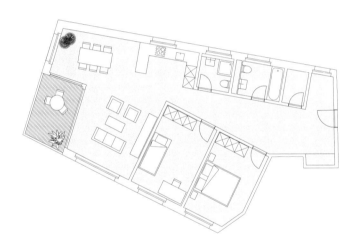

3½ ZW / 1:200

41

MCS-GERECHTES WOHNHAUS

Zürich-Leimbach (Rebenweg 100)

Wohnbaugenossenschaft gesundes Wohnen MCS

Studienauftrag im selektiven Verfahren

Mai 2010

41

MCS-GERECHTES WOHNHAUS

Zürich-Leimbach (Rebenweg 100)

Wohnbaugenossenschaft gesundes Wohnen MCS

Studienauftrag im selektiven Verfahren

Mai 2010

Situation / 1:1000

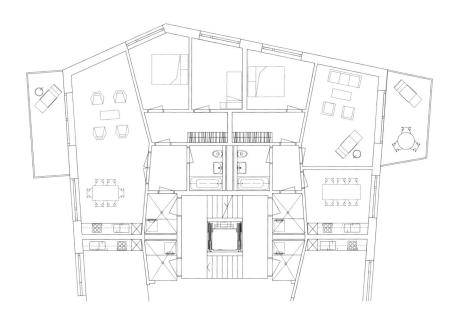

2½ ZW / 1:200

859

41

MCS-GERECHTES WOHNHAUS

Zürich-Leimbach

Wohnbaugenossenschaft gesundes Wohnen MCS

Studienauftrag im selektiven Verfahren

Mai 2010

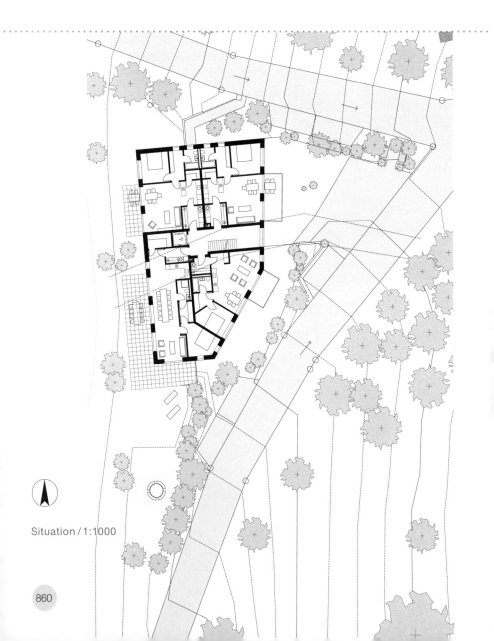

Situation / 1:1000

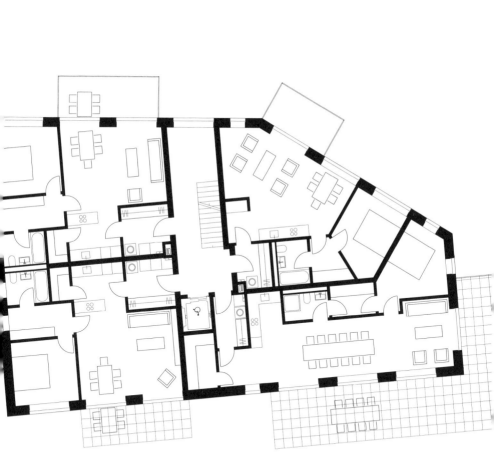

2½ ZW / 1:200

861

41

MCS-GERECHTES WOHNHAUS

Zürich-Leimbach

Wohnbaugenossenschaft gesundes Wohnen MCS

Studienauftrag im selektiven Verfahren

Mai 2010

Situation / 1:1000

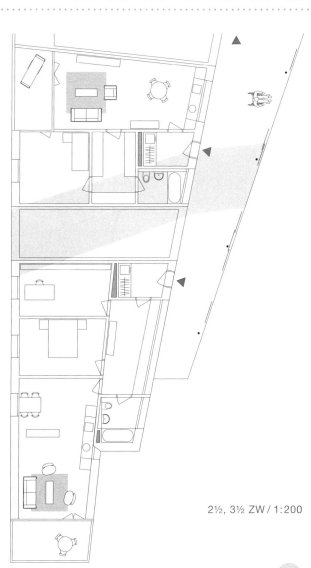

2½, 3½ ZW / 1:200

863

41

MCS-GERECHTES WOHNHAUS

Zürich-Leimbach

Wohnbaugenossenschaft gesundes Wohnen MCS

Studienauftrag im selektiven Verfahren

Mai 2010

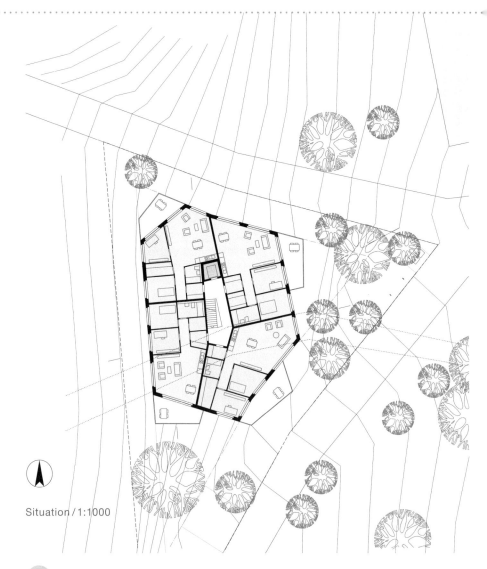

Situation / 1:1000

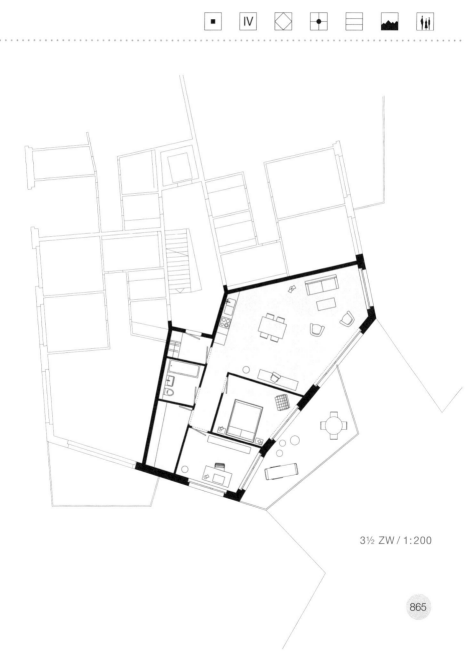

3½ ZW / 1:200

865

41

MCS-GERECHTES WOHNHAUS

Zürich-Leimbach

Wohnbaugenossenschaft gesundes Wohnen MCS

Studienauftrag im selektiven Verfahren

Mai 2010

Situation / 1:1000

2½, 3½ ZW / 1:200

42

WOHNSIEDLUNG KRONENWIESE

Zürich-Unterstrass (Kronenwiesestrasse / Kornhausstrasse / Nordstrasse)

Liegenschaftenverwaltung der Stadt Zürich

Projektwettbewerb im offenen Verfahren

Februar 2011

42

WOHNSIEDLUNG KRONENWIESE

Zürich-Unterstrass (Kronenwiesestrasse / Kornhausstrasse / Nordstrasse)

Liegenschaftenverwaltung der Stadt Zürich

Projektwettbewerb im offenen Verfahren

Februar 2011

Situation / 1:1000

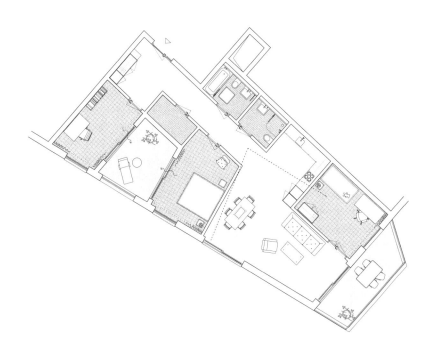

4½ ZW / 1:200

871

42

WOHNSIEDLUNG KRONENWIESE

Zürich-Unterstrass

Liegenschaftenverwaltung der Stadt Zürich

Projektwettbewerb im offenen Verfahren

Februar 2011

Situation / 1:1000

2½, 4½ ZW / 1:200

873

42

WOHNSIEDLUNG KRONENWIESE

Zürich-Unterstrass

Liegenschaftenverwaltung der Stadt Zürich

Projektwettbewerb im offenen Verfahren

Februar 2011

Situation / 1:1000

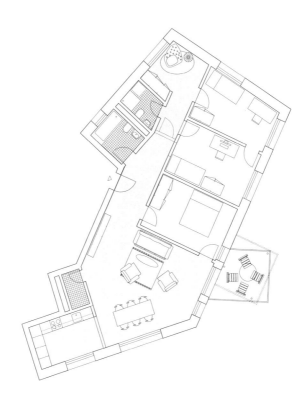

4½ ZW / 1:200

42

WOHNSIEDLUNG KRONENWIESE

Zürich-Unterstrass

Liegenschaftenverwaltung der Stadt Zürich

Projektwettbewerb im offenen Verfahren

Februar 2011

Situation / 1:1000

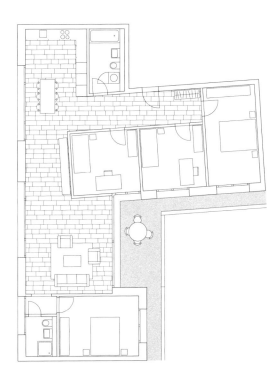

5½ ZW / 1:200

42

WOHNSIEDLUNG KRONENWIESE

Zürich-Unterstrass

Liegenschaftenverwaltung der Stadt Zürich

Projektwettbewerb im offenen Verfahren

Februar 2011

Situation / 1:1000

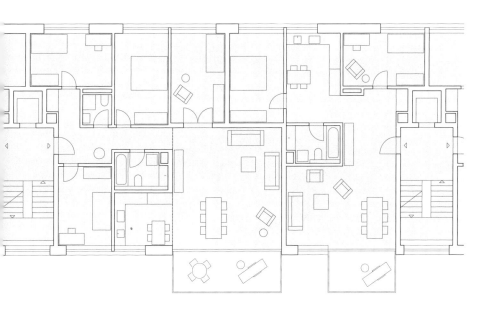

3½, 5½ ZW / 1:200

42

WOHNSIEDLUNG KRONENWIESE

Zürich-Unterstrass

Liegenschaftenverwaltung der Stadt Zürich

Projektwettbewerb im offenen Verfahren

Februar 2011

Situation / 1:1000

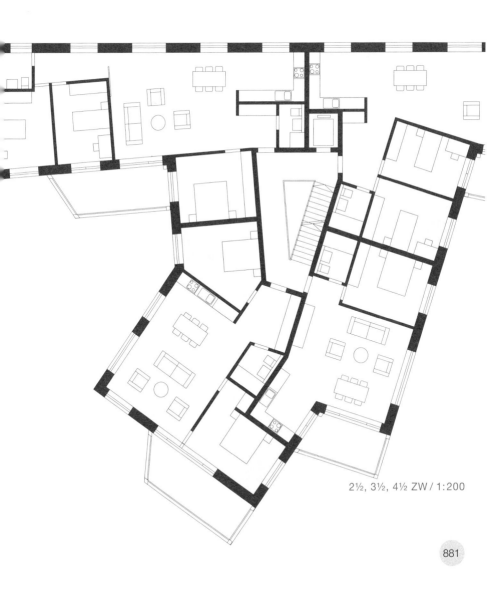

2½, 3½, 4½ ZW / 1:200

42

WOHNSIEDLUNG KRONENWIESE

Zürich-Unterstrass

Liegenschaftenverwaltung der Stadt Zürich

Projektwettbewerb im offenen Verfahren

Februar 2011

Situation / 1:1000

TSCHARANA

Zita Cotti

Zürich

Rang 7

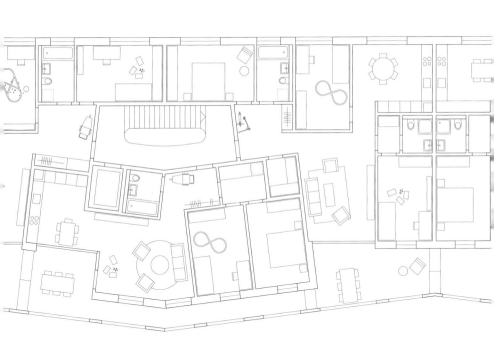

3½, 4½ ZW / 1:200

42

WOHNSIEDLUNG KRONENWIESE

Zürich-Unterstrass

Liegenschaftenverwaltung der Stadt Zürich

Projektwettbewerb im offenen Verfahren

Februar 2011

Situation / 1:1000

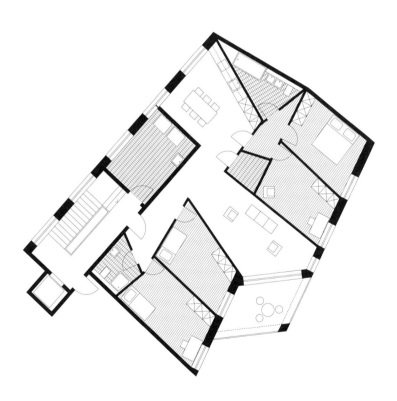

5½ ZW / 1:200

42

WOHNSIEDLUNG KRONENWIESE

Zürich-Unterstrass

Liegenschaftenverwaltung der Stadt Zürich

Projektwettbewerb im offenen Verfahren

Februar 2011

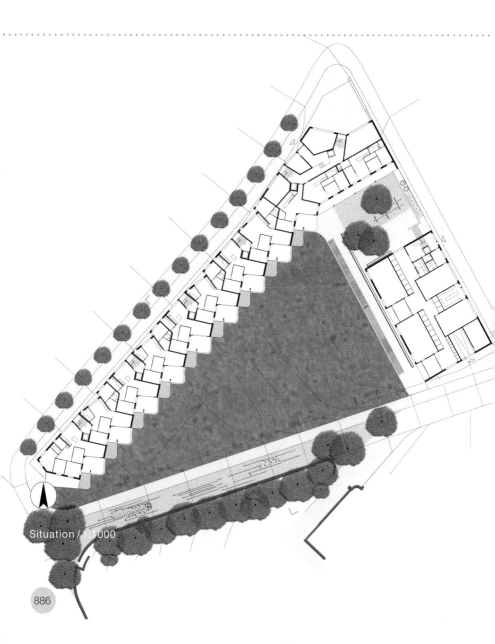

Situation / 1:1000

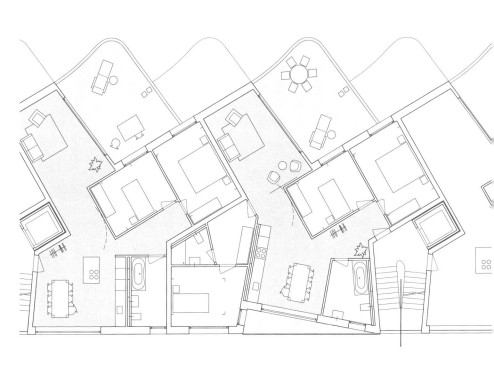

4½ ZW / 1:200

43

WOHNSIEDLUNG LUGGWEGSTRASSE

Zürich-Altstetten (Luggwegstrasse / Hohlstrasse / Baslerstrasse)

Eisenbahner-Baugenossenschaft Zürich-Altstetten (EBA)

Studienauftrag auf Einladung

November 2011

43

WOHNSIEDLUNG LUGGWEGSTRASSE

Zürich-Altstetten (Luggwegstrasse / Hohlstrasse / Baslerstrasse)

Eisenbahner-Baugenossenschaft Zürich-Altstetten (EBA)

Studienauftrag auf Einladung

November 2011

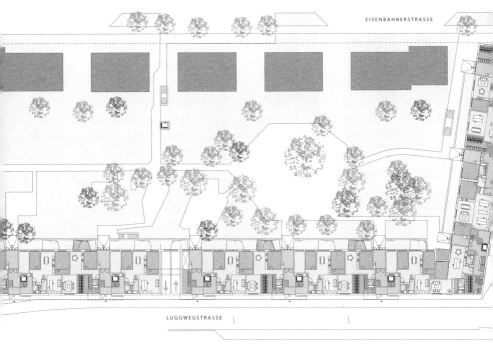

Situation / 1:1000

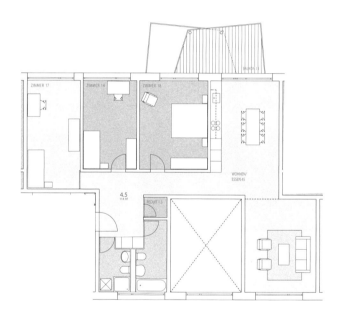

4½ ZW / 1:200

43

WOHNSIEDLUNG LUGGWEGSTRASSE

Zürich-Altstetten

Eisenbahner-Baugenossenschaft Zürich-Altstetten (EBA)

Studienauftrag auf Einladung

November 2011

Situation / 1:1000

3 ZWG
73.2m2

3.5 ZWG
98.1m2

3½ ZW / 1:200

43

WOHNSIEDLUNG LUGGWEGSTRASSE

Zürich-Altstetten

Eisenbahner-Baugenossenschaft Zürich-Altstetten (EBA)

Studienauftrag auf Einladung

November 2011

Situation / 1:1000

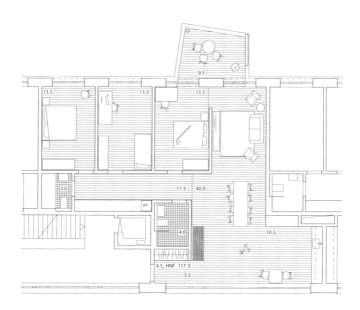

4½ ZW / 1:200

43

WOHNSIEDLUNG LUGGWEGSTRASSE

Zürich-Altstetten

Eisenbahner-Baugenossenschaft Zürich-Altstetten (EBA)

Studienauftrag auf Einladung

November 2011

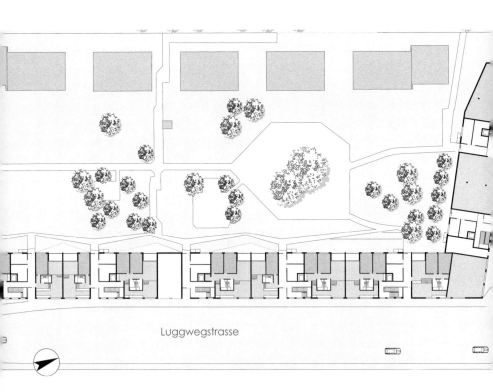

Luggwegstrasse

Situation / 1:1000

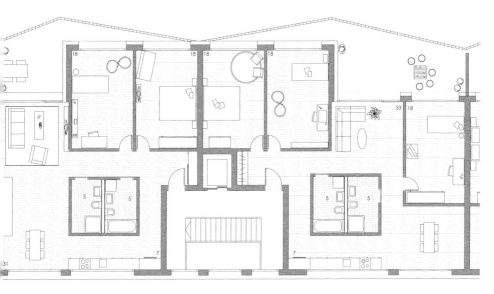

3½, 4½ ZW / 1:200

43

WOHNSIEDLUNG LUGGWEGSTRASSE

Zürich-Altstetten

Eisenbahner-Baugenossenschaft Zürich-Altstetten (EBA)

Studienauftrag auf Einladung

November 2011

Situation / 1:1000

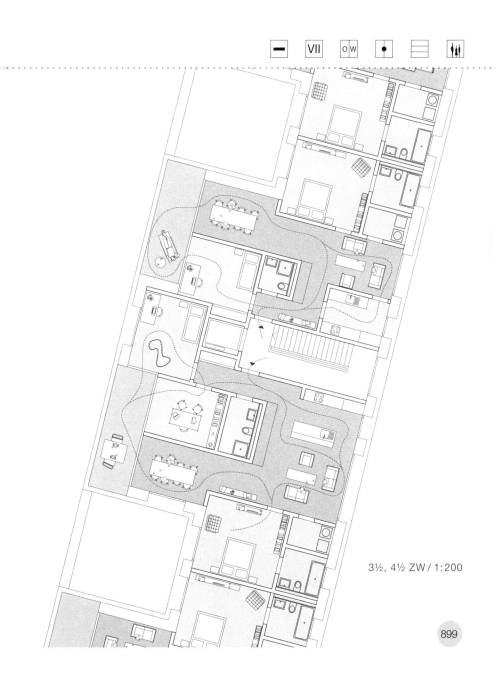

3½, 4½ ZW / 1:200

44

WOHNSIEDLUNG IM STÜCKLER

Zürich-Altstetten (Dachslernstrasse / Im Stückler)

Baugenossenschaft Halde (bhz)

Projektwettbewerb im selektiven Verfahren

Dezember 2011

44

WOHNSIEDLUNG IM STÜCKLER

Zürich-Altstetten (Dachslernstrasse / Im Stückler)

Baugenossenschaft Halde (bhz)

Projektwettbewerb im selektiven Verfahren

Dezember 2011

Situation / 1:1000

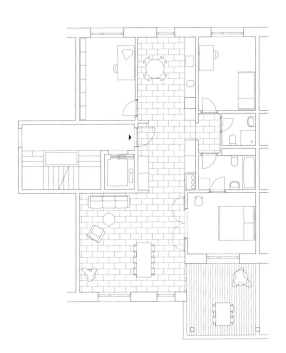

3½ ZW / 1:200

44

WOHNSIEDLUNG IM STÜCKLER

Zürich-Altstetten

Baugenossenschaft Halde (bhz)

Projektwettbewerb im selektiven Verfahren

Dezember 2011

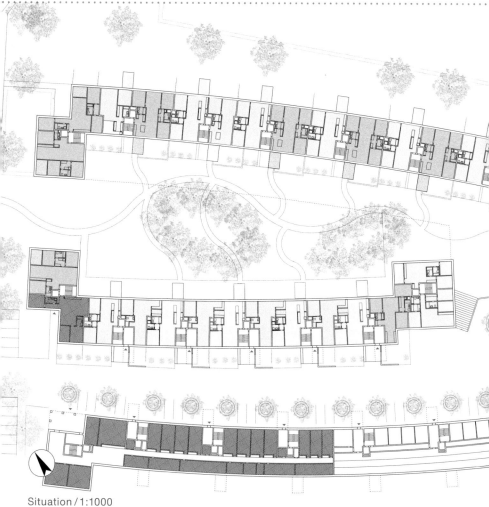

Situation / 1:1000

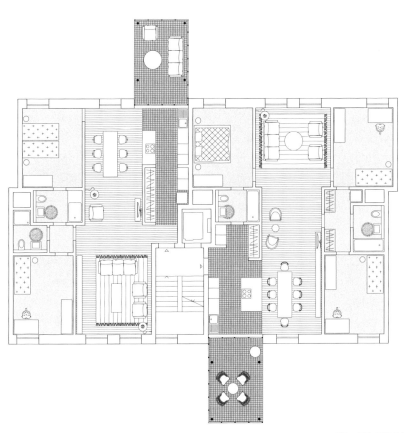

3½, 4½ ZW / 1:200

44

WOHNSIEDLUNG IM STÜCKLER

Zürich-Altstetten

Baugenossenschaft Halde (bhz)

Projektwettbewerb im selektiven Verfahren

Dezember 2011

Situation 1:1000

GARBATELLA

ARGE jessenvollenweider Architektur

lorenz.architekt

Basel

Rang 3

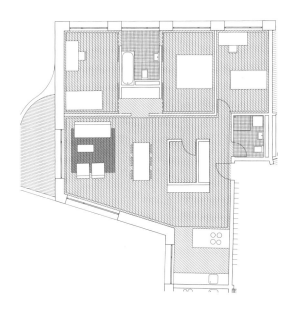

4½ ZW / 1:200

44

WOHNSIEDLUNG IM STÜCKLER

Zürich-Altstetten

Baugenossenschaft Halde (bhz)

Projektwettbewerb im selektiven Verfahren

Dezember 2011

Situation / 1:1000

4½ ZW / 1:200

44

WOHNSIEDLUNG IM STÜCKLER

Zürich-Altstetten

Baugenossenschaft Halde (bhz)

Projektwettbewerb im selektiven Verfahren

Dezember 2011

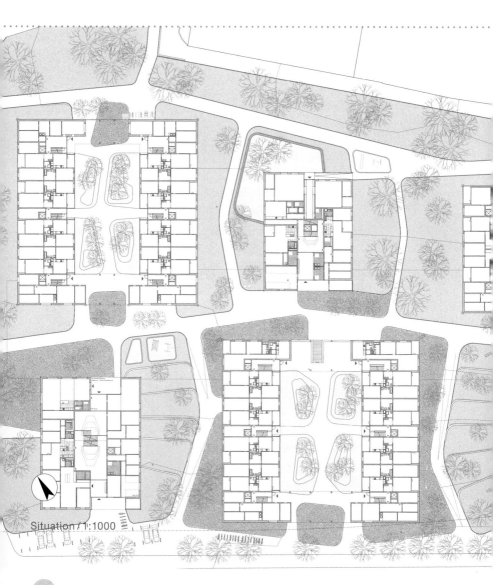

Situation / 1:1000

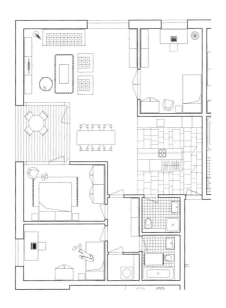

4½ ZW / 1:200

44

WOHNSIEDLUNG IM STÜCKLER

Zürich-Altstetten

Baugenossenschaft Halde (bhz)

Projektwettbewerb im selektiven Verfahren

Dezember 2011

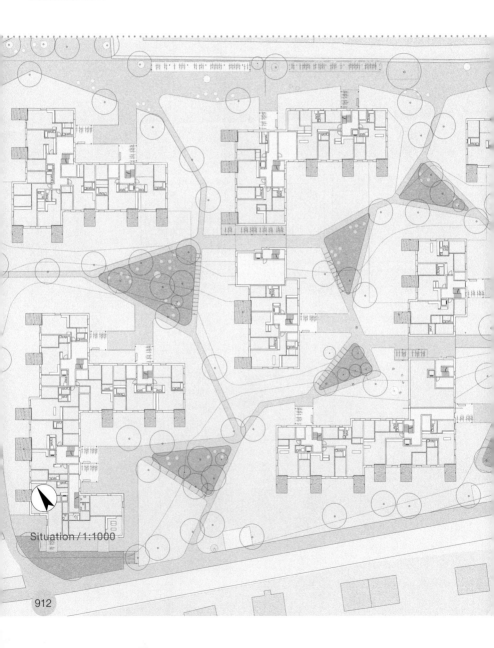

Situation / 1:1000

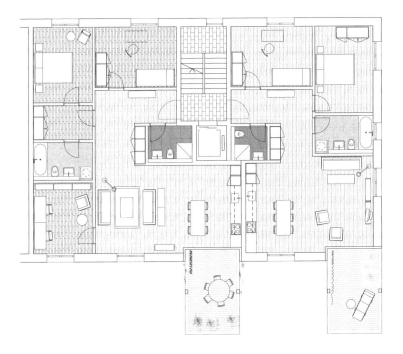

3½, 4½ ZW / 1:200

44

WOHNSIEDLUNG IM STÜCKLER

Zürich-Altstetten

Baugenossenschaft Halde (bhz)

Projektwettbewerb im selektiven Verfahren

Dezember 2011

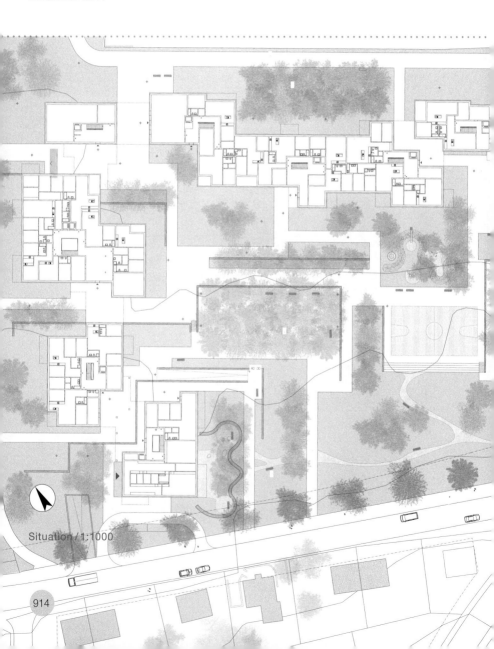

Situation / 1:1000

3½ ZW / 1:200

44

WOHNSIEDLUNG IM STÜCKLER

Zürich-Altstetten

Baugenossenschaft Halde (bhz)

Projektwettbewerb im selektiven Verfahren

Dezember 2011

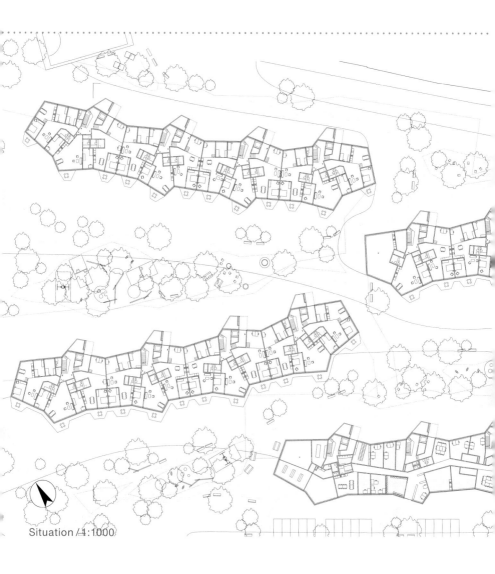

Situation / 1:1000

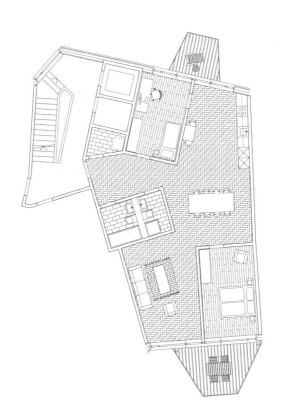

3½ ZW / 1:200

44

WOHNSIEDLUNG IM STÜCKLER

Zürich-Altstetten

Baugenossenschaft Halde (bhz)

Projektwettbewerb im selektiven Verfahren

Dezember 2011

Situation 1:1000

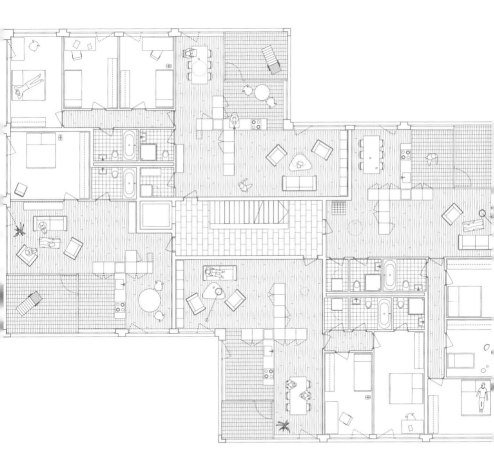

2½, 3½, 4½ ZW / 1:200

919

44

WOHNSIEDLUNG IM STÜCKLER

Zürich-Altstetten

Baugenossenschaft Halde (bhz)

Projektwettbewerb im selektiven Verfahren

Dezember 2011

Situation / 1:1000

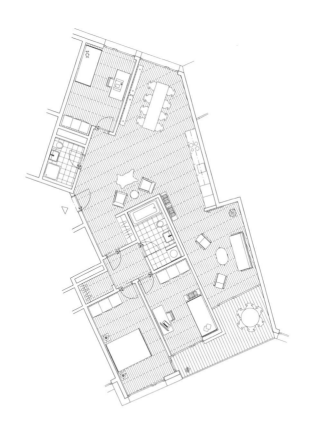

4½ ZW / 1:200

45
ZENTRUM FRIESENBERG
Zürich-Wiedikon (Arbentalstrasse / Schweighofstrasse / Borrweg)
Familienheim-Genossenschaft Zürich (FGZ)
Projektwettbewerb im selektiven Verfahren
April 2012

45

ZENTRUM FRIESENBERG

Zürich-Wiedikon (Arbentalstrasse / Schweighofstrasse / Borrweg)

Familienheim-Genossenschaft Zürich (FGZ)

Projektwettbewerb im selektiven Verfahren

April 2012

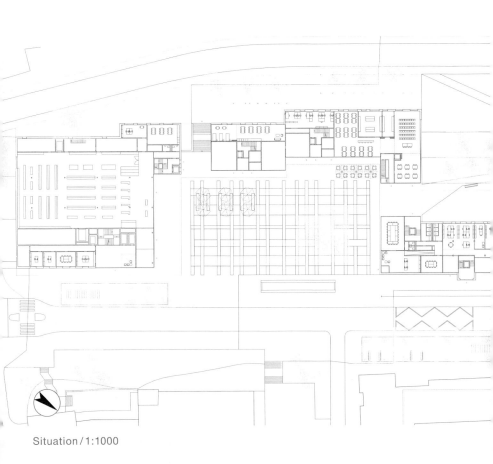

Situation / 1:1000

2½ ZW / 1:200

45

ZENTRUM FRIESENBERG

Zürich-Wiedikon

Familienheim-Genossenschaft Zürich (FGZ)

Projektwettbewerb im selektiven Verfahren

April 2012

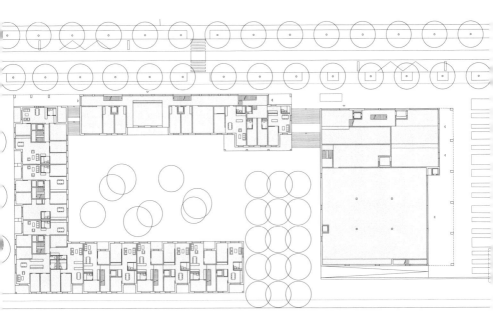

Situation / 1:1000

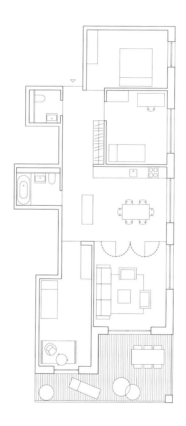

3½ ZW / 1:200

45

ZENTRUM FRIESENBERG

Zürich-Wiedikon

Familienheim-Genossenschaft Zürich (FGZ)

Projektwettbewerb im selektiven Verfahren

April 2012

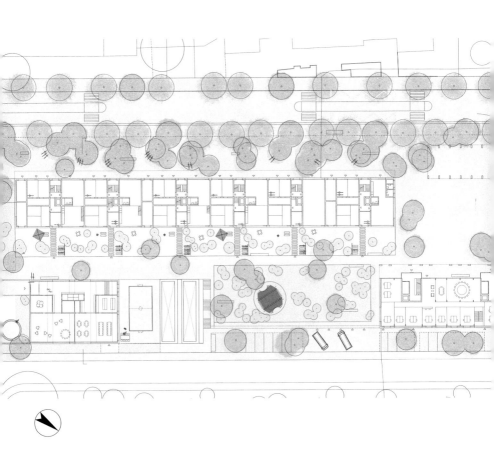

Situation / 1:1000

HELSINKI

Neff Neumann Architekten

Zürich

Rang 3

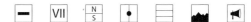

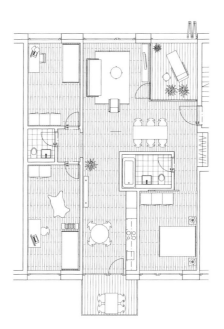

3½ ZW / 1:200

45

ZENTRUM FRIESENBERG

Zürich-Wiedikon

Familienheim-Genossenschaft Zürich (FGZ)

Projektwettbewerb im selektiven Verfahren

April 2012

Situation / 1:1000

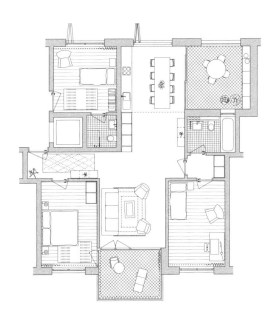

3½ ZW / 1:200

45

ZENTRUM FRIESENBERG

Zürich-Wiedikon

Familienheim-Genossenschaft Zürich (FGZ)

Projektwettbewerb im selektiven Verfahren

April 2012

Situation / 1:1000

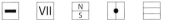

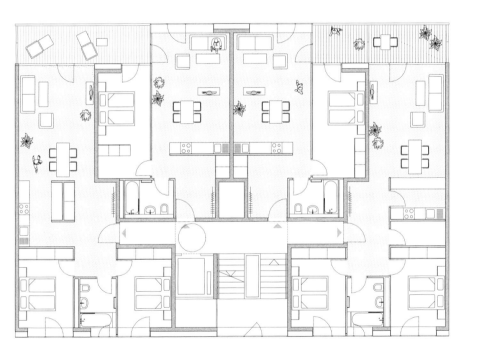

1½, 2½ ZW / 1:200

45

ZENTRUM FRIESENBERG

Zürich-Wiedikon

Familienheim-Genossenschaft Zürich (FGZ)

Projektwettbewerb im selektiven Verfahren

April 2012

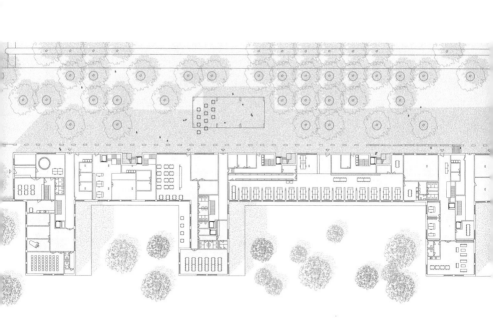

Situation / 1:1000

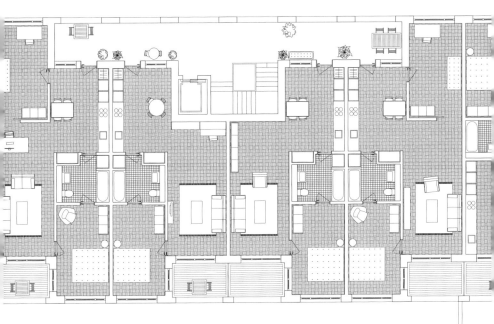

2½ ZW / 1:200

45

ZENTRUM FRIESENBERG

Zürich-Wiedikon

Familienheim-Genossenschaft Zürich (FGZ)

Projektwettbewerb im selektiven Verfahren

April 2012

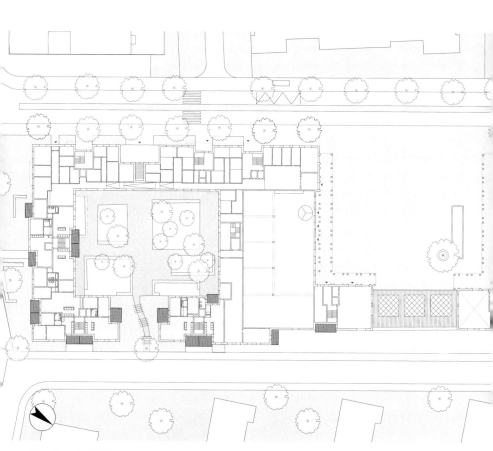

Situation / 1:1000

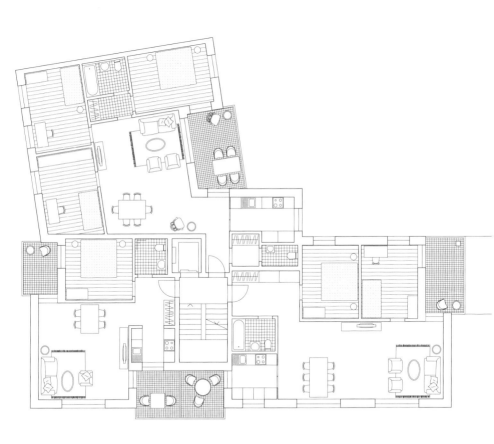

1½, 2½, 3½ ZW / 1:200

45

ZENTRUM FRIESENBERG

Zürich-Wiedikon

Familienheim-Genossenschaft Zürich (FGZ)

Projektwettbewerb im selektiven Verfahren

April 2012

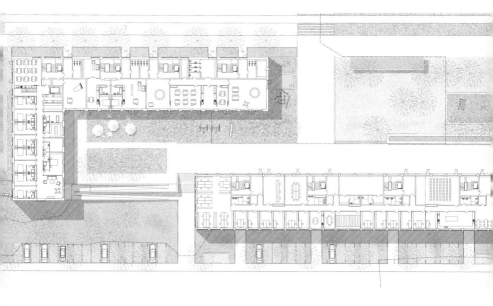

Situation / 1:1000

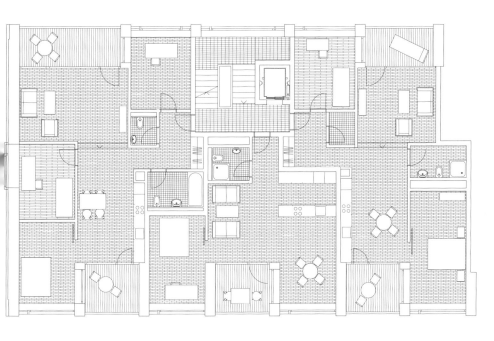

1½, 3½ ZW / 1:200

45

ZENTRUM FRIESENBERG

Zürich-Wiedikon

Familienheim-Genossenschaft Zürich (FGZ)

Projektwettbewerb im selektiven Verfahren

April 2012

Situation / 1:1000

3½ ZW / 1:200

45

ZENTRUM FRIESENBERG

Zürich-Wiedikon

Familienheim-Genossenschaft Zürich (FGZ)

Projektwettbewerb im selektiven Verfahren

April 2012

Situation / 1:1000

ALBATROS

Sergison Bates architekten

Jonathan Sergison, Stephen Bates

Zürich

3½ ZW / 1:200

46

WOHNSIEDLUNG SCHÖNAURING

Zürich-Seebach (Köschenrütistrasse / Schönauring)

Baugenossenschaft Schönauring Zürich (BSZ)

Projektwettbewerb im selektiven Verfahren

Mai 2012

46

WOHNSIEDLUNG SCHÖNAURING

Zürich-Seebach (Köschenrütistrasse / Schönauring)

Baugenossenschaft Schönauring Zürich (BSZ)

Projektwettbewerb im selektiven Verfahren

Mai 2012

Situation / 1:1000

3½, 4½ ZW / 1:200

947

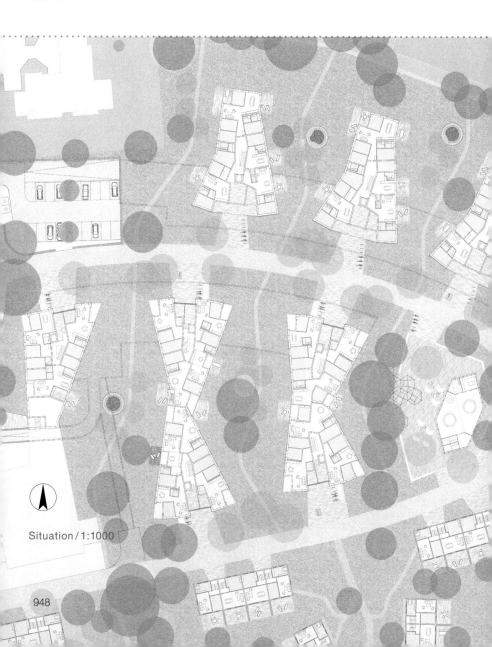

Situation / 1:1000

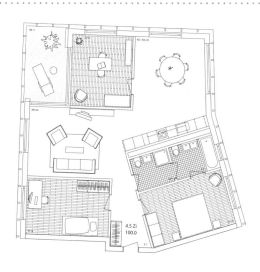

4.5 Zi
100.0

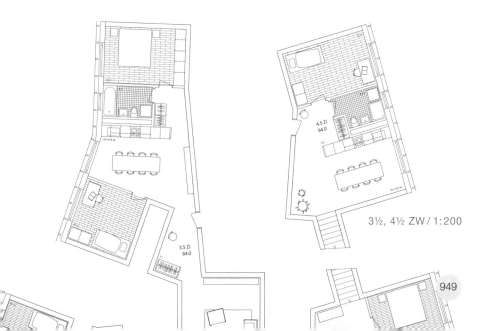

4.5 Zi
94.0

3.5 Zi
84.0

3½, 4½ ZW / 1:200

46

WOHNSIEDLUNG SCHÖNAURING

Zürich-Seebach

Baugenossenschaft Schönauring Zürich (BSZ)

Projektwettbewerb im selektiven Verfahren

Mai 2012

Situation / 1:1000

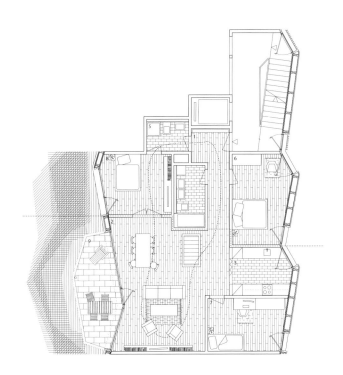

4½ ZW / 1:200

46

WOHNSIEDLUNG SCHÖNAURING

Zürich-Seebach

Baugenossenschaft Schönauring Zürich (BSZ)

Projektwettbewerb im selektiven Verfahren

Mai 2012

Situation / 1:1000

AMRING

Boltshauser Architekten

Zürich

Rang 4

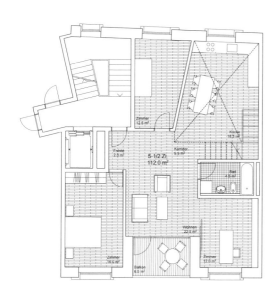

5½ ZW / 1:200

46

WOHNSIEDLUNG SCHÖNAURING

Zürich-Seebach

Baugenossenschaft Schönauring Zürich (BSZ)

Projektwettbewerb im selektiven Verfahren

Mai 2012

Situation / 1:1000

3½, 4½ ZW / 1:200

46

WOHNSIEDLUNG SCHÖNAURING

Zürich-Seebach

Baugenossenschaft Schönauring Zürich (BSZ)

Projektwettbewerb im selektiven Verfahren

Mai 2012

Situation / 1:1000

HULA-HOOP

Burkhard Meyer Architekten

Zürich

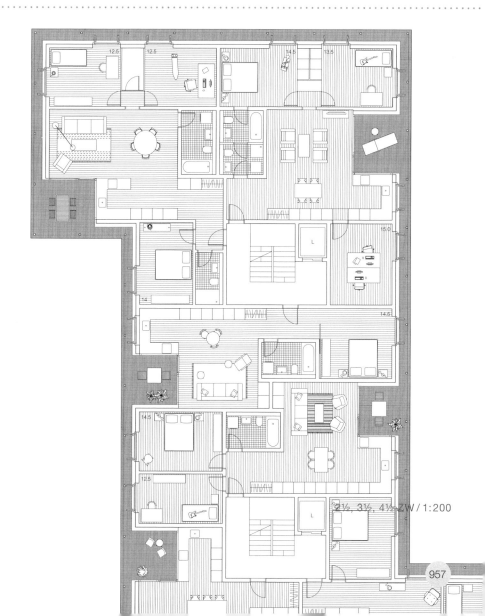

2½, 3½, 4½ ZW / 1:200

46

WOHNSIEDLUNG SCHÖNAURING

Zürich-Seebach

Baugenossenschaft Schönauring Zürich (BSZ)

Projektwettbewerb im selektiven Verfahren

Mai 2012

Situation / 1:1000

5½ ZW / 1:200

46

WOHNSIEDLUNG SCHÖNAURING

Zürich-Seebach

Baugenossenschaft Schönauring Zürich (BSZ)

Projektwettbewerb im selektiven Verfahren

Mai 2012

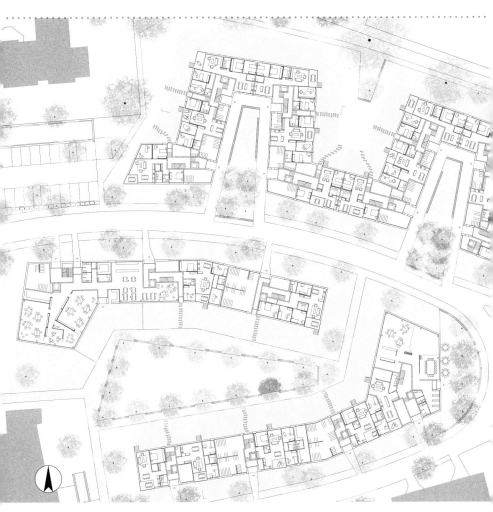

Situation / 1:1000

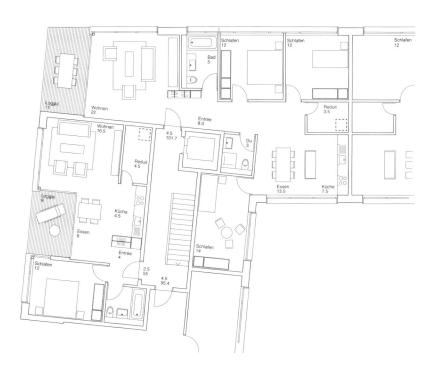

2½, 4½ ZW / 1:200

961

46

WOHNSIEDLUNG SCHÖNAURING

Zürich-Seebach

Baugenossenschaft Schönauring Zürich (BSZ)

Projektwettbewerb im selektiven Verfahren

Mai 2012

Situation / 1:1000

4½ ZW / 1:200

46

WOHNSIEDLUNG SCHÖNAURING

Zürich-Seebach

Baugenossenschaft Schönauring Zürich (BSZ)

Projektwettbewerb im selektiven Verfahren

Mai 2012

Situation / 1:1000

4½ ZW / 1:200

47
ALTERSSIEDLUNG HELEN KELLER
Zürich-Schwamendingen (Helen-Keller-Strasse)
Stiftung Alterswohnungen der Stadt Zürich (SAW)
Projektwettbewerb im selektiven Verfahren
Juni 2012

47

ALTERSSIEDLUNG HELEN KELLER

Zürich-Schwamendingen (Helen-Keller-Strasse)

Stiftung Alterswohnungen der Stadt Zürich (SAW)

Projektwettbewerb im selektiven Verfahren

Juni 2012

Situation 1:1000

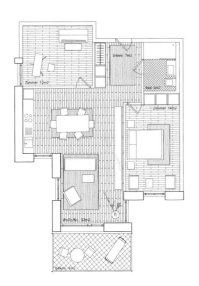

2½, 3½ ZW / 1:200

47

ALTERSSIEDLUNG HELEN KELLER

Zürich-Schwamendingen

Stiftung Alterswohnungen der Stadt Zürich (SAW)

Projektwettbewerb im selektiven Verfahren

Juni 2012

Situation / 1:1000

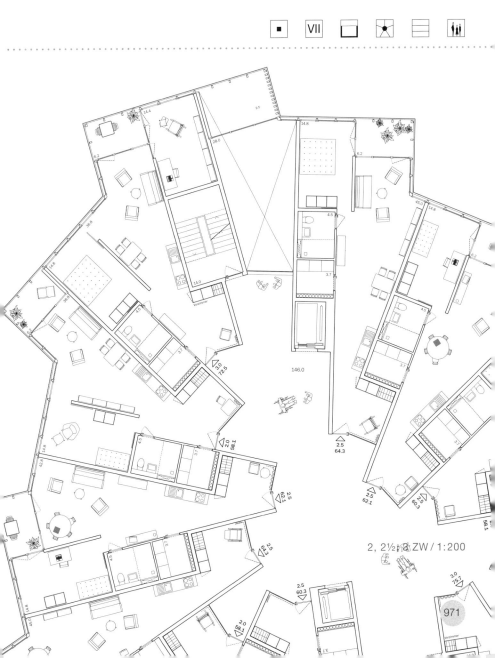

2, 2½, 3 ZW / 1:200

971

47

ALTERSSIEDLUNG HELEN KELLER

Zürich-Schwamendingen

Stiftung Alterswohnungen der Stadt Zürich (SAW)

Projektwettbewerb im selektiven Verfahren

Juni 2012

Situation / 1:1000

2, 2½, 3 ZW /

1:200

47

ALTERSSIEDLUNG HELEN KELLER

Zürich-Schwamendingen

Stiftung Alterswohnungen der Stadt Zürich (SAW)

Projektwettbewerb im selektiven Verfahren

Juni 2012

Situation / 1:1000

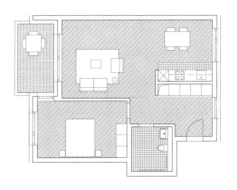

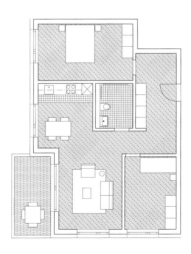

2½, 3 ZW / 1:200

975

47

ALTERSSIEDLUNG HELEN KELLER

Zürich-Schwamendingen

Stiftung Alterswohnungen der Stadt Zürich (SAW)

Projektwettbewerb im selektiven Verfahren

Juni 2012

Situation 1:1000

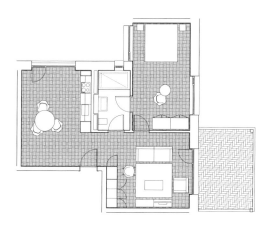

2½, 3 ZW / 1:200

47

ALTERSSIEDLUNG HELEN KELLER

Zürich-Schwamendingen

Stiftung Alterswohnungen der Stadt Zürich (SAW)

Projektwettbewerb im selektiven Verfahren

Juni 2012

Situation / 1:1000

2½ ZW / 1:200

47

ALTERSSIEDLUNG HELEN KELLER

Zürich-Schwamendingen

Stiftung Alterswohnungen der Stadt Zürich (SAW)

Projektwettbewerb im selektiven Verfahren

Juni 2012

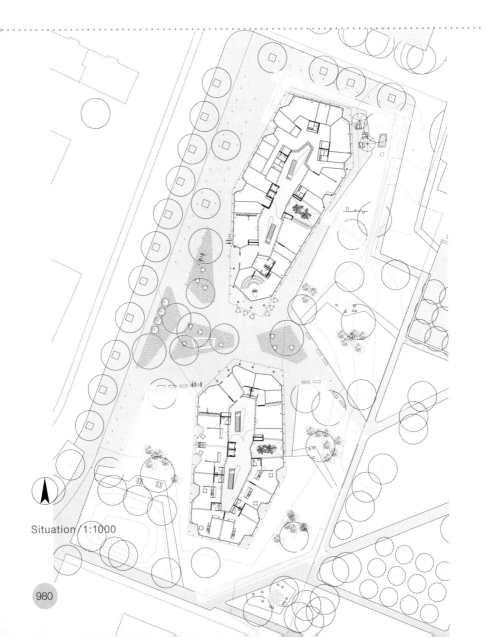

Situation 1:1000

2½ ZW / 1:200

47

ALTERSSIEDLUNG HELEN KELLER

Zürich-Schwamendingen

Stiftung Alterswohnungen der Stadt Zürich (SAW)

Projektwettbewerb im selektiven Verfahren

Juni 2012

Situation / 1:1000

2½, 3 ZW / 1:200

47

ALTERSSIEDLUNG HELEN KELLER

Zürich-Schwamendingen

Stiftung Alterswohnungen der Stadt Zürich (SAW)

Projektwettbewerb im selektiven Verfahren

Juni 2012

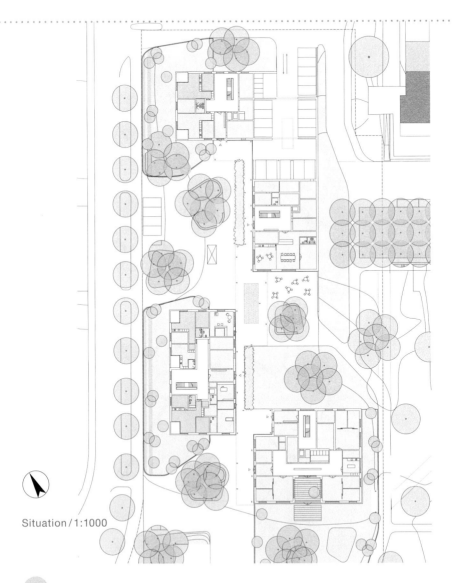

Situation / 1:1000

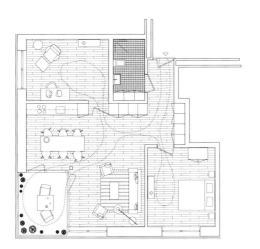

2½, 3½ ZW / 1:200

47

ALTERSSIEDLUNG HELEN KELLER

Zürich-Schwamendingen

Stiftung Alterswohnungen der Stadt Zürich (SAW)

Projektwettbewerb im selektiven Verfahren

Juni 2012

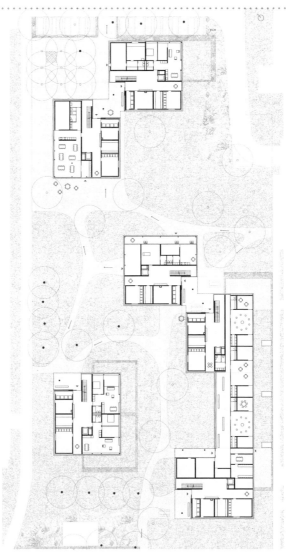

Situation / 1:1000

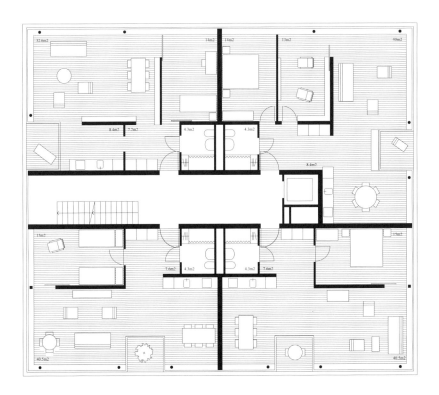

2½, 3 ZW / 1:200

987

AREAL HORNBACH

Zürich-Riesbach

(Bellerivestrasse / Baurstrasse / Hornbachstrasse / Dufourstrasse / Heimatstrasse)

Liegenschaftenverwaltung der Stadt Zürich

Projektwettbewerb im selektiven Verfahren

Juli 2012

48

AREAL HORNBACH

Zürich-Riesbach

(Bellerivestrasse / Baurstrasse / Hornbachstrasse / Dufourstrasse / Heimatstrasse)

Liegenschaftenverwaltung der Stadt Zürich

Projektwettbewerb im selektiven Verfahren

Juli 2012

Situation / 1:1000

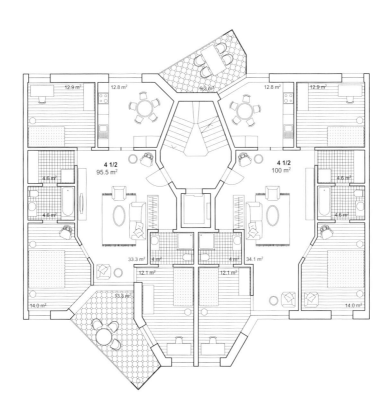

4½ ZW / 1:200

48

AREAL HORNBACH

Zürich-Riesbach

Liegenschaftenverwaltung der Stadt Zürich

Projektwettbewerb im selektiven Verfahren

Juli 2012

Situation / 1:1000

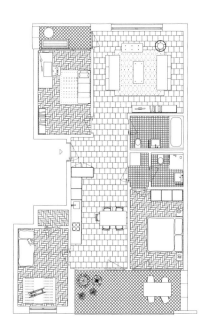

3½ ZW / 1:200

48

AREAL HORNBACH

Zürich-Riesbach

Liegenschaftenverwaltung der Stadt Zürich

Projektwettbewerb im selektiven Verfahren

Juli 2012

Situation / 1:1000

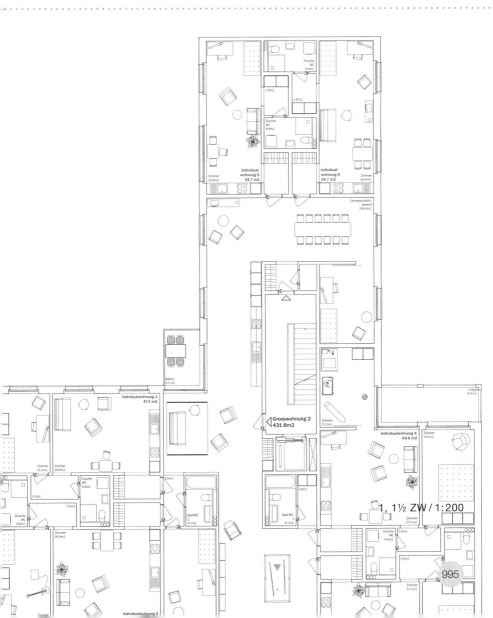

Dusche WC 4.4m2

2.9m2

2.9m2

Dusche WC 4.4m2

Zimmer 24.4m2

Individual- wohnung 5 34.7 m2

Individual- wohnung 6 34.7 m2

Zimmer 24.4m2

Gemeinschafts- bereich 109.4m2

Balkon 6.5 m2

Individualwohnung 1 47.5 m2

Loggia 9.9 m2

Grosswohnung 2 431.8m2

Individualwohnung 4 64.6 m2

Zimmer 14.5m2

Zimmer 12.2m2

Zimmer 24.9m2

Dusche WC 4.0m2

3.0m2

Zimmer 12.7m2

3.2m2

3.2m2

Bad/WC 2 4.1 m2

2.8m2

Bad/WC 4.1 m2

Dusche WC 4.0m2

Zimmer 29.0m2

Dusche WC 4.0m2

3.0m2

Zimmer 27.5 m2

3.0m2

1, 1½ ZW / 1:200

995

Zimmer 22.1 m2

Individualwohnung 2

48

AREAL HORNBACH

Zürich-Riesbach

Liegenschaftenverwaltung der Stadt Zürich

Projektwettbewerb im selektiven Verfahren

Juli 2012

Situation / 1:1000

CARO DIARIO

von Ballmoos Krucker Architekten

Sergison Bates Architekten

Zürich

Rang 4

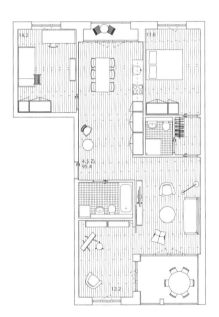

4½ ZW / 1:200

48

AREAL HORNBACH

Zürich-Riesbach

Liegenschaftenverwaltung der Stadt Zürich

Projektwettbewerb im selektiven Verfahren

Juli 2012

Baurstrasse

Hornbachstrasse

Bellerivestrasse

Situation / 1:1000

WOHNALLEE

Miroslav Šik Architekten

Zürich

2½ ZW / 1:200

48

AREAL HORNBACH

Zürich-Riesbach

Liegenschaftenverwaltung der Stadt Zürich

Projektwettbewerb im selektiven Verfahren

Juli 2012

Situation / 1:1000

1000

5½ ZW / 1:200

1001

48

AREAL HORNBACH

Zürich-Riesbach

Liegenschaftenverwaltung der Stadt Zürich

Projektwettbewerb im selektiven Verfahren

Juli 2012

Situation / 1:1000

2½ ZW / 1:200

48

AREAL HORNBACH

Zürich-Riesbach

Liegenschaftenverwaltung der Stadt Zürich

Projektwettbewerb im selektiven Verfahren

Juli 2012

Situation / 1:1000

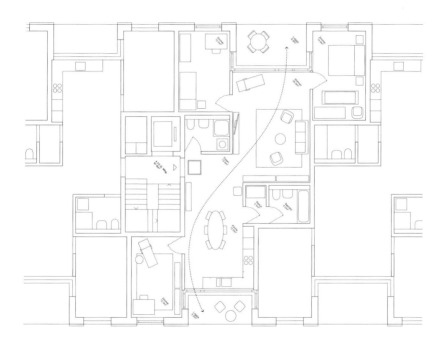

4½ ZW / 1:200

48

AREAL HORNBACH

Zürich-Riesbach

Liegenschaftenverwaltung der Stadt Zürich

Projektwettbewerb im selektiven Verfahren

Juli 2012

Situation / 1:1000

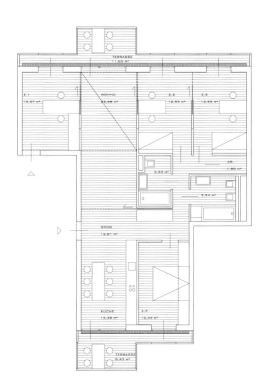

4½ ZW / 1:200

48

AREAL HORNBACH

Zürich-Riesbach

Liegenschaftenverwaltung der Stadt Zürich

Projektwettbewerb im selektiven Verfahren

Juli 2012

Situation / 1:1000

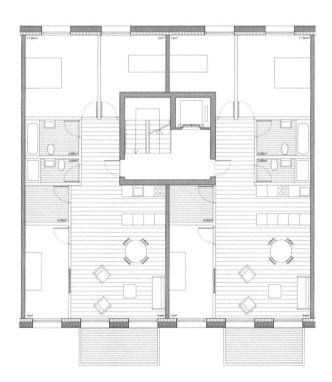

4½ ZW / 1:200

48

AREAL HORNBACH

Zürich-Riesbach

Liegenschaftenverwaltung der Stadt Zürich

Projektwettbewerb im selektiven Verfahren

Juli 2012

Situation / 1:1000

LIDO

Hauenstein LaRoche Schedler Architekten

Zürich

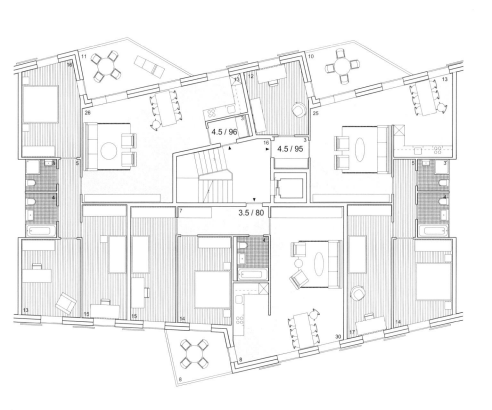

4.5 / 96

4.5 / 95

3.5 / 80

3½, 4½ ZW / 1:200

48

AREAL HORNBACH

Zürich-Riesbach

Liegenschaftenverwaltung der Stadt Zürich

Projektwettbewerb im selektiven Verfahren

Juli 2012

Situation / 1:1000

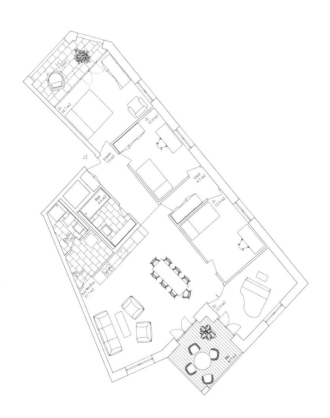

4½ ZW / 1:200

48

AREAL HORNBACH

Zürich-Riesbach

Liegenschaftenverwaltung der Stadt Zürich

Projektwettbewerb im selektiven Verfahren

Juli 2012

Situation / 1:1000

SOLDBERG

pool Architekten

Zürich

4½, 5½ ZW / 1:200

48

AREAL HORNBACH

Zürich-Riesbach

Liegenschaftenverwaltung der Stadt Zürich

Projektwettbewerb im selektiven Verfahren

Juli 2012

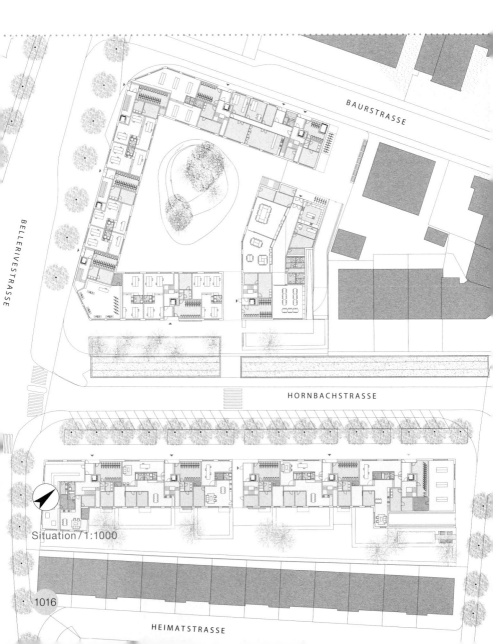

Situation / 1:1000

1016

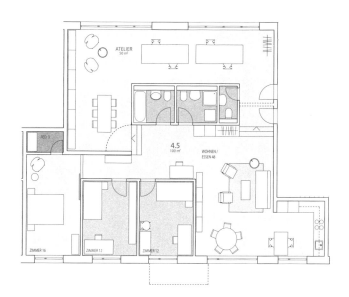

4½ ZW / 1:200

48

AREAL HORNBACH

Zürich-Riesbach

Liegenschaftenverwaltung der Stadt Zürich

Projektwettbewerb im selektiven Verfahren

Juli 2012

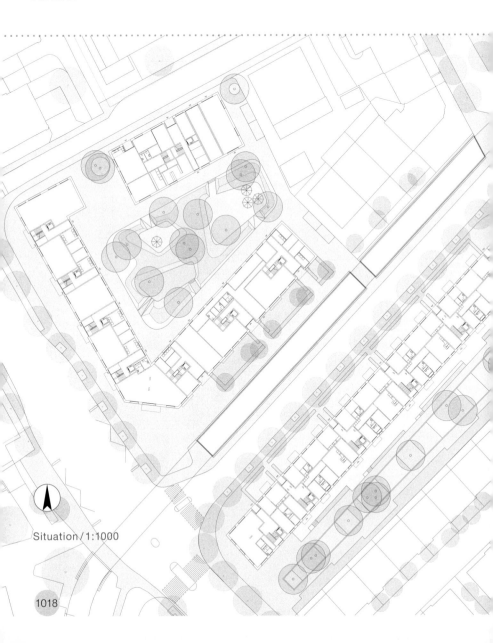

Situation / 1:1000

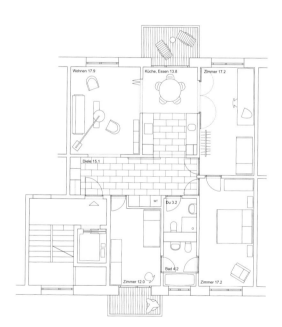

4½ ZW / 1:200

1019

49

WOHNHÄUSER FELSENRAINSTRASSE

Zürich-Seebach (Felsenrainstrasse 82, 84)

WOGENO Wohngenossenschaft selbstverwalteter Hausgemeinschaften

Kleinprojektwettbewerb im Einladungsverfahren

August 2012

49

WOHNHÄUSER FELSENRAINSTRASSE

Zürich-Seebach (Felsenrainstrasse 82, 84)

WOGENO Wohngenossenschaft selbstverwalteter Hausgemeinschaften

Kleinprojektwettbewerb im Einladungsverfahren

August 2012

Situation / 1:1000

ENSEMBLE

Hunkeler Hürzeler

Baden

Rang 1

2½, 3½, 4½, 5½ ZW /

1:200

1023

49

WOHNHÄUSER FELSENRAINSTRASSE

Zürich-Seebach

WOGENO Wohngenossenschaft selbstverwalteter Hausgemeinschaften

Kleinprojektwettbewerb im Einladungsverfahren

August 2012

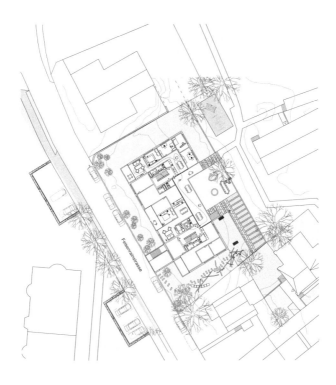

Situation / 1:1000

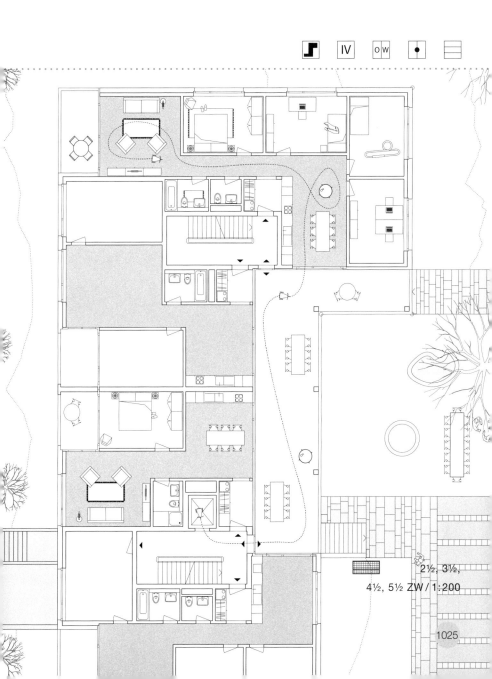

2½, 3½,
4½, 5½ ZW / 1:200

49

WOHNHÄUSER FELSENRAINSTRASSE

Zürich-Seebach

WOGENO Wohngenossenschaft selbstverwalteter Hausgemeinschaften

Kleinprojektwettbewerb im Einladungsverfahren

August 2012

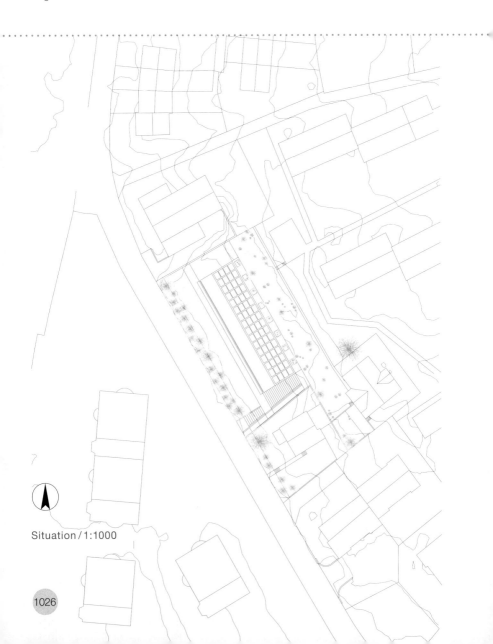

Situation / 1:1000

FELSENRAIN

Rolf Mühlethaler

Bern

Rang 3

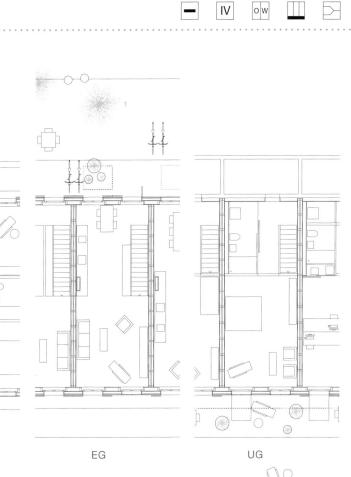

OG

EG

UG

3½ ZW / 1:200

1027

49

WOHNHÄUSER FELSENRAINSTRASSE

Zürich-Seebach

WOGENO Wohngenossenschaft selbstverwalteter Hausgemeinschaften

Kleinprojektwettbewerb im Einladungsverfahren

August 2012

Situation / 1:1000

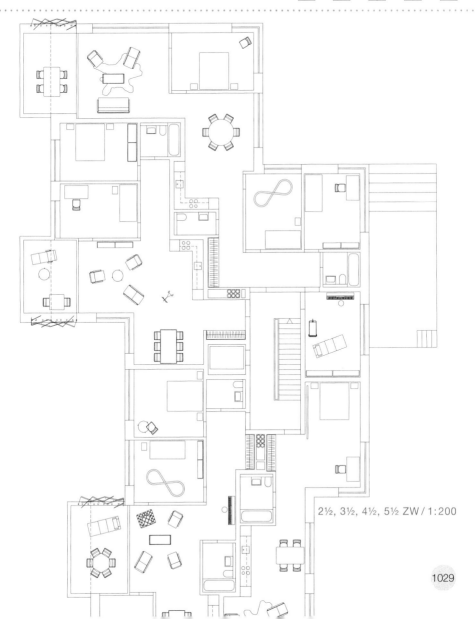

2½, 3½, 4½, 5½ ZW / 1:200

49

WOHNHÄUSER FELSENRAINSTRASSE

Zürich-Seebach

WOGENO Wohngenossenschaft selbstverwalteter Hausgemeinschaften

Kleinprojektwettbewerb im Einladungsverfahren

August 2012

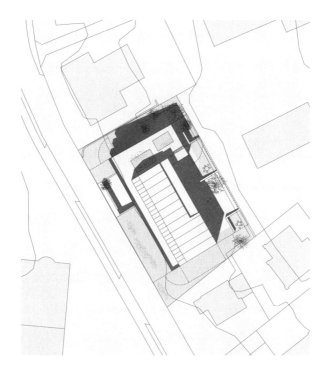

Situation / 1:1000

2½, 3½, 5½ ZW / 1:200

49

WOHNHÄUSER FELSENRAINSTRASSE

Zürich-Seebach

WOGENO Wohngenossenschaft selbstverwalteter Hausgemeinschaften

Kleinprojektwettbewerb im Einladungsverfahren

August 2012

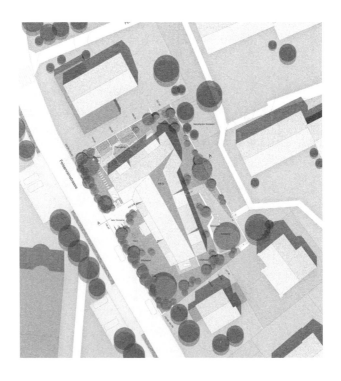

Situation / 1:1000

2½, 3½, 5½ ZW / 1:200

AREAL HARDTURM WOHNUNGSBAU

Zürich-West (Hardturmstrasse / Förrlibuckstrasse / Sportweg)

Liegenschaftenverwaltung und Stiftung Wohnungen für kinderreiche Familien der Stadt Züric

Projektwettbewerb im offenen Verfahren

Oktober 2012

50

AREAL HARDTURM WOHNUNGSBAU

Zürich-West (Hardturmstrasse / Förrlibuckstrasse / Sportweg)

Liegenschaftenverwaltung und Stiftung Wohnungen für kinderreiche Familien der Stadt Züric

Projektwettbewerb im offenen Verfahren

Oktober 2012

Situation / 1:1000

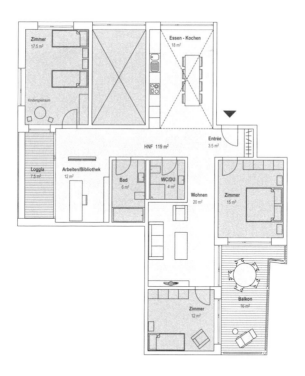

Zimmer
17.5 m²

Kinderspielraum

Essen - Kochen
18 m²

Entrée
3.5 m²

Loggia
7.5 m²

Arbeiten/Bibliothek
12 m²

HNF 119 m²

Bad
6 m²

WC/DU
4 m²

Wohnen
20 m²

Zimmer
15 m²

Zimmer
12 m²

Balkon
16 m²

4½ ZW / 1:200

50

AREAL HARDTURM WOHNUNGSBAU

Zürich-West

Liegenschaftenverwaltung und Stiftung Wohnungen für kinderreiche Familien der Stadt Züric█

Projektwettbewerb im offenen Verfahren

Oktober 2012

Situation / 1:1000

CHAKRA

Ramser Schmid Architekten

Zürich

Rang 2

4½ ZW / 1:200

50

AREAL HARDTURM WOHNUNGSBAU

Zürich-West

Liegenschaftenverwaltung und Stiftung Wohnungen für kinderreiche Familien der Stadt Zürich

Projektwettbewerb im offenen Verfahren

Oktober 2012

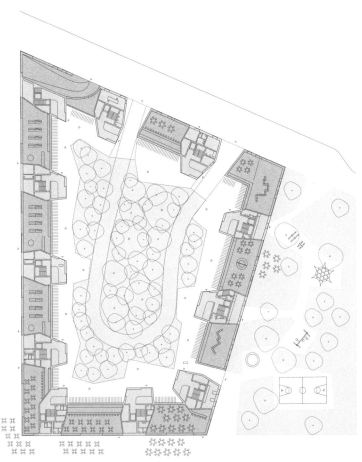

Situation / 1:1000

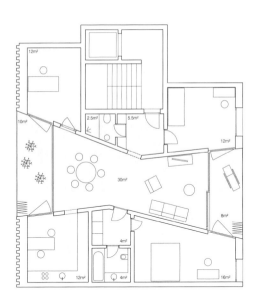

4½ ZW / 1:200

50

AREAL HARDTURM WOHNUNGSBAU

Zürich-West

Liegenschaftenverwaltung und Stiftung Wohnungen für kinderreiche Familien der Stadt Zürich

Projektwettbewerb im offenen Verfahren

Oktober 2012

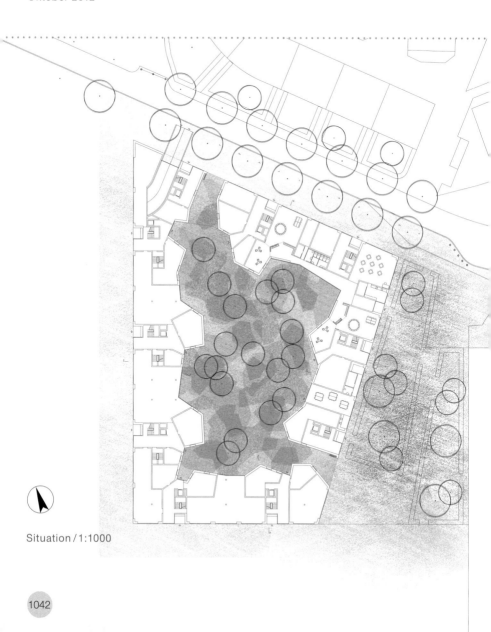

Situation / 1:1000

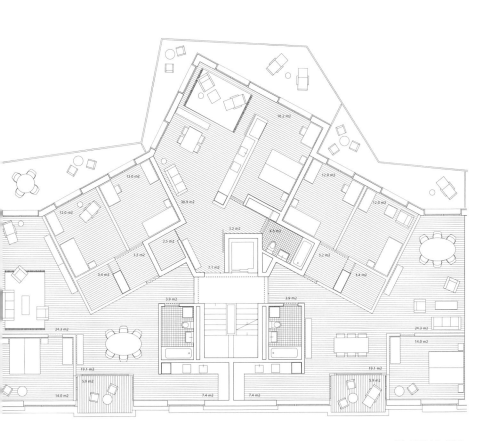

4½ ZW / 1:200

50

AREAL HARDTURM WOHNUNGSBAU

Zürich-West

Liegenschaftenverwaltung und Stiftung Wohnungen für kinderreiche Familien der Stadt Zürich

Projektwettbewerb im offenen Verfahren

Oktober 2012

Situation / 1:1000

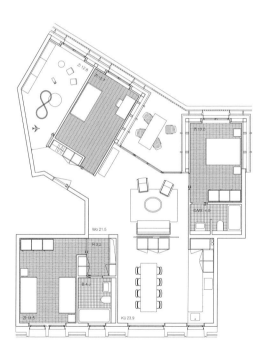

5½ ZW / 1:200

50

AREAL HARDTURM WOHNUNGSBAU

Zürich-West

Liegenschaftenverwaltung und Stiftung Wohnungen für kinderreiche Familien der Stadt Zürich

Projektwettbewerb im offenen Verfahren

Oktober 2012

Situation / 1:1000

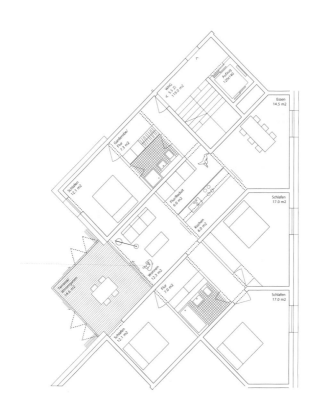

5½ ZW / 1:200

50

AREAL HARDTURM WOHNUNGSBAU

Zürich-West

Liegenschaftenverwaltung und Stiftung Wohnungen für kinderreiche Familien der Stadt Zürich

Projektwettbewerb im offenen Verfahren

Oktober 2012

Situation / 1:1000

5½ ZW / 1:200

50

AREAL HARDTURM WOHNUNGSBAU

Zürich-West

Liegenschaftenverwaltung und Stiftung Wohnungen für kinderreiche Familien der Stadt Züric

Projektwettbewerb im offenen Verfahren

Oktober 2012

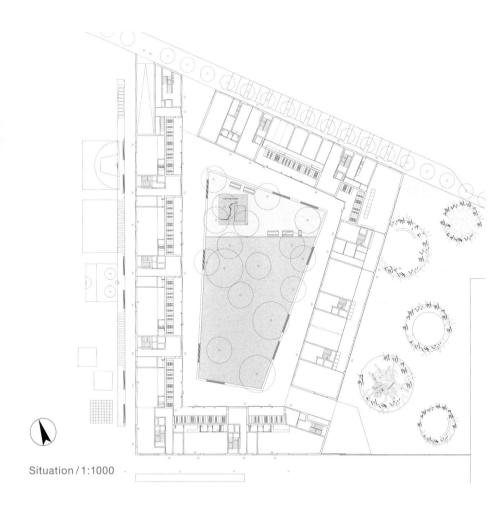

Situation / 1:1000

LOOP

LOT-Z Architekten

Zürich

Rang 8

Wohnzimmer
30.7 m²

Loggia
12.2 m²

Wohnküche
11.1 m²

Zimmer
12.3 m²

Bad IV
3.2 m²

Zimmer
14.2 m²

Bad
3.8 m²

Zimmer
12.7 m²

Entrée/Flur
Ankleide
16.6 m²

Zimmer
12.6 m²

5½ ZW / 1:200

1051

	Legende	S.24	S.26	S.28	S.30	S.32	S.34	S.36	S.40	S.42
BAUTYP										
PUNKT	■		■		■			■	■	■
LINEAR	▬	▬		▬		▬	▬			
SONDERFORM	⌐									
GEBÄUDEHÖHE										
MAX. 4 GESCHOSSE	IV	IV	IV		IV	IV	IV	IV	IV	
MAX. 7 GESCHOSSE	VII			VII						VII
HOCHHAUS	H									
ORIENTIERUNG										
NORD-SUED	N/S									
OST-WEST	O|W	O|W			O|W	O|W				
ÜBERECK	◇		◇	◇				◇	◇	◇
EINSEITIG	□									
ERSCHLIESSUNG										
EINSPÄNNER	●	●		●		●		●		
ZWEISPÄNNER	●			●						
DREISPÄNNER	●		●							●
VIERSPÄNNER	●								●	
VIELSPÄNNER	●									
GANGERSCHLIESSUNG	▥						▥			
WOHNUNGSTYP										
MAISONETTE	⊳	⊳		⊳	⊳			⊳		
GESCHOSSWOHNUNG	☰		☰	☰			☰		☰	☰
BESONDERE ANFORDERUNG										
AUSBLICK	▲									
GEBÄUDETIEFE	▲/▼			▲/▼						
ZIELGRUPPE	♟♟									
LÄRM	📢									

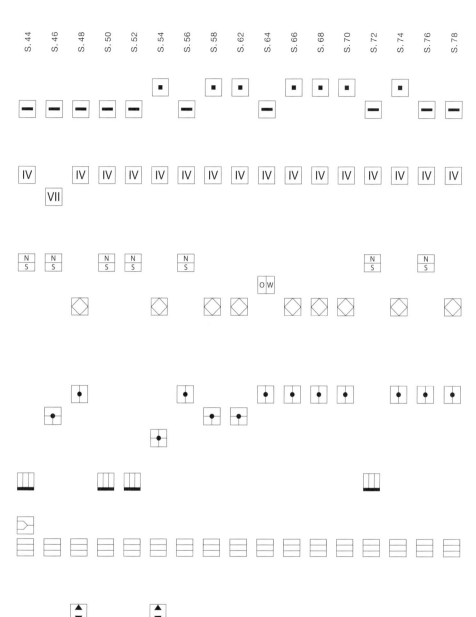

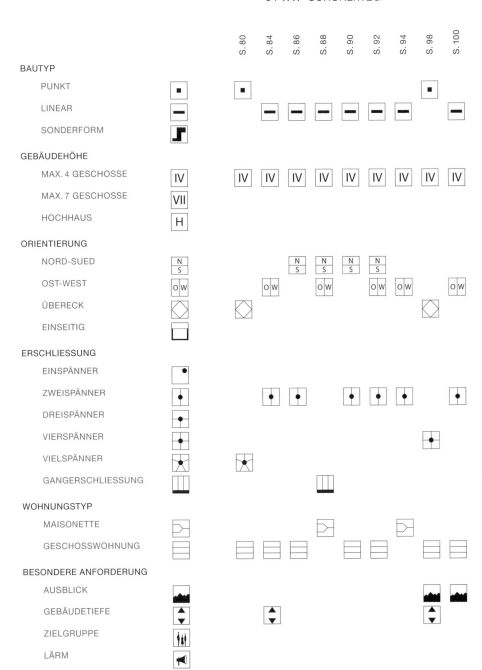

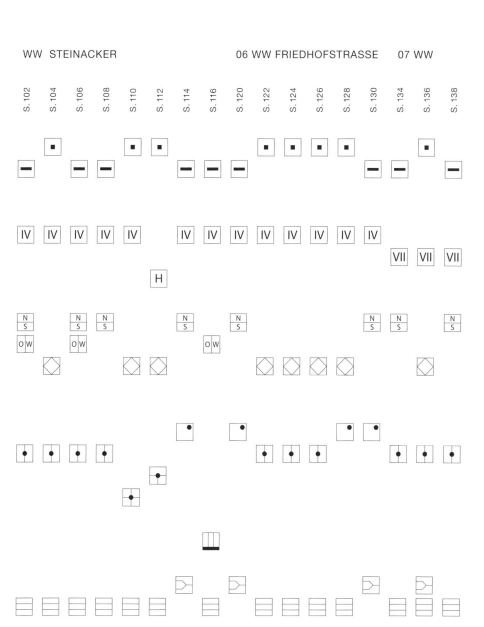

	Symbol	S. 140	S. 142	S. 144	S. 146	S. 148	S. 150	S. 152	S. 156	S. 158
BAUTYP										
PUNKT	▪		▪	▪				▪		▪
LINEAR	▬	▬			▬	▬	▬		▬	
SONDERFORM	⌐									
GEBÄUDEHÖHE										
MAX. 4 GESCHOSSE	IV				IV	IV				IV
MAX. 7 GESCHOSSE	VII	VII	VII	VII			VII	VII	VII	
HOCHHAUS	H									
ORIENTIERUNG										
NORD-SUED	N/S	N/S					N/S			
OST-WEST	O/W					O/W			O/W	
ÜBERECK	◇		◇	◇	◇			◇		◇
EINSEITIG	☐									
ERSCHLIESSUNG										
EINSPÄNNER	●									
ZWEISPÄNNER	●			●	●	●	●		●	
DREISPÄNNER	●		●					●		
VIERSPÄNNER	●									
VIELSPÄNNER	✕									
GANGERSCHLIESSUNG	▥		▥					▥		
WOHNUNGSTYP										
MAISONETTE	◁							◁		
GESCHOSSWOHNUNG	▤	▤	▤	▤	▤	▤	▤	▤		▤
BESONDERE ANFORDERUNG										
AUSBLICK	⛰									⛰
GEBÄUDETIEFE	▲▼									
ZIELGRUPPE	👫									
LÄRM	📢									

S. 160   S. 162   S. 164   S. 166   S. 168   S. 170   S. 172   S. 174   S. 176   S. 180   S. 182   S. 184   S. 186   S. 188   S. 190   S. 192   S. 194

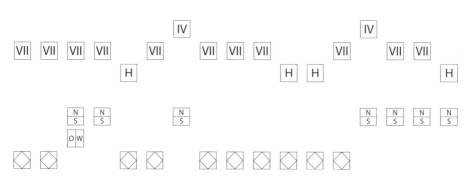

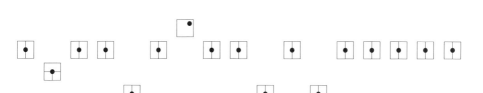

	S.196	S.198	S.202	S.204	S.206	S.208	S.210	S.212	S.214
BAUTYP									
PUNKT			■				■		
LINEAR	▬	▬				▬			▬
SONDERFORM				⌐	⌐			⌐	
GEBÄUDEHÖHE									
MAX. 4 GESCHOSSE		IV		IV			IV		
MAX. 7 GESCHOSSE	VII				VII	VII			
HOCHHAUS			H				H		H
ORIENTIERUNG									
NORD-SUED	N/S		N/S	N/S		N/S	N/S	N/S	N/S
OST-WEST	O|W			O|W			O|W		
ÜBERECK			◇		◇		◇		
EINSEITIG									
ERSCHLIESSUNG									
EINSPÄNNER									
ZWEISPÄNNER	●	●							
DREISPÄNNER									
VIERSPÄNNER							●		
VIELSPÄNNER			●						
GANGERSCHLIESSUNG				▥	▥	▥		▥	▥
WOHNUNGSTYP									
MAISONETTE									
GESCHOSSWOHNUNG	▤	▤	▤	▤	▤	▤	▤	▤	▤
BESONDERE ANFORDERUNG									
AUSBLICK			▰				▰		▰
GEBÄUDETIEFE			⬍						
ZIELGRUPPE			⛹	⛹	⛹	⛹	⛹	⛹	⛹
LÄRM									

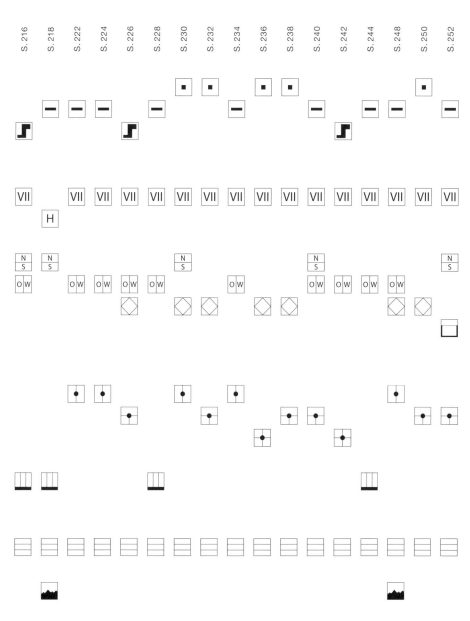

	Legende	S.254	S.256	S.258	S.260	S.262	S.264	S.266	S.268	S.272
BAUTYP										
PUNKT	■				■		■	■		
LINEAR	—		—			—			—	—
SONDERFORM	⌐	⌐		⌐						
GEBÄUDEHÖHE										
MAX. 4 GESCHOSSE	IV	IV		IV	IV	IV	IV	IV		IV
MAX. 7 GESCHOSSE	VII	VII		VII				VII		
HOCHHAUS	H									
ORIENTIERUNG										
NORD-SUED	N/S	N/S					N/S		N/S	
OST-WEST	O|W	O|W			O|W					O|W
ÜBERECK	◇		◇		◇	◇	◇	◇	◇	◇
EINSEITIG	⌐					⌐				
ERSCHLIESSUNG										
EINSPÄNNER	●							●		
ZWEISPÄNNER	●			●					●	
DREISPÄNNER	●		●		●	●	●			●
VIERSPÄNNER	●									
VIELSPÄNNER	▨									
GANGERSCHLIESSUNG	▥									
WOHNUNGSTYP										
MAISONETTE	▷									
GESCHOSSWOHNUNG	⊟	⊟	⊟	⊟	⊟	⊟	⊟	⊟	⊟	⊟
BESONDERE ANFORDERUNG										
AUSBLICK	▲▲				▲▲					
GEBÄUDETIEFE	▲▼								▲▼	
ZIELGRUPPE	♟♟									
LÄRM	◀									

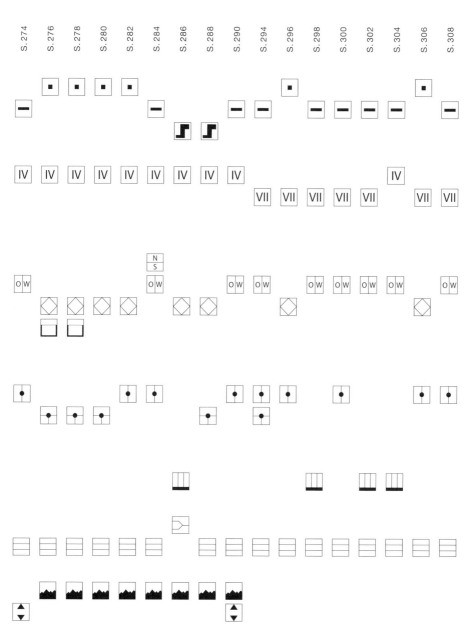

		S.310	S.312	S.314	S.316	S.320	S.322	S.324	S.326	S.328
BAUTYP										
PUNKT	▪									
LINEAR	▬	▬	▬	▬	▬	▬	▬	▬	▬	▬
SONDERFORM	⌐									
GEBÄUDEHÖHE										
MAX. 4 GESCHOSSE	IV	IV				IV	IV	IV	IV	IV
MAX. 7 GESCHOSSE	VII		VII	VII	VII					
HOCHHAUS	H									
ORIENTIERUNG										
NORD-SUED	N/S	N/S	N/S			N/S	N/S			N/S
OST-WEST	O W			O W	O W			O W	O W	
ÜBERECK	◇				◇					
EINSEITIG	▢		▢							
ERSCHLIESSUNG										
EINSPÄNNER	•									
ZWEISPÄNNER	•	•	•	•		•	•	•	•	•
DREISPÄNNER	•				•					
VIERSPÄNNER	•									
VIELSPÄNNER	✳									
GANGERSCHLIESSUNG	⫼									
WOHNUNGSTYP										
MAISONETTE	⊳						⊳			
GESCHOSSWOHNUNG	☰	☰	☰	☰	☰	☰		☰	☰	☰
BESONDERE ANFORDERUNG										
AUSBLICK	▰					▰	▰	▰	▰	▰
GEBÄUDETIEFE	▲▼									
ZIELGRUPPE	♟									
LÄRM	📢	📢	📢	📢	📢					

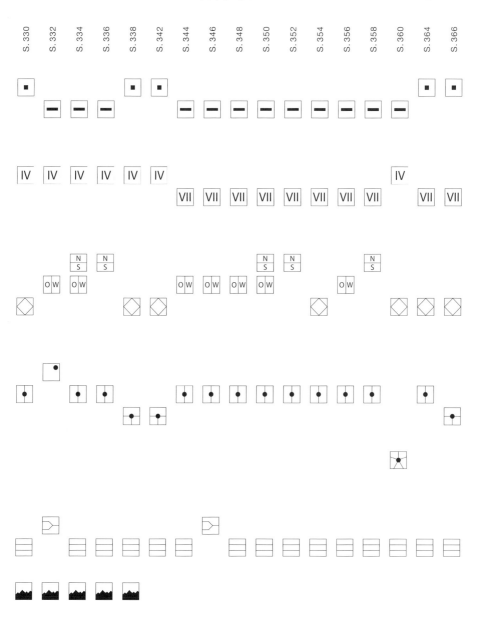

WW RAUTISTRASSE   18 WW

	Legende	S.368	S.370	S.372	S.374	S.376	S.378	S.382	S.384	S.386
BAUTYP										
PUNKT	■	■	■	■	■					■
LINEAR	—					—		—	—	
SONDERFORM	⌐						⌐			
GEBÄUDEHÖHE										
MAX. 4 GESCHOSSE	IV						IV			
MAX. 7 GESCHOSSE	VII	VII	VII	VII	VII	VII		VII	VII	
HOCHHAUS	H									H
ORIENTIERUNG										
NORD-SUED	N/S					N/S		N/S		
OST-WEST	O|W							O|W	O|W	
ÜBERECK	◇	◇	◇	◇	◇		◇			◇
EINSEITIG	▢									
ERSCHLIESSUNG										
EINSPÄNNER	●									
ZWEISPÄNNER	●	●		●		●		●		
DREISPÄNNER	●				●		●			●
VIERSPÄNNER	●		●							
VIELSPÄNNER	✕									
GANGERSCHLIESSUNG	▥							▥		
WOHNUNGSTYP										
MAISONETTE	▷									
GESCHOSSWOHNUNG	☰	☰	☰	☰	☰	☰	☰	☰	☰	☰
BESONDERE ANFORDERUNG										
AUSBLICK	▰									
GEBÄUDETIEFE	▲▼									
ZIELGRUPPE	⛹								⛹	
LÄRM	📢							📢	📢	

S. 388   S. 390   S. 392   S. 394   S. 396   S. 398   S. 400   S. 402   S. 404   S. 408   S. 410   S. 412   S. 414   S. 416   S. 418   S. 420   S. 422

IV   IV   IV   IV   IV   IV

VII   VII   VII   VII   VII   VII   VII   VII   VII   VII

H

	Legende	S. 424	S. 426	S. 428	S. 430	S. 434	S. 436	S. 438	S. 440	S. 442
BAUTYP										
PUNKT	■	■								
LINEAR	▬		▬	▬	▬					
SONDERFORM	⌐▟					⌐▟	⌐▟	⌐▟	⌐▟	⌐▟
GEBÄUDEHÖHE										
MAX. 4 GESCHOSSE	IV				IV	IV	IV	IV	IV	IV
MAX. 7 GESCHOSSE	VII	VII		VII						
HOCHHAUS	H		H							
ORIENTIERUNG										
NORD-SUED	N/S		N/S	N/S						
OST-WEST	O|W				O|W					
ÜBERECK	◇	◇				◇	◇	◇	◇	◇
EINSEITIG	▢									
ERSCHLIESSUNG										
EINSPÄNNER	●									
ZWEISPÄNNER	●		●	●		●	●		●	●
DREISPÄNNER	●	●			●			●		
VIERSPÄNNER	●									
VIELSPÄNNER	✕									
GANGERSCHLIESSUNG	⦀									
WOHNUNGSTYP										
MAISONETTE	⊳									
GESCHOSSWOHNUNG	▤	▤	▤	▤	▤	▤	▤	▤	▤	▤
BESONDERE ANFORDERUNG										
AUSBLICK	◣◢									
GEBÄUDETIEFE	▲▼									
ZIELGRUPPE	👥									
LÄRM	◀))	◀))	◀))	◀))	◀))	◀))	◀))	◀))	◀))	◀))

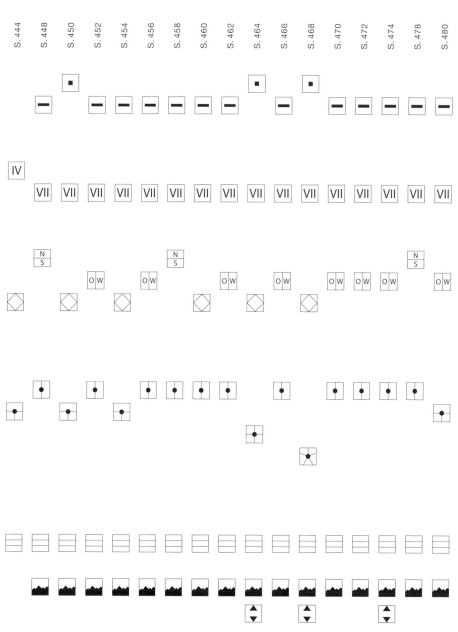

WW TRIEMLI

	Symbol	S.482	S.484	S.486	S.488	S.490	S.492	S.494	S.496	S.498
BAUTYP										
PUNKT	▪	▪		▪		▪			▪	▪
LINEAR	▬		▬		▬	▬		▬		
SONDERFORM	⌐									
GEBÄUDEHÖHE										
MAX. 4 GESCHOSSE	IV							IV		
MAX. 7 GESCHOSSE	VII	VII	VII	VII	VII	VII	VII		VII	VII
HOCHHAUS	H									
ORIENTIERUNG										
NORD-SUED	N/S		N/S			N/S		N/S		
OST-WEST	O|W				O|W					
ÜBERECK	◇		◇		◇			◇	◇	◇
EINSEITIG	⊏									
ERSCHLIESSUNG										
EINSPÄNNER	•									
ZWEISPÄNNER	●		●		●	●			●	
DREISPÄNNER	●						●			
VIERSPÄNNER	●		●	●						●
VIELSPÄNNER	✕									
GANGERSCHLIESSUNG	⫼							⫼		
WOHNUNGSTYP										
MAISONETTE	⊐				⊐			⊐	⊐	
GESCHOSSWOHNUNG	≡	≡	≡	≡		≡	≡		≡	≡
BESONDERE ANFORDERUNG										
AUSBLICK	▰	▰		▰	▰	▰	▰		▰	▰
GEBÄUDETIEFE	▲▼									
ZIELGRUPPE	♦♦									
LÄRM	📢	📢	📢		📢	📢	📢	📢		📢

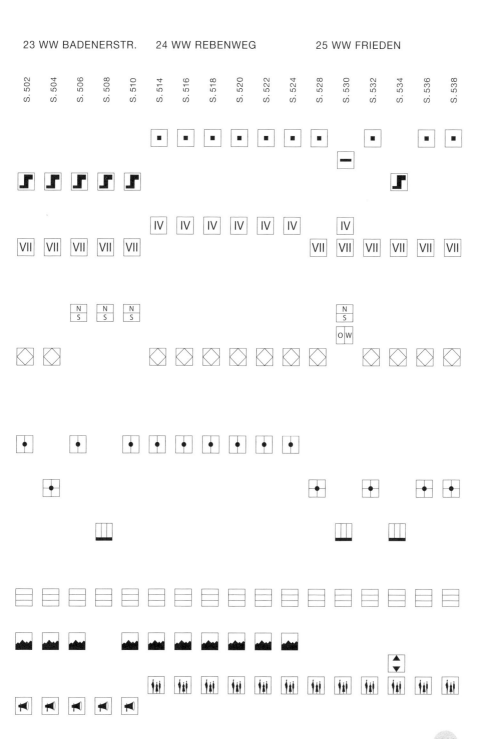

	Legend	S. 540	S. 542	S. 544	S. 546	S. 550	S. 552	S. 554	S. 556	S. 558
BAUTYP										
PUNKT	▪	▪								
LINEAR	▬				▬	▬	▬	▬	▬	▬
SONDERFORM	⌐		⌐	⌐						
GEBÄUDEHÖHE										
MAX. 4 GESCHOSSE	IV									
MAX. 7 GESCHOSSE	VII	VII	VII	VII	VII	VII	VII	VII	VII	VII
HOCHHAUS	H									
ORIENTIERUNG										
NORD-SUED	N/S				N/S					
OST-WEST	O|W					O|W	O|W	O|W	O|W	O|W
ÜBERECK	◇		◇	◇						◇
EINSEITIG	⊓	⊓								
ERSCHLIESSUNG										
EINSPÄNNER	•									
ZWEISPÄNNER	•					•	•	•	•	
DREISPÄNNER	•									•
VIERSPÄNNER	•									
VIELSPÄNNER	✕				✕					
GANGERSCHLIESSUNG	▥		▥	▥	▥					
WOHNUNGSTYP										
MAISONETTE	⊐					⊐	⊐			
GESCHOSSWOHNUNG	☰	☰	☰	☰	☰	☰	☰	☰	☰	☰
BESONDERE ANFORDERUNG										
AUSBLICK	▰									
GEBÄUDETIEFE	▲▼				▲▼	▲▼				▲▼
ZIELGRUPPE	♀♂	♀♂	♀♂	♀♂	♀♂					
LÄRM	📢					📢	📢	📢	📢	📢

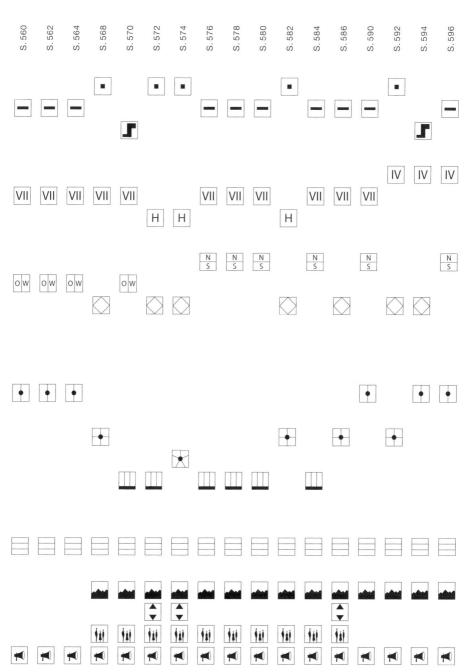

	S.598	S.600	S.602	S.604	S.608	S.610	S.612	S.614	S.616
BAUTYP									
PUNKT	▪			▪					
LINEAR	▬	▬	▬						
SONDERFORM	⌐			⌐	⌐	⌐	⌐	⌐	⌐
GEBÄUDEHÖHE									
MAX. 4 GESCHOSSE	IV	IV	IV	IV					
MAX. 7 GESCHOSSE	VII				VII	VII	VII	VII	VII
HOCHHAUS	H								
ORIENTIERUNG									
NORD-SUED	N/S	N/S	N/S		N/S	N/S	N/S	N/S	N/S
OST-WEST	O|W								
ÜBERECK	◇		◇	◇					
EINSEITIG	☐					☐			
ERSCHLIESSUNG									
EINSPÄNNER	●	●	●						
ZWEISPÄNNER	●				●		●		
DREISPÄNNER	●		●						
VIERSPÄNNER	●				●	●		●	
VIELSPÄNNER	⊠								
GANGERSCHLIESSUNG	▥								▥
WOHNUNGSTYP									
MAISONETTE	▷	▷	▷						
GESCHOSSWOHNUNG	▤			▤	▤	▤	▤	▤	▤
BESONDERE ANFORDERUNG									
AUSBLICK	▰	▰	▰	▰					
GEBÄUDETIEFE	▲▼								
ZIELGRUPPE	👤				👤	👤	👤	👤	👤
LÄRM	📢		📢		📢	📢	📢	📢	📢

30 WW SEEFELDSTRASSE   31 WW LANGHAGWEG

S. 618   S. 622   S. 624   S. 626   S. 628   S. 630   S. 632   S. 636   S. 638   S. 640   S. 642   S. 644   S. 646   S. 648   S. 650   S. 652   S. 654

32 WW FURTTALSTRASSE

Merkmal	Legende	S. 656	S. 658	S. 662	S. 664	S. 666	S. 668	S. 670	S. 672	S. 674
BAUTYP										
PUNKT	■									■
LINEAR	—	—	—		—	—	—	—	—	
SONDERFORM	⌐			⌐						
GEBÄUDEHÖHE										
MAX. 4 GESCHOSSE	IV	IV		IV	IV	IV	IV	IV	IV	IV
MAX. 7 GESCHOSSE	VII		VII							
HOCHHAUS	H									
ORIENTIERUNG										
NORD-SUED	N/S	●		●		●		●		
OST-WEST	O|W	●		●		●		●		
ÜBERECK	◇		◇						◇	◇
EINSEITIG	▢									
ERSCHLIESSUNG										
EINSPÄNNER	●									
ZWEISPÄNNER	●		●	●				●		
DREISPÄNNER	●				●	●	●		●	
VIERSPÄNNER	●			●						●
VIELSPÄNNER	✕									
GANGERSCHLIESSUNG	▥									
WOHNUNGSTYP										
MAISONETTE	⊳				⊳					
GESCHOSSWOHNUNG	≡		≡	≡	≡		≡	≡	≡	≡
BESONDERE ANFORDERUNG										
AUSBLICK	▲									
GEBÄUDETIEFE	▲▼		▲▼			▲▼		▲▼		
ZIELGRUPPE	♀♂									
LÄRM	◀		◀	◀	◀	◀	◀	◀		

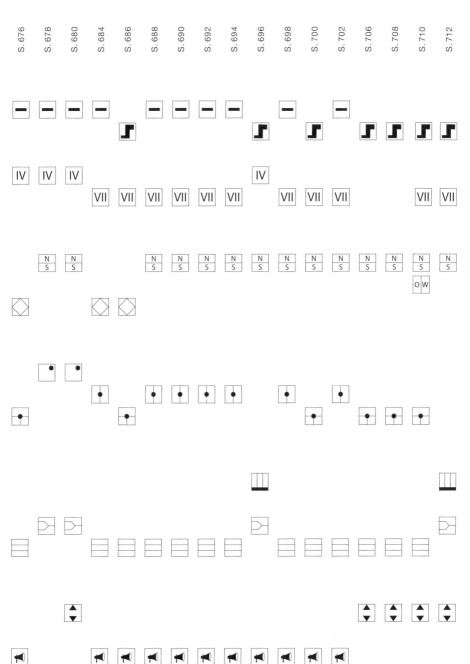

	Legende	S. 714	S. 716	S. 718	S. 720	S. 722	S. 726	S. 728	S. 730	S. 732
BAUTYP										
PUNKT	■						■		■	
LINEAR	—							—		—
SONDERFORM	⌐	⌐	⌐	⌐	⌐	⌐				
GEBÄUDEHÖHE										
MAX. 4 GESCHOSSE	IV									
MAX. 7 GESCHOSSE	VII	VII	VII	VII	VII	VII	VII	VII	VII	VII
HOCHHAUS	H									
ORIENTIERUNG										
NORD-SUED	N/S	N/S	N/S	N/S	N/S	N/S		N/S		
OST-WEST	O|W									O|W
ÜBERECK	◇						◇		◇	
EINSEITIG	□									
ERSCHLIESSUNG										
EINSPÄNNER	•									
ZWEISPÄNNER	⊡			⊡				⊡		
DREISPÄNNER	⊟									
VIERSPÄNNER	⊞	⊞							⊞	
VIELSPÄNNER	⊠						⊠			
GANGERSCHLIESSUNG	▥		▥		▥	▥				▥
WOHNUNGSTYP										
MAISONETTE	▷									▷
GESCHOSSWOHNUNG	▤	▤	▤	▤	▤	▤	▤	▤	▤	▤
BESONDERE ANFORDERUNG										
AUSBLICK	▲									
GEBÄUDETIEFE	▲▼	▲▼	▲▼	▲▼			▲▼	▲▼	▲▼	▲▼
ZIELGRUPPE	♀♂									
LÄRM	◀)	◀)		◀)		◀)				

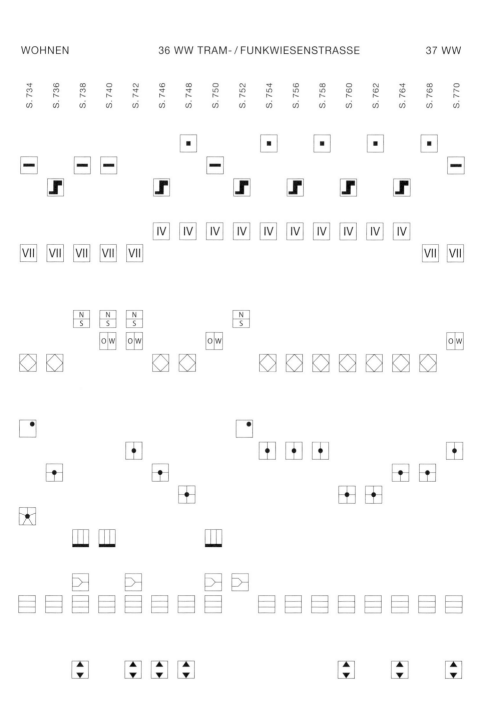

	S.772	S.774	S.776	S.778	S.780	S.782	S.784	S.786	S.790
BAUTYP									
PUNKT									
LINEAR		▬	▬	▬	▬	▬	▬	▬	▬
SONDERFORM	⌐								
GEBÄUDEHÖHE									
MAX. 4 GESCHOSSE					IV				IV
MAX. 7 GESCHOSSE	VII	VII	VII	VII		VII	VII	VII	
HOCHHAUS									
ORIENTIERUNG									
NORD-SUED		N/S	N/S		N/S		N/S		
OST-WEST	O|W			O|W		O|W			O|W
ÜBERECK	◇						◇	◇	
EINSEITIG									
ERSCHLIESSUNG									
EINSPÄNNER									
ZWEISPÄNNER		●	●			●	●	●	●
DREISPÄNNER				●	●				
VIERSPÄNNER	●								
VIELSPÄNNER									
GANGERSCHLIESSUNG									
WOHNUNGSTYP									
MAISONETTE									▷
GESCHOSSWOHNUNG	☰	☰	☰	☰	☰	☰	☰	☰	
BESONDERE ANFORDERUNG									
AUSBLICK									
GEBÄUDETIEFE	▲▼			▲▼	▲▼				▲▼
ZIELGRUPPE									
LÄRM					◀	◀	◀		

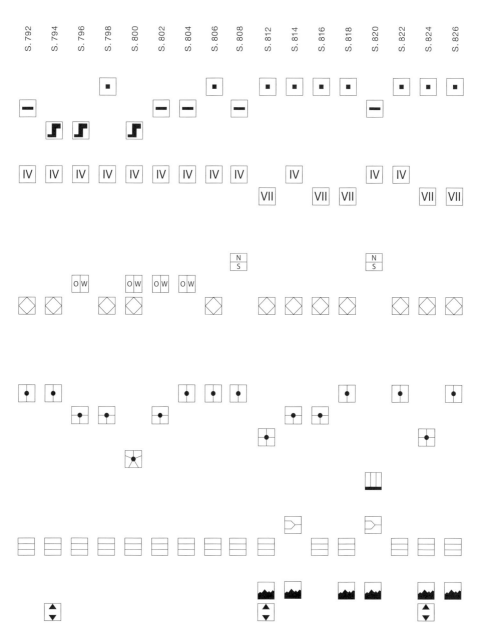

Presence of each attribute per building is marked with ●. The first column ("Legende") shows the symbol used for that row.

	Legende	S.828	S.830	S.834	S.836	S.838	S.840	S.842	S.844	S.846
BAUTYP										
PUNKT	▪		●			●			●	
LINEAR	—	●		●	●		●	●		●
SONDERFORM	⌐									
GEBÄUDEHÖHE										
MAX. 4 GESCHOSSE	IV			IV	IV	IV	IV	IV	IV	IV
MAX. 7 GESCHOSSE	VII	VII								
HOCHHAUS	H		H							
ORIENTIERUNG										
NORD-SUED	N/S	●	●	●			●	●		●
OST-WEST	O/W									
ÜBERECK	◇				◇	◇			◇	
EINSEITIG	⊔									
ERSCHLIESSUNG										
EINSPÄNNER	●									
ZWEISPÄNNER	●	●		●			●	●	●	●
DREISPÄNNER	●				●	●				
VIERSPÄNNER	●		●							
VIELSPÄNNER	●									
GANGERSCHLIESSUNG	▥									
WOHNUNGSTYP										
MAISONETTE	▷									
GESCHOSSWOHNUNG	≡	●	●	●	●	●	●	●	●	●
BESONDERE ANFORDERUNG										
AUSBLICK	▲▲	●	●	●	●	●	●	●	●	●
GEBÄUDETIEFE	⬍			●						
ZIELGRUPPE	👥									
LÄRM	📢			●	●	●	●	●		●

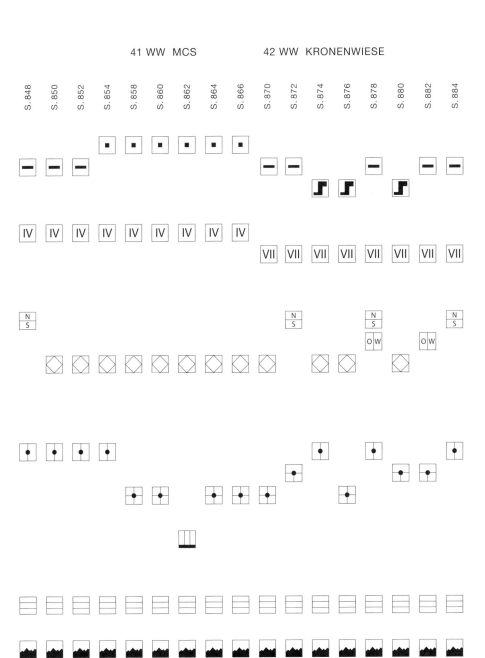

		S.886	S.890	S.892	S.894	S.896	S.898	S.902	S.904	S.906
BAUTYP										
PUNKT	▪									▪
LINEAR	▬	▬	▬	▬	▬	▬	▬		▬	
SONDERFORM	⌐							⌐		
GEBÄUDEHÖHE										
MAX. 4 GESCHOSSE	IV									
MAX. 7 GESCHOSSE	VII	VII	VII	VII	VII	VII	VII	VII	VII	VII
HOCHHAUS	H									
ORIENTIERUNG										
NORD-SUED	N/S	N/S						N/S	N/S	
OST-WEST	O W		O W	O W	O W	O W	O W			
ÜBERECK	◇									◇
EINSEITIG	⊔									
ERSCHLIESSUNG										
EINSPÄNNER	•									
ZWEISPÄNNER	•	•	•		•	•	•	•	•	
DREISPÄNNER	•			•						
VIERSPÄNNER	•									•
VIELSPÄNNER	✳									
GANGERSCHLIESSUNG	▥									
WOHNUNGSTYP										
MAISONETTE	⊃									
GESCHOSSWOHNUNG	☰	☰	☰	☰	☰	☰	☰	☰	☰	☰
BESONDERE ANFORDERUNG										
AUSBLICK	▰	▰								
GEBÄUDETIEFE	▲▼									
ZIELGRUPPE	♀♂							♀♂		
LÄRM	📢	📢	📢	📢	📢	📢				

S. 908 S. 910 S. 912 S. 914 S. 916 S. 918 S. 920 S. 924 S. 926 S. 928 S. 930 S. 932 S. 934 S. 936 S. 938 S. 940 S. 942

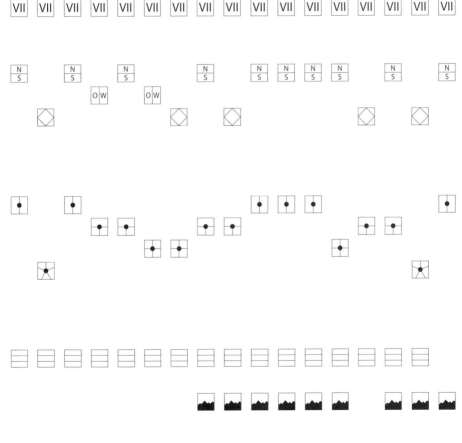

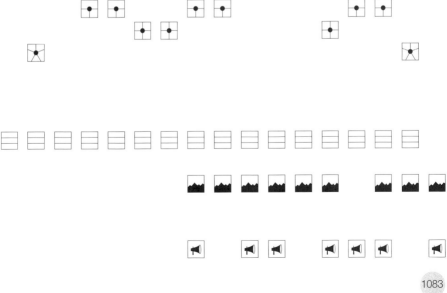

	Legende	S. 946	S. 948	S. 950	S. 952	S. 954	S. 956	S. 948	S. 960	S. 962
BAUTYP										
PUNKT	■	■						■		
LINEAR	—					—				—
SONDERFORM	⌐		⌐	⌐	⌐				⌐	
GEBÄUDEHÖHE										
MAX. 4 GESCHOSSE	IV	IV	IV	IV	IV	IV	IV	IV	IV	IV
MAX. 7 GESCHOSSE	VII									
HOCHHAUS	H									
ORIENTIERUNG										
NORD-SUED	N/S				N/S					
OST-WEST	O|W			O|W		O|W			O|W	O|W
ÜBERECK	◇		◇	◇				◇	◇	
EINSEITIG	▢									
ERSCHLIESSUNG										
EINSPÄNNER										
ZWEISPÄNNER				●		●				
DREISPÄNNER				●		●	●		●	●
VIERSPÄNNER		●							●	
VIELSPÄNNER										
GANGERSCHLIESSUNG										
WOHNUNGSTYP										
MAISONETTE	▷			▷	▷	▷				
GESCHOSSWOHNUNG	☰	☰					☰	☰	☰	☰
BESONDERE ANFORDERUNG										
AUSBLICK	▲▲	▲▲	▲▲	▲▲		▲▲	▲▲			▲▲
GEBÄUDETIEFE	▲▼									
ZIELGRUPPE	†††									
LÄRM	📢									

S. 964 S. 968 S. 970 S. 972 S. 974 S. 976 S. 978 S. 980 S. 982 S. 984 S. 986 S. 990 S. 992 S. 994 S. 996 S. 998 S. 1000

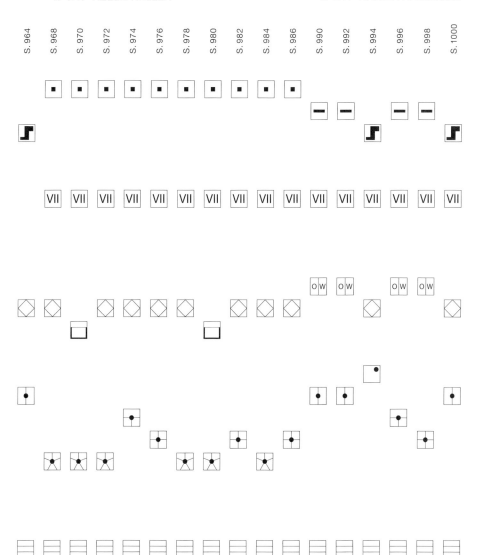

		S.1002	S.1004	S.1006	S.1008	S.1010	S.1012	S.1014	S.1016	S.1018
BAUTYP										
PUNKT	■									
LINEAR	—	—	—	—	—	—	—	—	—	—
SONDERFORM	⌐	⌐								
GEBÄUDEHÖHE										
MAX. 4 GESCHOSSE	IV									
MAX. 7 GESCHOSSE	VII	VII	VII	VII	VII	VII	VII	VII	VII	VII
HOCHHAUS	H									
ORIENTIERUNG										
NORD-SUED	N/S									
OST-WEST	OW	OW	OW	OW	OW	OW	OW	OW	OW	OW
ÜBERECK	◇									
EINSEITIG	▢									
ERSCHLIESSUNG										
EINSPÄNNER	•									
ZWEISPÄNNER	⊟•	•	•	•	•		•	•	•	•
DREISPÄNNER	⊟•					•				
VIERSPÄNNER	⊟•									
VIELSPÄNNER	✕									
GANGERSCHLIESSUNG	▥									
WOHNUNGSTYP										
MAISONETTE	▷									
GESCHOSSWOHNUNG	☰	☰	☰	☰	☰	☰	☰	☰	☰	☰
BESONDERE ANFORDERUNG										
AUSBLICK	▲									
GEBÄUDETIEFE	▲▼									
ZIELGRUPPE	♀♂									
LÄRM	📢									

S.1022 S.1024 S.1026 S.1028 S.1030 S.1032 S.1036 S.1038 S.1040 S.1042 S.1044 S.1046 S.1048 S.1050

ARCHITEKTENVERZEICHNIS

BILDNACHWEIS

IMPRESSUM

Herausgeber:
Stadt Zürich, Amt für Hochbauten
Idee und Redaktion:
Jeremy Hoskyn, Tanja Reimer
Layout:
Lada Blazevic, Barbara Schrag
Korrektur:
Elisabeth Sele
Druck:
DZA Druckerei zu Altenburg GmbH
D-04600 Altenburg

Verlag:
Edition Hochparterre
Ausstellungsstrasse 25
CH-8005 Zürich
Telefon: +41 44 444 28 88
Fax: +41 44 444 28 89
edition@hochparterre.ch
www.edition.hochparterre.ch

ISBN 978-3-909928-17-0
4. Auflage, 2013

© Edition Hochparterre und Stadt Zürich,
Amt für Hochbauten, 2013
(Grundrisspläne bei den Verfassern,
Fotos bei den Fotografen)

Der Verlag dankt ComputerWorks für die
grosszügige Unterstützung.